山东省教育科学"十四五"规划重点课题（2021ZD008）示范成果

U0515493

商业模式创新 基础教程

王炳成 ◎ 著

BASIC COURSE ON BUSINESS MODEL INNOVATION

中国财经出版传媒集团

经济科学出版社

Economic Science Press

·北 京·

图书在版编目（CIP）数据

商业模式创新基础教程/王炳成著 . - - 北京：经
济科学出版社，2024.1
ISBN 978 - 7 - 5218 - 5020 - 8

Ⅰ. ①商…　Ⅱ. ①王…　Ⅲ. ①商业模式 - 教材　Ⅳ.
①F71

中国国家版本馆 CIP 数据核字（2023）第 150773 号

责任编辑：杨　洋　卢玥丞
责任校对：王京宁
责任印制：范　艳

商业模式创新基础教程

王炳成　著

经济科学出版社出版、发行　新华书店经销
社址：北京市海淀区阜成路甲 28 号　邮编：100142
总编部电话：010 - 88191217　发行部电话：010 - 88191522
网址：www. esp. com. cn
电子邮箱：esp@ esp. com. cn
天猫网店：经济科学出版社旗舰店
网址：http://jjkxcbs. tmall. com
北京季蜂印刷有限公司印装
710×1000　16 开　16.75 印张　250000 字
2024 年 1 月第 1 版　2024 年 1 月第 1 次印刷
ISBN 978 - 7 - 5218 - 5020 - 8　定价：50.00 元

目 录
CONTENTS

商业模式的起源、概念与构成*

引 言

　　无论是市值超千亿美元的阿里巴巴，还是街边随处可见的饮品店和快捷超市，它们都有着自己独特的商业模式。在学术界，有关商业模式的研究文献也日益丰富。虽然国内外均有大量先进的商业模式案例，但将这些商业模式"照搬"到其他企业中却并不可行，甚至可能会令企业因"水土不服"而走向衰败。企业在创新自身的商业模式时，首先需要了解商业模式的起源，思考商业模式究竟是什么，由哪些要素构成。

学习目标

学习本章内容后，你将能够：

- 了解商业模式的起源与发展。
- 了解不同视角的商业模式的定义。
- 掌握商业模式的构成要素。
- 学会描述一个企业的商业模式。

1.1 商业模式的起源与发展：实践视角

　　随着移动互联网、人工智能和数字经济等的迅猛发展，商业模式（busi-

---

　　* 本书中的实例主要来源于网络与期刊文章，为了叙述风格的一致，在充分尊重原作者观点的基础上，本书作者对相关表述进行了适当的调整。后面不再一一说明。

ness model）成为决定企业生存和发展的重要因素之一，也是当今学术界与实业界关注的重要话题。党的二十大报告指出，要增强消费对经济发展的基础性作用，而良好的商业模式能够有效激发消费活力和促进消费增长。近年来，如雨后春笋般涌现的"社交电商""平台经济""共享经济"等新型商业模式更是使得越来越多的人开始关注并认可商业模式在改善人们生活、推动消费和经济发展等方面发挥的重要作用。寻找到适合企业自身特征的商业模式，能够对企业的长期生存和持续发展起到事半功倍的作用。从实例 1－1 中，我们能够了解到商业模式对于企业应对现代市场竞争的重要意义。

实例 1－1　新商业模式助力沃尔沃汽车按下"快进键"

众所周知，沃尔沃汽车在传统豪华品牌中率先实现了电气化。沃尔沃汽车发布了其未来可持续发展战略目标，在电气化全面转型、线上线下一体化销售、2040 气候中和等目标中给出了具体规划——沃尔沃汽车 2025 年纯电车型占比将达到 50%，其余为混动车型；2030 年成为纯电豪华车企；2040 年成为气候零负荷标杆企业；所有纯电车型将通过线上销售。

对沃尔沃汽车而言，电气化转型不仅关乎产品，更是包含商业模式在内的一体化转型。产品的电气化通过将线上销售和线下经销商体系结合，形成商业模式的创新与突破。未来，沃尔沃汽车所有纯电动汽车都将在线上销售，由官方统一售价并提供一站式管家服务，为每台纯电车型提供专享服务包。沃尔沃汽车商业模式调整的动力来自其长期对客户体验的高度重视。此次商业模式一体化的创新旨在简化购车流程并降低消费者与品牌之间的沟通成本，加深品牌与用户之间的联系。汉肯·塞缪尔森接受采访时称："线上销售的主要目的是改善客户体验。通过线上销售，沃尔沃汽车给顾客提供统一、透明的售价，并且顾客可以通过我们的网站去查询相关车型的技术细节和配置，客户就能安心无忧地选购车辆，从而提升购车体验。"除此之外，为了与客户建立起更加紧密的关系，沃尔沃汽车也将携手其零售合作伙伴一起完成商业模式转型，以便提供给顾客从交车、用车、售后保养等全产品周期的服务和帮助。

资料来源：孙阳，梁荷翎．沃尔沃汽车发布可持续发展战略目标 加速全面电气化转型 [EB/OL]．人民网，2021－03－07．

实质上，商业模式并非新兴事物，而是有着悠久的发展历史（Sako，2012），巴登·福勒和摩根（Baden－Fuller & Morgan，2010）指出，每一次经济变迁都体现了商业模式的创新。只不过如今互联网技术的发展，使现代商业模式的作用更加突出了。互联网的诞生不仅给人们的生活方式和生活水平带来了巨大的改变，而且对商业模式也产生了巨大的影响，目前已经成为创业者、企业家和投资人等关注的焦点。

首先，互联网的出现与发展推动了企业生产方式的变革。在经历工业革命后，企业生产由传统的作坊式生产转变为大规模的流水线生产。随着互联网技术的不断发展，企业的生产方式又由工业经济时代的规模化生产转变为分散的社会化生产（翁智刚、郭珮琪和李强，2022）。然而，互联网时代的分散型生产方式，并非是原始的自给自足生产，而是协作性生产，是建立在网络之上的分工更合理、成本更低、更有利于持续发展的社会化生产（武建龙、郝蒙晓和黄静，2021；张新民和金瑛，2022）。以生产者为核心的组织模式从大规模集中生产转向按需制造、个性化、柔性化生产，涉及的互联网技术包括虚拟制造、柔性生产及智能制造等。价值共创理论指出，企业的经营活动及其商业模式不能忽略与利益相关者的沟通交流，而应积极听取客户的消费需求和意见，实现价值创造（Prahalad & Ramaswamy，2004）。在互联网时代，这种共创的理念在企业的生产过程中得到了更加充分的体现。实例1－2以红领集团为例，该公司运用互联网和大数据等新兴技术，及时捕获用户的独特化需求，提高产品生产的技术水平和客户满意度，改变了传统企业采用"以量取胜""成本至上"的生产理念，实现了产品的高附加值。而伴随着生产方式的进步，红领集团也实现了C2M商业模式创新，转型为大规模个性化定制。

实例 1-2　青岛红领——大数据驱动的个性化大规模定制模式

青岛红领集团（简称"红领"）于 1995 年创立，以正装量体定制业务为主，技术服务为辅，形成了西装、裤业、衬衫产业园区。从 2003 年开始，红领以美国市场做实践，以两化融合为基础，实践了流程再造、组织再造、自动化改造，同时与互联网技术深度融合，形成了完整的物联网体系，打造了独特的核心价值，同时形成了传统企业转型升级的解决方案。

红领自主研发了电子商务定制平台——C2M 平台，消费者定制需求通过 C2M 平台生产订单，订单数据进入红领自主研发的版型数据库、工艺数据库、款式数据库、原料数据库进行自动处理，突破了人工制作版型的瓶颈，实现 1 人 1 个专属版型、专属款式。生产过程中，每件定制产品都有专属芯片，从工业云下载和读取芯片上的订单数据，进行定制生产。信息系统实现集成和协同，打破了企业边界，多个生产单元和上下游企业通过信息系统共享数据、协同生产。这是"按需生产"的零库存模式，没有中间商加价，没有资金和货品积压，企业成本大大降低，消费者也不需要再分摊传统零售模式下的流通和库存等成本。红领通过互联网将消费者和生产者、设计者等直接连通，个性化定制的服装 1 件起定制，传统服装一般的定制生产周期为 20~50 个工作日，红领已缩短至 7 个工作日内。

数据统计，2015 年，我国纺织服装出口 2837.8 亿美元，同比下降 4.9%。与仍然挣扎的传统服装企业不同，红领集团近年来开始收获定制化带来的"红利"，逆势迎来高增长期。据公司内部人士介绍，2015 年，红领集团定制业务年均销售收入、利润增长均超过 150%，而其中的 70% 来自美国，由 C2M 模式带来的个性化定制服装在欧美市场获得了巨大成功。

资料来源：青岛红领——大数据驱动的个性化大规模定制模式 [EB/OL]. 搜狐网，2018-07-16.

其次，随着互联网的发展，企业的运输方式也产生了巨大的变化，运输效率急剧提升。互联网时代的运输为企业更好地变革商业模式带来了新的发展机遇（罗千峰和张利庠，2021；夏晶和于丹阳，2022）。一方面，互联网的普及促进了运输信息的存储、传递和处理形式的变革，由纸质的单据、文件及单证形式向电子凭证形式转变，信息传递的速度更快，流程更精简，使用更方便，交通运输的效率更高。虽然产品运输所要涉及的各种信息较为复杂，但企业通过运用现代信息技术，能够快速掌握物资的流向与状态，极大地提高了企业产品运输的准确性、及时性和经济性。在这种高效率的运输方式下，企业能够开展远距离的商务活动，从而促进了电子商务等新型商业模式的发展。另一方面，信息及通信技术能够为交通运输的安全提供保障。通过信息的传递能预先了解交通状况，提前设定安全的运输路线，或者能够在紧急情况下获得帮助和救援。利用先进的信息技术替代人工安全系统，可以在极大程度上避免人工系统可能造成的疏忽，提高安全保障性。古代的商业运输由于距离远、危险性高，催生了"镖局"这一行业，而在移动互联时代，快递运输业的发展不仅能够保障货物安全，而且运输速度也得到了大幅度的提升。"一骑红尘妃子笑"[①]，唐朝杨贵妃吃新鲜荔枝需要劳师动众，而在现代"互联网＋生鲜"商业模式下，普通民众也能及时尝到各种新鲜食物。实例 1-3 展示了中国高铁为经济的发展提供了强劲动力。

实例 1-3　中国高铁——为经济发展提供强动力

高铁是交通运输现代化的重要标志，也是一个国家工业化水平的重要体现。中国高铁经过几代铁路人的接续奋斗，实现了从无到有、从追赶到并跑、再到领跑的历史性变化。中国高铁绽放出的"中国速度"与"中国激情"，代表着中国铁路在新时代奋勇前行的坚强决心，也象征着一个民族奔向伟大复兴目标的矢志不渝。

"中国速度"汇聚起中国经济转型升级路上的澎湃动力。快速

---

① 唐·杜牧. 过华清宫绝句三首//全唐诗［M］. 北京：北京工艺美术出版社，2019.

发展的中国高铁具有诸多优势。一是普适性强。中国的国情、环境、需求和运营管理的复杂性，决定了满足中国的需求就能够满足世界其他任何地区的需求。二是自主化程度高。目前，除了极少数的关键零部件仍然需要进口，几乎所有的配套都能在中国国内解决。中国已经形成了世界上最为完善的高铁产业配套体系。三是技术体系完整。中国高铁技术和产品实现了从时速 160 公里到时速 400 公里全覆盖。四是中国高铁具备强大的建设和运营大规模路网的能力，在建设和运营等方面有着成本优势。五是中国高铁已经形成了完善的、配套的、体系完整的科技创新能力体系，这个体系的规模和布局在全球独一无二。

高铁的崛起对中国铁路来说，不仅意味着速度的飞跃，更意味着重构了交通格局。对民众来说，不仅是朝发夕至的动感体验，更是对生活节奏的一种刷新。当异地工作、异地消费变得稀松平常，当"一条线"到"一张网"不再是空间上的遥不可及，当高铁推动文化与经济的交流更加紧密，我们的生活模式其实已然被重新定义。"速度经济"突破了城际的界限，迸发出了区域协同的新动力，同时也让民众有条件在更广阔的范围内解读生活的意义。

资料来源：姚洪 . 中国高铁为经济发展提供强动力 ［EB/OL］.人民资讯，2021 - 08 - 12.

最后，互联网同样为企业的销售环节带来了巨大改变。如今，企业通过互联网聚集起了海量的客户，销售模式由原来的"点对点"（一个商业网点服务一部分客户）变成了"一对无穷"，由此出现了很多基于互联网技术的新型商业模式。最简单直接的就是建一个网站，只要流量足够大，就可以通过广告等来赚钱，成本仅来自计算机服务器和网络宽带。随着互联网技术的成熟，各种基于互联网的商业模式也日益兴起。2003 年，淘宝网的成立代表着中国正式进入电子商务时代。淘宝在成立之初虽然只是一个小网站，但它用将近十年的时间培养了中国人的网络购物习惯，将中国百万乃至千万的网民培养成忠实的网络购物粉丝。2009 年，"天猫商城"上线，阿里巴巴发起的"双 11"购物狂欢节，加速了对传统的零售行业的颠覆。实例 1 - 4 为阿里巴巴的商业模式发展。快速、便捷、安全、经济的网络购物商业模式，持续引领着世界电商的发展潮流。除阿里巴巴外，以自建物流著称的京东、以品牌特卖会为主的唯品会和以图书起家的当当网等，将中国网购市场推上了一个又一个高潮，将我国的商业模式从传统的 C2C 模式，逐渐发展到 C2C、B2C 等多种模式并存的状态。

实例 1 - 4　阿里巴巴的商业模式发展

1995 年的一次美国之行，马云偶然间发现了因特网，之后创办了中国黄页，也就是网上查询公司通讯录，不过后来并没有成功。马云转而在 1999 年创建了阿里巴巴，随后做了 B2B 网站——1688，他打通了国际贸易生意，帮助国内的生产厂家把产品销售至国外，把国外的产品销售至中国，并在网上完成销售全过程。由于当时中国的经济比较依赖代加工（人力成本低），很多产品没有渠道出口国外，因此阿里巴巴很快获得了市场的认可，奠定了市场地位。

当 B2B 商业模式的江湖地位得以确认之后，马云在阿里巴巴的基础上构建了另一个商业帝国：淘宝。2003 年 5 月，淘宝网诞生了，诞生之初，中国已经有 eBay、易趣、当当、卓越网等强大的 B2C 网站，但阿里巴巴通过入驻商家免费，注册会员免费获得了竞争优势。同时，淘宝初期的卖家还有一部分来自大本营 1688，因此在启动初期就具备了较强的用户基础。为了让买卖双方都能够相互信任，阿里巴巴又架构了另外一个足以改变电子商务行业的产品——支付宝。买家在确认收货之前，其账款会一直存在支付宝账户上，直到买家确认收货，钱才打进卖家账户。基于用户体验和市场化的细分，为满足市场对品质和产品多元化的需求，淘宝又相继孵化出了天猫的 B2C 商城、聚划算团购、天猫超市、菜鸟网络等产品，几乎打通了整个产业链的上下游，保证了商品质量和购物体验。

资料来源：看马云如何架构商业模式，打造阿里巴巴商业帝国？[EB/OL]. 知乎，2018-11-13.

如果说从工业革命时期到近代的商业模式创新主要是由西方国家主导的话，那么中国企业则在互联网时代引领了新商业模式的浪潮。例如，中国企业将"免费"的商业模式发挥到极致。举例来说，伴随个人计算机的发展，计算机病毒开始肆虐入侵，相关的杀毒软件应运而生。国内的金山、江民、瑞星等杀毒软件，以及国外的诺顿、卡巴斯基等，都曾经在市场中风靡一时，但都需要付费更新。后来，360 杀毒软件横空出世，不仅具备免费更新的病毒信息库，而且用户界面使用流畅，迎合了用户体验这一潮流。360 杀毒软件前所未有的用户体验赢得了网友的"青睐"，大有一统江湖的趋势。此外，相较于收费的 eBay，淘宝也因为具备商铺免费开店的优势，成功赢得了中国广大的 B2C 市场，击败了强大的竞争对手。

可以看出，互联网时代的商业模式具有强大的"破坏力"，能够对一个企业或行业的可持续发展产生重要影响。与此同时，现代商业模式的日益成熟也使得企业不能再仅仅依靠传统的稳定不变的商业模式，而需要根据市场环境变化对商业模式进行不断的创新。例如，阿里巴巴根据环境变化不断推出的 B2B、支付宝、聚划算及天猫超市等新的商业模式，并以此成就了日益完善的阿里商业生态系统。随着商业模式在企业管理实践中的重要性日益凸显，越来越多的学者开始对商业模式进行理论化研究，这对于指导企业的商业模式创新实践有着重要的意义。

1.2 商业模式的起源与发展：理论视角

学术界认为，商业模式这一术语被用于科学讨论已经超过 60 年了，最早的研究见贝尔曼、克拉克和马尔科姆等（Bellman, Clark & Malcolm, et al.,

1957）的文献。后来，这一词汇在文献中逐渐丰富，但起初是以非常不明确的方式被使用的（Jones，1960；McGuire，1965），只有康查尔（Konczal，1975）明确提出了将商业模式应用为管理工具，并且论述了商业模式进一步使用的可能性。在接下来的几年里，商业模式继续被理解为一个系统建模的操作活动（刁玉柱和白景坤，2012）。随着技术的发展和电子商务的出现，商业模式获得了更大的意义，商业模式及商业模式创新开始受到学术界的广泛关注，尤其是随着 20 世纪末电子商务的兴盛而备受青睐（Bucherer，Eisert & Gassmann，2012；Bocken，Harsch & Weissbrod，2022；Morris，Schindehutte & Allen，2005；Zott，Amit & Massa，2011）。此时，商业模式不再被仅看作是创建一个合适的信息系统的活动，而是已经发展成为公司组织的一个综合表现形式，并且能够在决策过程中为管理的成功作出贡献。

伴随着电子商务的发展，商业模式的受欢迎程度不断增加。人们逐渐发现可以用商业模式对现有的管理框架和理论不足进行解释，并可以用其阐释被传统的企业运营所忽略的方面（Chesbrough & Rosenbloom，2002），因此商业模式这个词逐渐被学界所接纳，并逐渐流行开来（Morris，Schindehutte & Allen，2005；Zott，Amit & Massa，2011）。加扎尼和温特斯克（Ghaziani & Ventresca，2005），以及祖特、阿米特和马萨（Zott，Amit & Massa，2011）的文献分析也证明了这种趋势，他们发现自 2000 年以来，文献中关于商业模式战略观点的研究逐渐增加。通过使用商业模式可以更好地分析竞争结构，并作出战略创新决策（Hamel，2000）。随着工业 4.0、大数据等新兴工业现象的涌现，商业模式的研究得到了进一步的发展（乔非、孔维畅和刘敏等，2023；Yang，Evans & Vladimirova，et al.，2016），相关研究从新零售（王福、刘俊华和长青等，2022）、数字化转型（Evangelos，2022；Hanafizadeh & Kim，2020）和内容经济（钱雨、张大鹏和孙新波，2018；依绍华和梁威，2023）等全新的角度，对商业模式的理论框架进行了丰富，为该研究领域注入新的活力。

虽然对商业模式的关注和重视是 20 世纪 90 年代以后的事情，但随着研究的深入，人们发现商业模式的概念其实和山峰一样古老（易顺、刘梦华和韩江波，2017）。萨科（Sako，2012）指出，人类历史上散落着各种商业模式，远早于 20 世纪以美国为中心的管理教育。巴登·福勒和摩根

(Baden – Fuller & Morgan，2010）从宏观层面进行了探讨，认为经济的变迁中本就体现着商业模式的变化，如中世纪的工厂生产方式、18 世纪后期和 19 世纪早期的第一次工业革命中欧洲的"工厂系统"、19 世纪后期和 20 世纪初期第二次工业革命中的"美国的制造系统"、现在正在进行的另一次工业革命——"中国制造系统"等，每一次技术革命都伴随着新型商业模式的出现，因此可以认为商业模式是经济变迁的具体表现形式。

微观层面的研究得出了相似的结论。卡萨德斯·马萨内尔和里卡（Casadesus – Masanell & Ricar，2010）在研究中指出，每个组织都有自己的商业模式，因为每个组织都会作出一些选择并产生一定的后果，当然这并不意味着每个商业模式都适用于企业的长期运行。蒂斯（Teece，2010）也认为，一个企业在建立的时候，都显性或隐性地应用了特定的商业模式。这种商业模式描述了企业的价值创造、价值传递和价值获取机制的设计或结构，它反映了公司的管理假设，包括顾客想要什么、他们为何想要以及企业如何运作来最好地满足顾客的需要、如何从中获得利润等。

商业模式在企业管理实践中的普遍性，引发了学者们对商业模式的研究和探讨。在不断研究的过程中，不同学者对商业模式产生了自己独特的见解，并形成了不同的观点，而这也体现出了商业模式研究的多元性特征。根据崔连广和张敬伟（2015）的研究，商业模式的研究可分为四种类型，即基于结构视角的商业模式、基于过程视角的商业模式、基于象征性符号视角的商业模式和基于社会建构视角的商业模式研究，如图 1 – 1 所示。

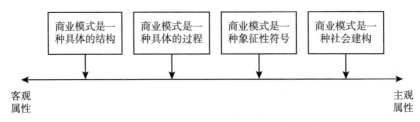

图 1 – 1　基于社会科学属性的商业模式观点

资料来源：崔连广，张敬伟. 商业模式的概念分析与研究视角 [J]. 管理学报，2015，12（8）：1240 – 1247.

1.2.1　基于结构视角的商业模式研究

基于结构视角的商业模式研究认为，商业模式是由各构成要素及要素之间的相互关系组成的网络系统。这类商业模式文献较为广泛，如巴登·福勒和曼格马汀（Baden-Fuller & Mangematin，2013）、王凤彬、王骁鹏和张驰（2019）等。基于结构视角的商业模式研究比较适合采用实验法和问卷调查法展开。以结构视角去研究和认识商业模式，能够促使研究者深入挖掘商业模式的构成要素，进而帮助其对先进的商业模式有更加全面和深入的理解。例如，莫里斯、施若科瓦和夏特罗夫（Morris，Shirokova & Shatalov，2013）的研究分析了 7 种商业模式要素与企业绩效之间的关系。还有学者以开放式商业模式为研究对象，将其划分为资源模式、网络模式、客户模式等多种构成模式（Wriz，Pistoia & Ullrich，et al.，2016），并针对其与企业创新绩效间的关系进行探讨（叶文平、杨赛楠和杨俊等，2022；张珺涵和罗守贵，2020）。

然而，基于该视角的商业模式研究也存在一定的局限性。相关研究中，学者们在描述商业模式的组成部分时详略不一，并且大多以静态的方式看待商业模式，容易忽视商业模式的动态特征。同时，虽然学者们认同商业模式是一个多维度构念（McDonald & Eisenhardt，2019），并认为商业模式是在不同维度的互动过程中得以建构的（Demil & Lecocq，2010）。但现有研究却多从整体上描述商业模式不同阶段的发展演变，缺乏从不同维度及其动态关系的解构，从而也就无法探察到商业模式是如何在各维度的动态调整中得以建构的，而这也催生了越来越多的商业模式过程视角的研究。

1.2.2　基于过程视角的商业模式研究

基于过程视角的商业模式的研究认为，商业模式的内核是具体的，但其表现形式却是多样的。这类文献主要是研究商业模式的组成部分及商业模式如何变化，其中具有代表性的就是研究商业模式的演化（Chester，Chau & Kan，2020；王炳成、闫晓飞和张士强等，2020；张璐、周琪和苏敬勤等，

2018）。基于过程视角的商业模式研究比较适合采取案例研究和扎根理论的方法。阿克腾哈根、梅林和纳尔迪（Achtenhagen，Melin & Naldi，2013）提出，有些企业能够在相当长的一段时间内不断创造价值，原因就在于企业本身能成功地塑造、调整和革新其商业模式。卡瓦尔坎蒂、凯斯廷和乌尔禾（Cavalcante，Kesting & Ulhøi，2011）将企业商业模式的演化分为创造、拓展、修正和终止4个阶段。他们认为，一方面，商业模式是动态的，当不危害或者不显著改变现有商业模式的核心业务时，新的业务可以被增加或移除；另一方面，商业模式仍是相对静态的，当需要显著地改变现有的核心业务时，现有的商业模式就不能以目前的形式存在，有必要废除现有的商业模式并建立一个新的商业模式。

基于过程视角审视商业模式的动态发展，是当前商业模式研究的重要方向，并且相关研究的关注点主要在于企业的商业模式的创新过程。通过研究商业模式的创新过程，能够帮助企业更好地适应环境变化，提高市场竞争力。

1.2.3　基于象征性符号视角的商业模式研究

基于象征性符号视角的商业模式研究通常把商业模式比喻成一个故事（Kaplan，2012），认为商业模式是由象征性、符号性的关系和内涵所构成的。采取该视角进行的商业模式研究，主要基于符号互动理论，运用相关的质性研究方法，探讨商业模式如何作为象征性的符号运用于商业活动中。当前仅有少部分学者从这一角度开展研究，例如，桑托斯和艾森哈特（Santos & Eisenhardt，2009）发现，创业企业经常会通过采用模板、传播故事等身份机制来建立认知标杆，这为创业企业如何使用商业模式概念提供了重要的管理启示，同时也为商业模式如何作为象征性符号运用的研究提供了借鉴；莱霍克斯（Lehoux，2014）分析企业的商业模式如何应对用户和投资者的价值预期，解决相互间的冲突，以及对技术设计的影响。该研究强调商业模式与技术设计的相互影响，并且阐述为什么裂变企业的初始价值主张会被重新定义或者重新表达。

基于象征性符号视角的商业模式研究是一个新兴的研究视角，由于符号论发源于社会学领域，因此可以借鉴相关的社会学理论，分析商业模式如何帮助企业获取竞争优势，以及为何同一种商业模式在不同的企业中会带来不同的影响。此外，合法性问题也是商业模式符号视角研究中的重要构成部分。根据制度学派的观点，合法性是组织行为在一个由社会构建的规范、价值、信念和定义体系中被认可与接受的程度，是相关利益群体对组织行为的一种普遍性感知（Suchman，1995）。如何通过开展适合的商业模式创新以帮助企业获取合法性，值得未来研究加以关注（尚妤，2020）。

1.2.4　基于社会建构视角的商业模式研究

基于社会建构视角的商业模式研究认为，商业模式是通过语言、标记、符号、行动等被社会建构的。社会建构论作为一种反实证主义的社会思潮，始于贝格尔和卢克曼（Berger & Luckmann）在 1966 年出版的著作《现实的社会建构》。该理论认为，人类并非静态地认识、发现外在的客观世界，而是通过认识、发现过程本身，不断地构建新的现实世界。社会建构视角将商业模式看作在市场中通过意义建构和意义赋予的努力而被建构出来的。霍洛韦和塞巴斯提奥（Holloway & Sebastiao，2010）认为，现有研究有效地解释了既定的市场条件是如何影响商业模式的拓展和实施的，但却忽略了新颖的商业模式是如何反作用于既定的市场的。他们通过研究新兴市场条件下的商业模式发展和调整过程，发现商业模式的发展和调整与新兴市场的创造是相互作用与协同演化的。在此过程中，创业者会通过小范围的市场实验而不断调试商业模式。阿斯帕拉（Aspara，2011）沿用社会建构论的研究范式，用商业模式的概念解释了企业的绩效变化及企业演化，回答了新的商业模式源于何处，以及企业的高层管理者认知和企业的商业模式是如何协同演化的问题。

商业模式的社会建构视角关注社会互动过程，具有强烈的纵向研究导向。卡萨德斯 – 马萨内尔和朱峰（Casadesus – Masanell & Zhu，2013）认为，推动商业模式变化的关键是企业环境震荡（如技术创新、制度变革等）所引发的交易伙伴关系变化，这种震荡要求企业及时寻找新的最优的商业模式设计方案来与新型交易伙伴关系特性相匹配。社会建构观可以帮助研究者探讨企业如何与利益相关者进行互动，进而形成新的商业模式。

　　不同的研究视角决定了学者们在研究中所持有的不同的商业模式观点，但无论是何种商业模式观点都必须回答一个问题，即商业模式的概念应如何界定？

1.3　商业模式的概念

　　在管理学中，有关语义和概念的问题往往存在着很多争论，这在商业模式领域中也同样存在。虽然商业模式经历了较长时间的发展，历史研究与现实分析都显示出了商业模式的重要性，但客观来讲，其还需要经历一个过程在经济管理研究中建立起自己的地位。正如蒂斯（Teece，2010）在研究中指出的，商业模式的概念在经济研究中尚缺乏理论基础。结合相关研究可以看出，商业模式与效率、新颖性、互补性以及作为价值创造和交付手段的定位密切相关（Ukeje & John，2021）。

　　商业模式正式概念的提出最早可追溯到 20 世纪 50 年代，通过将商业模式与管理、战略等概念相区分，形成相对独立的管理学分支，体现出对其开展针对性研究的合理性和必要性（Dasilva & Trkman，2014）。虽然商业模式的研究经过了较长时间的发展，但当前对于商业模式的具体概念内涵，学者们仍然未能达成共识。概括起来主要包括两方面的原因：（1）学者们对已提出的商业模式概念的表达方式进行了较为充分的探讨并提出质疑，发现不同的概念都存在一定的局限性；（2）学者们大多基于自身的研究视角，对已有的商业模式的概念进行解读并再次形成新的商业模式概念，忽视了商业模式概念的普适性。

　　部分学者认为，商业模式是由商业活动组成的架构（Amit & Zott，2012），是为了满足市场需求，由相互关联和相互依存的创新活动形成的一个多层次的系统（陈一华和张振刚，2022；DaSilva & Osiyevskyy，2019；伍锐，2020）；还有学者基于利益相关者的视角，认为商业模式决定了公司与消费者、合作伙伴及供应商等相关主体之间的利益关系（Berglund & Sand-strom，2013），即商业模式是公司与其利益相关主体之间进行哪些商业活动以及这些商业活动如何相互关联的架构（Khanagha，Volberda & Oshri，

2014；刘宇熹和谢家平，2015；王雪冬和董大海，2013）。

学者们分别基于不同的研究视角，针对商业模式的概念进行了较为充分的讨论，这虽然能够避免从单一视角审视商业模式概念的弊端，但也在一定程度上阻碍了相关研究成果的聚焦与积累。因此，为了整合不同的商业模式研究成果，明确不同的商业模式定义观点的利弊并寻找其相通之处，有必要对现有文献的观点进行梳理和分析。成文、王迎军和高嘉勇等（2014）认为，商业模式的定义可分为四种视角。

1.3.1　基于战略视角的商业模式定义

基于战略视角的商业模式定义主要关注对企业战略导向的考量（Abdelkafi & Tauscher，2016；Massa，Tucci & Afuah，2017）。波特（Porter，1996）认为，企业战略所要解决的核心问题就是"定位"问题，并将企业的定位分成了基于产品种类的定位、基于需求的定位及基于接触途径的定位三种类型。通过获取独特且具有价值的定位，企业能够设计与之相适应的并能够获取独特市场竞争优势的运营活动。而商业模式的本质之一就是明确企业的价值主张，即明确企业将要通过何种产品或服务，为哪些顾客提供什么样的价值。拉帕（Rappa，2001）认为，价值主张是商业模式的重要构成要素之一，是企业商业模式需要集中解决的问题。切斯布鲁夫和罗森布鲁姆（Chesbrough & Rosenbloom，2002）指出，商业模式应该向目标顾客表明价值主张，同时这也是实现技术商业化所必须解决的问题。随着研究的不断深入，许多学者倾向于从战略角度对商业模式的概念进行界定，其中重要原因之一在于：商业模式是战略规划的"操作图"，能够引导企业顺利完成战略规划部署，并且从战略视角来审视商业模式能够使得学者们的研究成果更加系统化，更符合战略管理学者们的研究需要。

1.3.2　基于运营视角的商业模式定义

基于运营视角的商业模式定义认为商业模式是企业在进行价值创造和价值传递的过程中，对各项业务流程和组织结构的设计，以及对其他商业活动参与者的关系管理（Rappa，2004）。该视角注重企业的价值创造和价值传递活动，将企业的价值活动放在社会价值网络中进行审视，强调企业嵌入商业生态系统的方式。例如，阿米特和祖特（Amit & Zott，2001）认为，商业模式是对公司及其利益相关方（如供应商和合作伙伴等）之间的交易运作方式的概括性描述，强调能使交易得以顺利进行的产品、资源、参与者等相互间的结构以及交易机制；威尔茨、皮斯托亚和乌尔里希等（Wirtz，Pistoia & Ullrich，et al.，2016）认为，商业模式是对公司相关活动的简化和聚合表示，描述了如何通过公司的增值部分，产生适销对路的信息、产品和服务。此外，还有一些学者认为商业模式主要由组织形式、商业流程和资源系统等要素构建而成（Frank，Mendes & Ayala，et al.，2019；朴庆秀、孙新波和钱雨等，2020）。基于运营视角界定商业模式的概念具有更强的实践意义，能够更加清晰地描述企业应通过何种运营方式来实现其商业模式。

1.3.3　基于盈利视角的商业模式定义

基于盈利视角的商业模式定义将商业模式描述为企业的"盈利模式"，即商业模式是对企业如何获利的总结和归纳。例如，马哈迪温（Mahadevan，2000）将商业模式定义为企业价值流、收益流和物流的总和；阿福赫和图斯（Afuah & Tucci，2001）认为，商业模式是企业为顾客创造更多价值，并由此获取更多利润的管理方法；赫伊津（Huizingh，2002）指出，商业模式是企业构造成本和收入流的方式，成本和收入流决定了企业的生存与发展；奥斯特瓦尔德（Osterwalder，2004）将商业模式定义为一系列用于描述企业利润获取逻辑的要素和关系。比格尔和克里（Bieger & Krys，2011）对此进行了系统性的描述，认为商业模式描述了一个组织如何创造价值，以确保未来可持续的基本逻辑，其中包括：（1）企业如何提供价值；（2）企业如何创造价值；（3）创造的价值如何传递给顾客；（4）公司如何以收入的形式获取价值；（5）价值如何在组织内部和利益相关者之间分配；（6）企业如何提炼所创造的价值。此外，还有一些学者表达了相似的观点，认为商业模式包括定价模式、收入模式和成本结构等构成要素（Yunus，Moingeon & Lehmann – Ortega，2009）。整体而言，营销学领域的研究更倾向于从盈利视角分析商业模式的定义。

1.3.4　基于系统论视角的商业模式定义

基于系统论视角的商业模式定义认为，商业模式是一个由多因素构成的系统，是从多个角度的整合与协同，是一种体系或集合。博西迪和查兰（Bossidy & Charan，2005）指出，商业模式是用于系统全面地分析企业的理论工具。祖特、阿米特和马萨（Zott，Amit & Massa，2011）认为，商业模式强调在系统层面用整体的方式来解释企业如何开展业务的问题；巴登·福勒和摩根（Baden - Fuller & Morgan，2010）指出，正确理解商业模式概念的首要之处在于将商业模式视为一个组织的系统化模型，在管理实践的过程中，需要注意从系统和整体的角度出发，分析商业模式的概念和定义。从系统论的视角界定商业模式，更有利于企业实现对原有商业模式的变革和创新，有助于企业分析如何通过改变商业模式系统中的某一个或几个构成要素，实现对商业模式的系统优化，进而能够使企业适应不断变化的环境以获取可持续的竞争优势。

1.3.5　多视角整合的商业模式定义

随着研究的不断深入，也有学者采取多角度整合的方式对商业模式进行定义。例如，蒂莫斯（Timmers，1998）在其研究中提出的商业模式定义同时包含了经营模式和盈利模式两方面，怀尔和迈克尔（Weill & Michaei，2001）则在蒂莫斯的基础上加入了参与者的角色和关系，认为商业模式是对合作伙伴、顾客及供应商关系的描述，同样持有系统论观点。施魏策尔（Schweizer，2005）提出了包括价值链格局、竞争优势来源和收入模式的三维度商业模式概念，用于反映企业的战略定位、收入来源和发展潜力。

对商业模式的相关定义，简要总结如表 1 - 1 所示。

表 1 - 1　　　　　　　　　　　商业模式的定义

	作者	定义观点
1	阿米特和祖特（Amit & Zott, 2001）	商业模式描述了内容、结构和交易治理的设计，以通过开发商机来为企业创造价值
2	切斯布鲁夫和罗森布鲁姆（Chesbrough & Rosenbloom, 2002）	商业模式是将技术潜力与经济价值的实现联系起来的启发式逻辑，它提供了一个连贯的框架，将技术特征和潜力作为投入，并通过客户和市场将其转化为经济产出
3	玛格丽特（Magretta, 2002）	商业模式是解释企业如何工作的故事。一个良好的商业模式回答了德鲁克时代的老问题：顾客是谁？客户价值是什么？它也回答了每个经理人都必须要问的基本问题：我们的企业如何挣钱？我们持有的用合适的成本将价值传递给顾客经济逻辑是什么？
4	菲特和帕特尔（Fiet & Patel, 2008）	商业模式解释了一个企业如何被期望创造利润
5	约翰逊、克里斯坦森和科格曼（Johnson, Christensen & Kagermann, 2008）	商业模式包括顾客价值主张、利润公式、关键资源和关键流程等要素，这些要素能够相互链接以共同实现价值创造和价值传递
6	蒂斯（Teece, 2010）	商业模式代表企业价值的创造、交付和捕获机制的设计或体系结构
7	阿米特和祖特（Amit & Zott, 2012）	商业模式是一个相互联系和相互依赖的活动系统，这些活动决定了企业与其顾客、合作伙伴和供应商"做事情"的方式
8	布赫尔、艾泽特和加斯曼（Bucherer, Eisert & Gassmann, 2012）	商业模式是对企业复杂性的抽象，通过把复杂性缩减到核心元素及核心元素间的相互关系来强调企业的核心商业逻辑
9	特里姆和贝尔韦加尔·米拉本特（Trimi & Berbegal - Mirabent, 2012）	商业模式描述了企业如何做事情的方式，如何把价值传递给顾客，为了公司的持续发展需要把钱投到哪儿，以及如何来管理组织
10	博肯、拉纳和肖特等（Bocken, Rana & Short, et al., 2014）	商业模式框架能够通过映射目的，通过网络创造价值的机会以及公司的价值获取（如何产生收入）来为可持续的商业思维提供一种结构化的方式
11	罗姆和卢奇（Roome & Louche, 2016）	商业模式是指公司开展业务，并在价值网络内创造和获取价值的方式
12	尼奥西和麦凯维（Niosi & McKelvey, 2018）	商业模式是一组商业实践，包括价值主张、客户群、分销渠道、基本资源和收入流，它们会随着时间的变化而改变

	作者	定义观点
13	吕德克・弗洛伊德（Ludeke - Fre-und，2020）	商业模式是能够释放创新潜在经济价值的聚焦和传递机制
14	拉扎扎德和卡瓦略（Rezazadeh & Carvalho，2020）	商业模式是由价值主张、价值创造、价值交付、价值捕获和价值网络等要素构成的系统性框架

资料来源：本书作者整理。

　　总体来看，正如祖特、阿米特和马萨所指出的，现有的商业模式研究往往是在没有明确的概念定义的情况下进行的。他们通过对 103 种商业模式出版物进行归纳，发现约有 37% 的文献未对商业模式进行概念界定，大多数只是简单应用了商业模式的思想；约 44% 的文献对商业模式进行了明确的定义或概念化；其余的文献则参考了其他学者的定义。同时他们还指出，缺乏明确的概念界定会导致观点和结论的分散化，阻碍商业模式相关成果的积累，不利于该领域研究的逐步成熟。

　　阿尔・德贝、埃尔・哈达德赫和艾维森（Al - Debei，El - Haddadeh & Avison，2008）也指出，尽管人们越来越强调商业模式对组织成功的重要性，但对于其定义仍然缺乏共识（Kallio，Tinnilä & Tseng，2006），该领域的学者从不同的角度描述了商业模式。他们将学者们的定义抽象成了十类，认为商业模式可以是以下几个方面。

　　（1）组织创造价值的一种方式（Amit & Zott，2001；Kallio，Tinnilä & Tseng，2006），有两种不同的方法来实现价值主张，分别是：组织及其供应商和合作伙伴（商业参与者）为客户创造价值（Magretta，1998，2002；Petrovic，Kittl & Teksten，2001；Torbay，Osterwalder & Pigneur，2001；Stähler，2002；Osterwalder，Pigneur & Tucci，2005；Haaker，Faber & Bouwman，2006），组织及其利益相关者（商业参与者）为相关各方创造价值（Bouwman，2002；Stähler，2002；Haaker，Faber & Bouwman，2006；Andersson，Bergholtz & Edirisuriya，2006）。

　　（2）组织盈利的一种方式（Timmers，1998；Magretta，1998，2002；Rappa，2000；Linder & Cantrell，2000；Torbay，Osterwalder & Pigneur，

2001）。

（3）组织对现有业务和未来计划业务的抽象（Stähler，2002）。这表明组织的商业模式应该包含未来的业务前景。

（4）一种包括其资产、产品、服务和信息流的组织体系架构（Venkatraman & Henderson，1998；Timmer，1998）。

（5）一种与业务如何开展相关的商业逻辑（Petrovic，Kittl & Teksten，2001；Osterwalder，Pigneur & Tucci，2005）。

（6）组织通过各方和多个公司之间的协调和协作来实现交易的一种方式（Amit & Zott，2000；Bouwman，2002；Haaker，Faber & Bouwman，2006）。

（7）组织的一个战略或一系列战略（Leem，Suh & Kim，2004；Kallio，Tinnilä & Tseng，2006）。

（8）企业战略和业务流程之间的一种接口或理论层（Camponovo & Pigneur，2003；Tikkanen，Lamberg & Parvinen et al.，2005；Rajala & Westerlund，2005；Morris，Schindehutte & Allen，2005）。

（9）一个概念工具、业务抽象和蓝图（Stähler，2002；Haaker，Faber & Bouwman，2004；Osterwalder，Pigneur & Tucci，2005）。

（10）一种理解单一组织或组织网络的方法（Bouwman，2002；Haaker，Faber & Bouwman，2006）。

在此基础上，阿尔·德贝、埃尔·哈达德赫和艾维森（Al - Debei，El - Haddadeh & Avison，2008）认为，商业模式的定义应遵循五个基本原则：一是定义应当具有综合与通用性；二是只用构件来定义商业模式是不充分的；三是商业模式被定义用于单一组织；四是定义应当综合早期研究的不同观点；五是定义应当包括企业规划的未来元素。

因此，阿尔·德贝、埃尔·哈达德赫和艾维森（Al - Debei，El - Haddadeh & Avison，2008）最终给出了一个比较完备的商业模式定义：商业模式是一个组织的抽象表示，它可以是概念、文本和/或图形，是组织当前和未来的各种核心相关结构、合作运营、财务安排的设计与开发，以及组织提供的或将要提供的核心产品和/或服务，需要基于这些安排来实现它的战略目标和目的。

1. 4 商业模式与相关概念的关系辨析

为了更好地理解商业模式的概念，对商业、盈利模式及战略等相关概念与商业模式进行对比分析，并简要地分析它们与商业模式之间的关系。

1. 4. 1 商业模式与商业的关系

商业指的是有组织地提供给顾客所需物品与服务的一种行为，其概念有广义与狭义之分。广义的商业是指所有以营利为目的的活动，而狭义的商业则专指从事商品交换活动的营利性活动。大多数的商业行为是通过以比成本高的价格卖出商品或服务来盈利的。一般认为，商业源于原始社会以物易物的交换行为，而且是基于人们对价值认识的等价交换。商业模式是指企业有效开展商业活动，并在此过程中追求商业活动价值最大化的一种稳定的模式。大多数学者均认可商业模式的本质特征之一是创造价值、实现价值的最大化（Geissdoerfer，Bocken & Hultink，2016）。任何一个企业追求商业模式的本质都是在追求价值，而能否有效获取价值，以及在此过程中企业需要付出的成本或代价，则是评价一个商业模式优劣的重要因素。换言之，是否具备一个先进而合理的商业模式，是决定企业能否在竞争环境中实现价值获取、提升市场竞争力的重要因素之一。

1. 4. 2 商业模式与盈利模式的关系

商业模式与盈利模式经常被人们所误解和混淆，甚至有学者将商业模式与盈利模式混为一谈，从而导致研究思路产生混乱（Johnson，Christensen & Kagermann，2008）。简单来讲，企业的商业模式是包含盈利模式的。结合学者们对商业模式的定义可知，商业模式包含了价值主张、价值创造、价值传递和价值获取四个部分，描述了企业通过何种渠道为客户提供何种服务或产品，同时在此过程中如何使自身获得经济收益（Hawkins，2001）。从这个角度看，商业模式能够细化为营销推广模式、用户模式、产品模式和盈利模式四部分。其中，盈利模式指按照利益相关者划分的企业的收入结构、成本结构以及相应的目标利润，对企业经营要素进行价值识别和管理，进而找到盈利机会（肖静华、胡杨颂和吴瑶，2020），即探求企业利润来源、生产过程以及产出方式的系统方法。通俗来讲，盈利模式讲述的是企业如何赚钱。这一模式包含于企业的商业模式中，当然，商业模式还包含其他的内容。

1.4.3　商业模式与战略的关系

商业模式和战略这两个词都被广泛地应用，而且这两个词容易被混淆。塞登和李维斯（Seddon & Lewis，2003）通过文献回顾梳理了主要学者们对这两个词的定义显示，这两个词有许多重叠，图 1 - 2 用维恩图展示了商业模式与战略之间可能存在的五种关系。

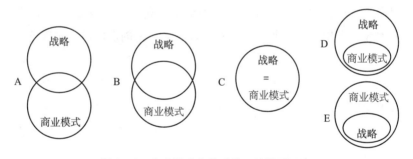

图 1 - 2　商业模式和战略关系的维恩图示

资料来源：Seddon P B，Lewis G P. Strategy and Business Models：What's the Difference？［C］. Pacific Asia Conference on Information Systems，2003：236 - 248.

在图 1 - 2 中，A 与 B 表示商业模式与战略是两个不同的概念，但两者之间有重叠的部分，二者之间的差异在于图形 A 中商业模式与战略重叠的部分较少，而图形 B 中商业模式与战略重叠的部分较多。图形 C 表示商业模式与战略这两个概念是相同的，即商业模式就是战略，如果图形 C 是正确的，那么商业模式这个词就没有存在的价值了。图形 D 表示战略包含商业模式，如果图形 D 是正确的，那么商业模式这个概念同样就没有存在的意义了，因为它是战略的一个子部分。图形 E 表示商业模式包含战略，如果图形 E 是正确的，那么战略这个词同样也就没有存在的价值了，因为可以用商业模式这个词替代战略这个词。经过一段时间的争论，学者们基本上达成了共识，即商业模式和战略这两个概念还是不同的，但二者关系紧密，即图形 A 或图形 B 是合理的。战略看起来更关注于企业间的竞争，而商业模式更关注于使企业为顾客和其所有者创造价值的"核心逻辑"（Linder & Cantrell，2000）。

　　塞登和李维斯（Seddon & Lewis，2003）用图 1 - 3 对商业模式与战略的关系做了进一步阐述。该图是在图 1 - 2 的二维图中添加了第三个维度，即"增加抽象性"维度，他们认为商业模式是企业战略的某些方面的抽象表示。因此，在图 1 - 3 中，用来表示战略的椭圆比两个商业模式中的任何一个都大，因为他们认为，相比于商业模式，企业的战略需要用更多的信息来展示。塞登和李维斯指出，该图也描绘了两个商业模式表示同一个企业战略的不同视角，因为企业可以基于一个企业战略，建立无限多的不同的商业模式。塞登和李维斯认为，从本质上讲，战略涉及定义一个企业在市场中的长期定位，对企业将做什么和不做什么进行权衡以便为顾客提供价值，打造

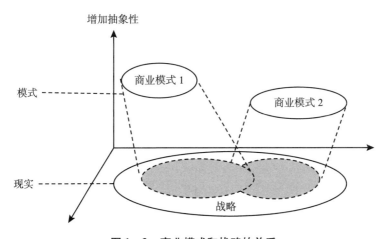

图 1 - 3　商业模式和战略的关系

资料来源：Seddon P B，Lewis G P. Strategy and Business Models：What's the Difference？［C］. Pacific Asia Conference on Information Systems，2003：236 - 248.

难以复制的企业活动系统，使系统的各个部分相匹配，以便为顾客提供价值；而商业模式是企业战略的某些方面的抽象表示，它强调的是人们理解一个企业成功把价值传递给顾客的本质细节。因此，一个公司的战略是专门针对该公司的，相比之下，商业模式可以被设想为对公司战略的一种抽象，同样的商业模式也可以适用于多个公司（Seddon & Lewis，2003）。

虽然塞登和李维斯对商业模式与战略的关系进行了较深入的比较分析，但相当一部分学者的观点与其并不相同。阿尔·德贝、埃尔·哈达德赫和艾维森（Al‐Debei，El‐Haddadeh & Avison，2008）指出，随着信息和通信技术（ICTs）的快速发展，商业模式的概念已经成为信息系统（IS）领域中较为重要的一个部分。他们认为，当今的企业世界正在经历从传统的经营方式向新的数字化企业经营方式的转变，与以往以环境稳定、竞争水平低、确定性强为特征的传统商业世界不同，新兴的数字化商业世界更为复杂、动态，具有高度的不确定性和竞争水平。数字化商业世界在企业战略和业务流程之间制造了一个巨大的鸿沟，把企业战略转化为业务流程变成了一个巨大的挑战，如图1-4所示。

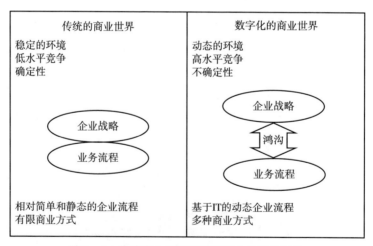

图1-4　传统商业世界与数字商业世界的对比

资料来源：Al‐Debei M M，El‐Haddadeh R，Avison D. Defining the Business Model in the New World of Digital Business ［C］. Proceedings of the 14th Conference on Information Systems，2008：1-11.

阿尔·德贝、埃尔·哈达德赫和艾维森（Al‐Debei，El‐Haddadeh &

Avison，2008）认为，在数字企业界中，商业模式作为填补这个鸿沟的一个概念工具上升到突出位置。商业模式有助于实现企业战略和业务流程之间的匹配，因为它代表了两者之间的界面或一个中间理论层，如图 1 – 5 所示。因此，即使商业模式与战略的概念是相关的，但他们代表了不同层次的信息，应用于不同的目的（Osterwalder，2004；Rajala & Westerlund，2005）。

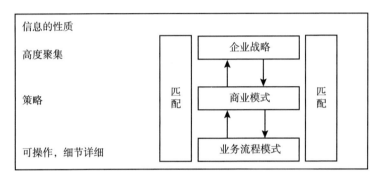

图 1 – 5 数字企业的层级

资料来源：Al – Debei M M，El – Haddadeh R，Avison D. Defining the Business Model in the New World of Digital Business ［C］. Proceedings of the 14th Conference on Information Systems，2008：1 – 11.

玛格丽特（Magretta，2002）认为，企业战略解释了企业组织希望如何比竞争对手做得更好，而商业模式描绘了一个企业的各个部分如何匹配在一起。因此，阿尔·德贝、埃尔·哈达德赫和艾维森（Al – Debei，El – Hadd-adeh & Avison，2008）认为，商业模式不是独立存在的，它与企业战略和业务流程相交，并创造了一个独特的策略性业务组合，如图 1 – 6 所示。这些交叉点代表了在这个数字化的新商业世界中，企业组织需要遵循的两个关键的交叉点。第一个交叉点是从企业战略到商业模式。根据波特（Porter，1980）的观点，战略是企业通过采用通用策略来定位企业的一种方式，在这个阶段，商业模式将广泛的战略转化为更具体的业务架构和财务安排，以实现战略目标，因此，第一个交叉点的商业模式依赖并派生自企业战略。第二个交叉点是从商业模式到业务流程。在这个阶段，商业模式作为基础系统，可从中导出更为详细的操作性的业务流程。为了让企业在这个数字化的新商业世界中生存下来并取得成功，企业战略、商业模式和业务流程应该被视为一个统一体，以确保其与外部环境的一致性。

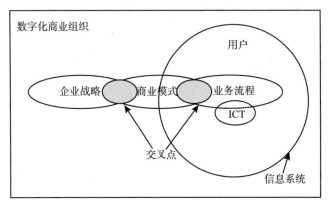

图1-6　商业模式交叉点

资料来源：Al‐Debei M M，El‐Haddadeh R，Avison D. Defining the Business Model in the New World of Digital Business［C］. Proceedings of the 14th Conference on Information Systems，2008：1-11.

　　萨克拉里德斯和斯蒂亚卡基斯（Sakellaridis & Stiakakis，2011）通过梳理相关研究发现，一部分研究者把商业模式理解为一个纯粹的商业概念，用来解释一个公司经营的逻辑，另一部分研究者则把商业模式视为一个战略、业务流程和信息系统的连接，如图1-7所示的金字塔模型。在该图中，商业模式也是居于战略与业务流程之间的一个层次，更易于理解商业模式在企业管理中的地位，该图本质上与图1-6是一致的。

图1-7　商业模式的位置

资料来源：Sakellaridis K，Stiakakis E. Business Model Change Due to ICT Integration：An Application to the Entertainment Industry［J］. International Journal of Computer Information Systems and Industrial Management Applications，2011，1（3）：1-13.

综上可知，在商业模式与战略的关系中，战略与商业模式应该并不是一回事，如玛格丽特（Magretta，2002）、塞登和李维斯（Seddon & Lewis，2003）、阿尔·德贝、埃尔·哈达德赫和艾维森（Al - Debei，El - Haddadeh & Avison，2008）、萨克拉里德斯和斯蒂亚卡基斯（Sakellaridis & Stiakakis，2011）和蒂斯（Teece，2010）等的观点，但阿尔·德贝、埃尔·哈达德赫和艾维森（Al - Debei，El - Haddadeh & Avison，2008）和萨克拉里德斯和斯蒂亚卡基斯（Sakellaridis & Stiakakis，2011）观点似乎更合理，即商业模式比战略更加具体，是战略的具体表现形式，而战略则是商业模式的抽象表达（王炳成，2016），商业模式扩展了企业战略及其相关理论传统的中心思想，二者彼此互补，代表了不同的层次，能够用于满足不同的目的。

1.4.4　商业模式与运营模式、营销模式的关系

从概念上看，商业模式是解释企业如何工作的故事（Magretta，2002），是对企业复杂性的抽象，通过把复杂性缩减到核心元素及核心元素间的相互关系来强调企业的核心商业逻辑（Bucherer，Eisert & Gassmann，2012），它描述了企业如何做事情的方式，如何把价值传递给顾客，为了公司的持续发展需要把钱投到哪儿，以及如何来管理组织（Trimi & Berbegal - Mirabent，2012）。而运营模式是指对企业经营过程的计划、组织、实施和控制，是与产品生产和服务创造密切相关的各项管理工作的总称；营销模式是指通过什么样的营销工具，让市场和客户能够了解到本企业，然后把产品或者服务给销售出去，主要包括产品定位、市场推广、渠道管理等，通常是为了提高产品的知名度和销售量而设定的（杨柏欢、丁阳和李亚子，2020）。

对各种商业模式的定义进行总结可知，商业模式是一个系统、一种商业架构、一种商业逻辑关系。商业模式描述了企业作为一个市场主体，通过何种方式，提供何种产品和服务以确立自己的优势，最终使公司实现盈利的完整过程（Amit & Zott，2001）。而运营模式与营销模式则对应的是企业内部的运作方式的概括，只是商业模式中的一个部分。

按照奥斯特瓦尔德（Osterwalder，2010）的观点，商业模式应当描述企业的价值主张、价值创造、价值传递和价值获取的基本原理，强调的是企业

的整个的价值结构。而运营模式主要关注的是企业的价值主张（李文博，2014），营销模式主要关注的是企业与消费者之间的价值传递以及企业如何进行价值创造（刘晓丽，2020；Ramani & Kumar，2008）。商业模式构建的是企业与其他企业、用户、客户、政府、竞争对手等全方位的关系，而运营模式与营销模式构建的是基于企业生产经营或销售管理等企业内部的经济关系。总的来说，商业模式更像是顶层设计，比运营模式和营销模式更抽象，运营模式和营销模式要比商业模式更具体，且商业模式的范围要大于运营模式和营销模式。

1.5　商业模式的构成要素

1.5.1　商业模式构成要素的不同观点

随着研究的不断深入，学者们对商业模式的构成要素给予了越来越多的关注。例如，卡萨德斯·马萨内尔和里卡（Casadesus - Masanell & Ricar，2010）认为，要想更好地理解商业模式，人们就需要理解商业模式的构成要素及它们之间的关系。巴登·福勒和摩根（Baden - Fuller & Morgan，2010）把商业模式的构成要素比作"菜单"，认为它给管理人员和学者们提供了一种方式，用来描述和区分人们在现实世界中发现的不同类型的企业行为，从而为他们提供已经经过实践检验的理想类型的商业模式的例子，理论上其他企业可以跟随这种模式，进行借鉴或模仿。同时，通过改变商业模式的内容，有望产生新的竞争方式。基于同样的目的，奥斯特瓦尔德、皮尼厄和图斯（Osterwalder，Pigneur & Tucci，2005）识别出了商业模式文献中最通用的9个模块。鉴于研究人员对商业模式的框架和新出现的商业模式的本质要素很少达成一致，阿齐兹、菲茨西蒙斯和道格拉斯（Aziz，Fitzsimmons & Douglas，2008）针对学者们从文献中识别出的54个商业模式构成要素，运用探索性因子分析（EFA）方法，得到了四个独立因子，并分别将它们命名为：利益相关者、能力、价值创造和价值获取。

主流文献中商业模式的构成要素如表 1 - 2 所示。

表 1 - 2　　　　　　　　商业模式构成要素的不同观点

	作者	要素数量	具体的构成要素
1	哈梅尔（Hamel, 2000）	4	顾客界面、核心战略、战略资源、价值网络
2	阿米特和祖特（Amit & Zott, 2001）	10	资源/资产、功能/能力、信息流、产出（提供）、产品/服务流、商业机会、价值创造、交易内容、交易治理、交易结构
3	奥斯特瓦尔德、皮尼厄和图斯（Osterwalder, Pigneur & Tucci, 2005）	9	产品（价值主张）、顾客界面（目标顾客、配送渠道、顾客关系）、架构管理（价值结构、核心能力、合作伙伴网络）、财务方面（成本结构、收入模式）
4	阿齐兹、菲茨西蒙斯和道格拉斯（Aziz, Fitzsimmons & Douglas, 2008）	4	利益相关者、能力、价值创造、价值获取
5	德米尔和勒科克（Demil & Lecocq, 2010）	3	资源与能力、价值主张、内外部组织
6	蒂斯（Teece, 2010）	5	选择嵌入到产品/服务中的技术和特征、顾客从消费/使用产品/服务中获利、进行市场细分并选定目标市场、确保可行的收入流、设计价值获取的机制
7	梅森和斯普林（Mason & Spring, 2011）	3	技术、市场流、网络架构
8	阿米特和祖特（Amit & Zott, 2012）	3	内容、结构和治理
9	魏炜、朱武祥和林桂平（2012）	6	业务系统、定位、盈利模式、关键资源能力、现金流结构、企业价值
10	斯皮思、施纳肯伯格和里卡特（Spieth, Schneckenberg & Ricart, 2014）	3	价值创造、价值主张和价值获取
11	威尔斯（Wells, 2015）	3	价值网络和产品/服务、价值主张、社会经济框架
12	奥纳尔、乌尔比纳蒂和基亚罗尼等（Onal, Urbinati & Chiaroni, et al., 2019）	4	集体价值创造、集体价值交付、集体价值获取、可持续发展解决方案

资料来源：本书作者整理。

根据表 1 - 2 可知，商业模式的构成要素从 3 ~ 10 个不等，虽然部分学者们所提炼的商业模式构成要素的数量一致，但具体构成要素的内涵并不相同。巴登·福勒和摩根（Baden - Fuller & Morgan，2010）指出，仅列出商业模式的构成要素是不够的，这将会忽略一个事实，即商业模式并不是各构成要素的简单相加，还应包括各要素间的规则及作用关系，只有这样才能有特定的产出。因此，许多学者在研究商业模式构成要素的同时，还期望表达出这些要素之间的关系，而图形则是表示这种关系的一种有效方式。

1.5.2　商业模式的构成要素间的关系

谢弗、史密斯和林德（Shafer，Smith & Linder，2005）研究了 1998 ~ 2002 年出版的关于商业模式的文章，共从中收集了 12 个定义。根据每个定义所阐释的内容，找出了 42 个商业模式构成要素，部分要素只在一个定义中出现或在多个定义中出现。他们参照派兹德克（Pyzdek，2003）的做法，开发了一个亲和图（affinity diagram），以便对被提到超过两次的构成要素进行分类，如图 1 - 8 所示。亲和图是指基于内在的相似性，把想法进行组织与分类的工具，用来帮助识别相关的模式、在定性数据库中构建相关的群组，是一个很受欢迎的 6σ 工具。谢弗、史密斯和林德（Shafer，Smith & Linder，2005）认为，商业模式构成要素可分为四个类别，分别是战略选择、价值创造、价值获取和价值网络。

尤努斯、莫因戈尔和莱曼·奥尔特加（Yunus，Moingeon & Lehmann - Ortega，2009）把商业模式构成要素划分为价值主张、价值定位和利润等式三个要素，并且指出价值主张包括顾客、产品或服务，价值定位包括内部和外部价值链，利润等式包括销售收入、成本结构和资本应用。其中价值主张和价值定位两者会相互作用，而且两者都会对利润等式产生影响。他们构建的商业模式构成要素间的关系如图 1 -9 所示。

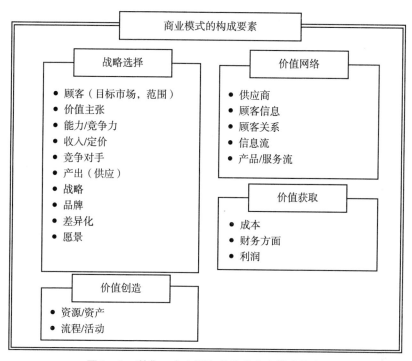

图 1 - 8 谢弗、史密斯和林德的商业模式构成

资料来源：Shafer M. S., Smith J. H., Linder C. J. The Power of Business Models [J]. Business Horizons, 2004, 48 (3): 199 - 207.

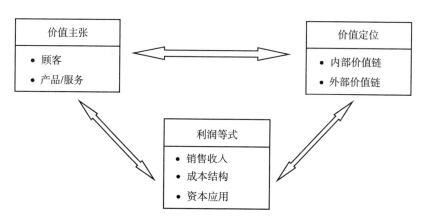

图 1 - 9 尤努斯、莫因戈尔和莱曼·奥尔特加的商业模式构成

资料来源：Yunus M, Moingeon B, Lehmann - Ortega L. Building Social Business Models: Lessons from the Grameen Experience [J]. Long Range Planning. 2010, Vol. 43 (No. 2): 308 - 325.

　　拉扎扎德和卡瓦略（Rezazadeh & Carvalho，2020）指出，商业模式创新的成功取决于企业的商业模式与各种内部和外部条件的一致性。企业必须不断审视其外部环境，批判性地评估其内部文化、战略、资源和能力，以便依据具体情况调整并实施变革。在此动态观念的基础上，他们提出商业模式的 5V 框架模型，如图 1－10 所示。两位学者构建的模型包含价值主张、价值创造、价值传递、价值获取和价值网络 5 个要素。同时他们强调商业模式并非独立成分的集合，相反，这些商业模式要素相互连接，一个要素的变化会导致其他要素的变化。在一个运行状态良好的商业模式中，要素结合在一起能够产生协同作用和附加值。企业管理人员应考虑商业模式要素之间的相互作用，为了确保内部一致性，当一个要素发生变化时，其他要素也应随之发生相应变化。这也是导致管理创新实践失败的一个重要的潜在原因，因为管理者经常为改变一个管理创新要素的过度投资，而忽略了其他要素以及要素间的相应影响。

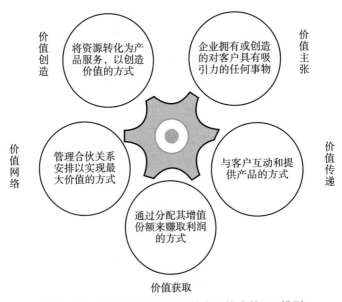

图 1－10　拉扎扎德和卡瓦略的商业模式的 5V 模型

资料来源：Rezazadeh A，Carvalho A. A Guide to the Concept and Implementation of Business Model Innovation：The 5V BM Framework ［J］. Organizational Dynamics，2020，50（2）：1－10.

魏炜、朱武祥和林桂平（2012）认为，商业模式的组成要素包括 6 个，分别是业务系统、定位、盈利模式、关键资源能力、现金流结构和企业价值，如图 1 – 11 所示。其核心概念是业务系统，强调整个交易结构的构型、交易方的角色和关系。落脚点是企业价值，评判商业模式优劣的最终标准就是企业价值。

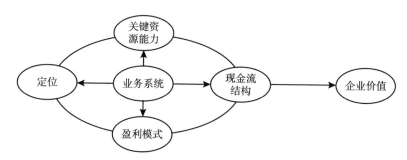

图 1 – 11　魏炜、朱武祥和林桂平（2012）的商业模式构成

资料来源：魏炜，朱武祥，林桂平 . 基于利益相关者交易结构的商业模式理论［J］. 管理世界，2012，No. 231（12）：125 – 131.

1.6　本章小结

本章介绍了商业模式的起源、商业模式的概念及商业模式的构成要素等内容。通过对学者们的相关研究进行分析，可以发现，商业模式的概念与构成要素在学术界尚未达成一致，这虽然在一定程度上阻碍了相关研究成果的整合，但也为从不同视角开展商业模式研究提供了新的思路。

讨 论 题

1. 简述商业模式的起源及其发展过程。
2. 为什么目前学术界对于商业模式的概念没有一个统一的定义？
3. 简述商业模式与战略的关系。
4. 你认为商业模式应该有哪些构成要素？

案例分析题

实例 1-5 比亚迪汽车商业模式分析

比亚迪成立于 1995 年 2 月，是一家致力于"用技术创新满足人们对美好生活的向往"的高新技术企业，从能源的获取、存储到应用，全方位构建了零排放的新能源整体解决方案。经过 20 多年的高速发展，已在全球设立了 30 多个工业园，实现了全球六大洲的战略布局，涵盖了电子、汽车、新能源和轨道交通等诸多领域，在这些领域发挥着举足轻重的作用。

比亚迪新能源汽车为了满足不同客户的需求，推出了定位于高端市场的王朝系列产品，定位于中低端客户群体的 e 系列产品。同时，构建了王朝网和 e 网两个销售网络：前者主打豪华科技，面向一线和二线城市；后者主打绿色时尚，价格上相对便宜，主要布局三线及以下城市。目前，比亚迪的市场布局也逐渐由一二线城市扩张到三四线城市和农村地区，逐步实现了市场的全面布局。为方便客户购买新能源汽车，在购买渠道方面，比亚迪采取线上和线下相结合的方式，线上渠道包括网上商城、线上 e 购平台等，线下渠道包括经销商模式和直销模式等，共同形成了密集的渠道网络。

在当前新能源汽车由"政策拉动"逐步向"市场引领发展"转变的过程中，比亚迪掌握了新能源汽车的核心技术，实现动力电池和电动汽车的升级，为新能源汽车的发展拓宽了空间。同时，比亚迪注重引进与培养人才，打造的王朝系列和 e 网系列产品，形成了独具特色的品牌优势。此外，比亚迪还与其他企业加速融合，开放共享资源，实现互利共赢，采取跨界合作、中外合作的商业模式，与信息通信、能源交通等不同行业的企业通过收购、

合资等方式进行合作以布局全产业链，以共同促进新能源汽车产业
的发展。

　　资料来源：比亚迪为何放弃燃油汽车市场——比亚迪汽车商业
模式画布分析［EB/OL］. 知乎，2022 - 09 - 07.

（1）结合案例，分析比亚迪企业是如何实现快速发展的？

（2）结合本章内容，分析比亚迪商业模式包括哪些构成要素？

第 2 章

商业模式创新的发展与概念

引 言

熊彼特（Schumpeter，1912）认为创新是"生产要素的重新组合"，即将生产要素与生产条件的"新组合"引入到原来的生产体系中，主要包括新产品、新生产方式、新供应来源、新市场与新的企业组织方式等五种类型。以往研究多聚焦于前四种类型的创新，最近 20 多年来才聚焦于最后一种类型，如商业模式创新。由于商业模式概念的不统一，商业模式创新的概念同样在学术界未达成共识。商业模式创新是什么？商业模式创新与产品创新、商业模式有何关系？以上是本章要着重探讨的问题。

学习目标

学习本章内容后，你将能够：

- 了解创新的概念与类型。
- 掌握不同视角下商业模式创新的概念。
- 理解商业模式创新与产品创新的关系。
- 明晰商业模式创新与商业模式的关系。

实践表明，企业的商业模式并非一成不变，通过对商业模式的动态调整与创新，企业能够实现自身绩效的提升。实例 2 - 1 以海尔集团为例，介绍了商业模式创新对传统制造企业转型的重要作用。

实例 2-1　互联网思维下海尔集团的转型之路

互联网时代的到来对传统的企业经营模式造成了巨大的冲击，海尔在互联网思维的影响下，转变原有的发展模式，积极探索符合时代发展的新模式。

构建互联工厂生态系统，从大规模制造转型到大规模定制

2014 年，为适应"互联网+"的时代需求，满足消费者的个性化需求，海尔构建了全球家电行业首个智能互联工厂——沈阳冰箱互联工厂。该工厂现场的数万个传感器，每天产生数万组数据，自动读取用户定制信息，互联到每个工位与模块商，驱动工厂不断迭代升级，高效率、高精度地满足了用户的全流程最佳体验。通过全流程实时互联可视的互联工厂体系的构建，将大规模制造升级为大规模定制，标志着海尔做出了商业模式创新的初步尝试。

建设开放式创新平台，满足用户需求

早在 2013 年，海尔就进行了商业模式转型的初步尝试，搭建了开放式创新平台——HOPE，该平台主要是通过对全球创新资源进行整合和分配来满足用户需求。该平台主要使用微洞察工具采集用户生活场景数据，基于用户共情及专业的数据分析方法对用户行为做定性研究，从而挖掘出产品创新的机会点。海尔根据全球 10 大研发中心和用户需求所形成的 N 个创新中心搭建了"10+N"的开放式创新体系，该体系的搭建为海尔满足用户需求提供了丰富的创新资源，为用户实现最佳体验提供了驱动力。

打造开放式社群生态平台，实现用户交互定制

受互联网思维的影响，海尔意识到信息交互是"互联网+"商业模式创新中的核心。因此，海尔于 2015 年 3 月搭建了家电行业首个用户社群交互定制体验平台——众创汇平台。海尔通过该平台可以与用户进行信息沟通，实现交互定制。其中，用户可以通过众创汇平台中的模块定制、众创定制、专属定制等模块获得定制解决方案。

该平台上线后，海尔通过不断与用户实时交互，其定制产品的销量迅速增加，到 2015 年，海尔的定制产品就已达到了 15 万台。

资料来源：①海尔互联工厂创建生态系统，直面用户创造价值 [EB/OL].电子发烧友网，2016 - 11 - 21.②小节点创造出的大平台：海尔开放式创新平台的演化与发展 [EB/OL].36 氪官方账号，2019 - 05 - 28.

在"互联网 + 数据化分析 + 产业链"三位一体的发展趋势下，我国传统制造业直面巨大挑战，抓住改革转型的机会。海尔充分发挥其创新力，大力提倡新思维，采取新措施，从原来的传统思维转换为互联网时代多位一体的创新思维，以期实现用户最佳体验。从上述案例资料中可以看出，海尔通过商业模式创新快速进行新技术和核心产品的商业化，实现企业价值创造能力和水平的跃升。正如切斯布鲁夫（Chesbrough，2010）所指出的，当采用不同的策略对同样的技术进行商业化时，企业将获得不同的回报；相较于将卓越技术通过普通商业模式进行应用，通过优秀商业模式应用普通技术可能具有更高的价值。如果无法找到合适的商业模式，技术对企业价值创造的贡献将会很低。

然而，企业成功实现商业模式创新并非易事，相当多的企业面临着"失败的商业模式"或"失败的创新"两种消极后果（王炳成、王敏和张士强，2019）。在现实中，商业模式创新失败的案例不胜枚举，如"IAM 协同办公系统""九九房""Foxmail"等。在研究商业模式创新之前，要明确创新与商业模式创新的发展与概念内涵，厘清商业模式创新与其他创新概念的关系。

2.1 创新的发展与概念

创新发展是国际竞争的大势所趋、是民族复兴的国运所系、是我国科技创新的必然选择（赵一博，2020）。党的二十大报告强调，要坚持创新在我国现代化建设全局中的核心地位。因此，实施创新驱动发展战略，对于我国形成国际竞争新优势、增强发展的可持续动力具有重要的战略意义。

2.1.1　创新研究的发展历程

熊彼特（Schumpeter，1912）在《经济发展理论》中，首次提出了经济增长非均衡变化的思想，并第一次使用了"创新"一词。熊彼特（Schumpeter，1912）将创新解释为"生产要素的重新组合"，即将生产要素与生产条件的"新组合"引入到原来的生产体系中。随后，他又分别在 1928 年的《资本主义的非稳定性》与 1939 年的《商业周期》中提出创新是一个"过程"，对创新进行了较为全面的分析和探讨，形成了相对完善的创新理论体系。熊彼特提出的创新概念涵盖的范围较为广泛，既包括技术创新和产品创新，也包括与制度创新相关的组织创新与模式创新等。在熊彼特之后，创新理论的研究主要分为两个方向：其一是以曼斯菲尔德等学者为代表的技术创新理论；其二是以诺斯等学者为代表的制度创新理论。

有关技术创新理论的文献主要从技术的创新（Ahuja, Lampert & Tandon, 2008；Garcia & Calantone, 2002）、传播（Krugman, 1979；Pererva, Kocziszky & Szakaly, et al., 2012）、模仿（Huang, Chou & Lee, 2010；Mansfield, 1985）与转移（Maskus, 2004）等角度进行了较为深入的研究，并逐渐形成了完善的理论体系。学者们从企业产品生产、销售和效益等角度，将技术创新定义为创造价值的全过程。在该领域中，形成了很多具有代表性的研究成果。其一，曼斯菲尔德的技术模仿论：对技术创新中的技术推广问题、技术创新与模仿之间的关系以及两者的变动速度问题进行了深入研究，补充了熊彼特创新理论在该问题上的空白（Mansfield, 1984；Shane, 2009）。其二，门斯（Mensch, 1975）的技术创新论：在其著作《技术的僵局》中，延伸了熊彼特提出的技术长波理论，运用统计数据，验证了技术长波理论的合理性。此外，他还将创新分为了基础创新、改进创新和虚假创新三种不同的类型，由此提出了基础创新需具备的前提基础与外在环境条件

（Dickson，1983）。其三，卡米安和施瓦茨的市场结构论：从垄断与竞争的角度对技术创新的过程进行了研究，提出了有利于技术创新的市场结构类型（Kamien & Schwartz，1982）。

制度创新理论是制度经济学与熊彼特创新理论的融合，同样是创新管理领域的重要研究方向，相关学者主要关注制度因素、企业创新与经济效益之间的关系，强调制度环境对企业经济发展的重要作用（Damanpour，2017；Davis & North，1970；Yoshikawa，Tsui – Auch & McGuire，2007）。诺斯是制度学派的重要代表人物，他构建了一个较为完整的制度创新理论框架，认为制度创新是经济的组织形式或经营管理方式的革新（Davis & North，1970）。根据诺斯的观点，创新的预期净收益高于预期的成本，但在现存制度下，这些收益往往难以实现，只有人们清除了现存制度中的创新阻碍因素，才能取得预期的收益（Ruttan & Hayami，1984）。

20 世纪八九十年代以来，世界经济经历了巨大的变革，主要表现为工业经济向知识经济的转变，世界经济由此开始步入知识经济时代。在新的经济背景下，高科技产业逐渐成为促进各国经济增长的重要动力源，针对该领域的创新投资逐渐增加。同时，创新在促进产业发展、企业竞争力增强以及人们生活水平提高和质量改善等方面的积极作用也日益得到体现，使得人们更加重视对创新的研究，并由此催生了创新系统理论（Asheim & Coenen，2005）。余伟、胡岩和陈华（2019）针对创新系统 30 年的研究进行了回顾，归纳出了创新系统研究的四种演化路径，即国家创新系统、区域创新系统、产业创新系统和技术创新系统。

2.1.2　创新的概念与类型

2.1.2.1　创新的概念

实践中很多人将创新与发明、创造、设计等术语相混淆。德·琼（de Jong，2007）认为，熊彼特（Schumpeter，1912）是最早对创新概念进行界定，并认识到创新过程及其对经济发展影响的人。

迈尔斯和马奎斯（Myers & Mariquis，1969）认为，创新是由相互联系的多个子过程所构成的一个相对完整的活动过程，其不仅是想出一个新的创意、发明一个新设备或开发一个新市场，而是这些行为过程的全部整合。虽然创新被多次的重新定义，每个定义都反映了创新的某些方面，但所有的作者都强调新颖性是创新的最本质属性。例如，坎特（Kanter，1988）认为创新就是新想法的产生和应用，并总结了创新的四个独有特征：不确定性、知识密集性、悖论性与跨边界性。达曼普尔、沃克尔和阿韦亚内达（Damanpour，Walker & Avellaneda，2009）把创新定义为开发或应用新颖的想法或行为；苏巴马尼亚和尤尼提（Subramaniam & Youndt，2005）则把创新行为描述为知识管理过程，包括认识问题、创造问题解决方案和创造解决方案的知识。

特罗特（Trott，2017）则认为，可以用"创新 = 理论概念 + 技术发明 + 商业开发"来阐释创新的概念。在该公式中，"理论概念"指的是创新的起点，即"新颖的创意"，其代表了一个新概念、一种新想法或一系列新想法的集合；"技术发明"是将新颖的想法转化为现实存在的有形物体（如产品、流程图等）；"商业开发"则涉及创新成果的商业化推广过程。

2.1.2.2　创新的类型

由于研究思路和研究需要的差异，学者们对创新进行分类的方式也各不相同，但整体而言，可以归纳为以下几种主要类型（Crossan & Apaydin，2010；林迎星，2002）。（1）从创新的最初重点来划分，创新可分为技术创新、产品或服务创新、生产流程创新及组织结构创新等。（2）从创新的结果和效应来划分，创新可分为根本性创新和渐进性创新。这里的核心是创新的彻底性，通常认为，创新的结果与现行的正在使用的方法或手段相比，如果差异程度越大，则彻底性程度越高。（3）从组织方式来划分，创新可分为独立创新、联合创新和引进创新。（4）从制度状态来划分，创新可分为程序化创新和非程序化创新两类。其中，程序化创新事先有计划，开发活动遵循既定的路径和程序；非程序化创新是指企业开展创新主要是因为偶尔获得资金支持或是由企业失败引起的。对于创新主要的类型划分，简要总结如表 2-1 所示。

表 2 – 1   创新的类型

划分依据	创新类型
创新的最初重点	技术创新；产品或服务创新；生产流程创新；组织结构创新
创新的结果和效应	根本性创新；渐进性创新
组织方式	独立创新；联合创新；引进创新
制度状态	程序化创新；非程序化创新

2.2 商业模式创新的概念与分析

自创新研究兴起以来，大量文献对技术创新、产品创新、流程创新等不同类型的创新进行了探讨（Adner & Kapoor，2010；Katila & Chen，2008；Leiblein & Madsen，2009；Zhou & Wu，2010），但对商业模式创新的关注度直到近 20 多年才逐渐提高。

达比克、尼科和马尔兹等（Dabic，Nico & Marzi，et al.，2022），以及塔兰、博尔和林德格伦（Taran，Boer & Lindgren，2015）指出，在大多数行业，激烈的全球竞争不仅缩短了产品与服务的生命周期，也缩短了主流商业模式的生命周期，这必然迫使越来越多的企业重新思考它们的商业模式，以便能够继续在已经取得成功的当前市场中保持竞争优势，或者进入全新的市场。苹果公司（Apple）、西南航空（Southwest Airlines）、谷歌（Google）、亚马逊（Amazon）与脸书（Facebook）等都是著名的案例，这些公司被称为"超竞争公司"，而促使这些公司取得成功的关键因素之一便是商业模式创新。

与对商业模式的研究一样，商业模式创新的研究也是从概念开始的。由于商业模式传统上关注于企业层面的价值创造和价值获取，如奥斯特瓦尔德和皮尼厄（Osterwalder & Pigneur，2010）就认为，无论如何定义商业模式，其都应当描述企业的价值主张、价值创造、价值传递和价值获取的基本原理，因此商业模式创新自然就被认为是企业关于顾客价值主张重构、各个逻辑和结构的重构问题（Spieth，Schneckenberg & Ricart，2014）。许多学者的定义都是围绕着奥斯特瓦尔德和皮尼厄（Osterwalder & Pigneur，2010）的思路展开，但是不同学科背景下学者们对于商业模式创新的概念定义并不相同。

2.2.1 商业模式创新的概念

由于商业模式概念上的不统一，学者们对商业模式创新的理解也出现了争议，例如，对于究竟什么是"新"，就有不同的观点。米切尔和科尔斯（Mitchell & Coles，2004）认为商业模式创新就是要向先前需求未被满足的客户与最终使用者提供产品与服务以及为实现这种服务所需的流程创新。阿斯帕、希塔宁和蒂卡宁（Aspar，Hietanen & Tikkanen，2010）认为的"新"则是要"挑战现有产业中的商业模式以及特定区域市场中的角色与关系"，这种创新强调在产业层面的"新"。在关于创新程度方面也存在不同观点，如布赫尔、艾泽特和加斯曼（Bucherer，Eisert & Gassmann，2012）认为，商业模式不断变化的过程就是商业模式创新，他们把商业模式创新定义为有意识地变革企业核心要素与商业逻辑的过程；尤努斯、莫因戈尔和莱曼·奥尔特加（Yunus，Moingeon & Lehmann – Ortega，2010）认为商业模式创新是通过改变价值主张或价值的组合方式来形成新的利润源，强调某个或某些要素的创新；阿米特和祖特（Amit & Zott，2012）则认为商业模式创新需要重新定义商业模式的内容、结构与治理，强调从整体上对商业模式进行变革；卡萨德斯·马萨内尔和朱峰（Casadesus – Masanell & Zhu，2013）认为，商业模式创新从根源上讲，是寻找企业的新逻辑、新方法，从而为利益相关者创造与获取价值，其主要强调以新方式产生效益，为消费者、供应商和合作伙伴重新定义价值主张（Casadesus – Masanell & Ricart，2010；Gambardella & McGahan，2010）。

商业模式创新的相关定义总结如表 2 – 2 所示。

表 2 – 2　　　　　　　　　商业模式创新的定义

	作者	定义
1	米切尔和科尔斯（Mitchell & Coles，2004）	商业模式创新是指向客户和终端用户提供以前无法获得的产品或服务的商业模式替代品，将这些新的替代物发展成为新商业模式

续表

	作者	定义
2	奥斯特瓦尔德和皮尼厄（Oster-walder & Pigneur, 2010）	指定一组商业模式的要素和构建内容以及它们之间的关系……商业模式的设计者可以试验这些内容并创建全新的商业模式，但仅限于提供的部分要素
3	马基迪斯（Markides, 2006）	商业模式创新是在现有业务中发现一种完全不同的商业模式
4	切斯布鲁夫（Chesbrough, 2007）	商业模式创新就是将商业模式从非常基本（且不太有价值）的商业模式推进到更先进（且更有价值）的商业模式的活动过程
5	桑托斯、约瑟和伯特等（Santos, Jose & Bert, et al., 2009）	商业模式创新是对公司竞争的产品服务市场的商业模式的重新配置
6	甘巴尔代拉和麦加恩（Gambardella & McGahan, 2010）	当企业采用一种新的方法将其基础资产商业化时，就会发生商业模式创新
7	切斯布鲁夫（Chesbrough, 2010）	商业模式创新：（1）明确了价值主张，确定了一个细分市场，并指定了收入产生机制；（2）定义了创建和分配提供和补充资产所需的价值链结构；（3）详细说明了公司支付上市费用的收入机制；（4）估计成本结构和利润潜力（给定的价值主张和价值链结构）；（5）描述了公司在连接供应商和客户的价值网络中的位置；（6）能够帮助企业获得并保持竞争优势的战略
8	索列斯古、弗拉姆巴赫和辛格等（Sorescu, Frambach & Singh, et al., 2011）	在商业模式的一个或多个要素中超越当前实践的变化（即零售模式、活动和治理）及其相互依赖关系，从而修改企业的组织逻辑以创造价值和赢得价值
9	阿米特和祖特（Amit & Zott, 2012）	商业模式创新通过重新定义内容（添加新活动）、结构和治理（更改执行活动的各方）来创新商业模式
10	斯卡尔钦斯基和吉布森（Skarzynski & Gibson, 2013）	商业模式创新是关于从根本上创造新的商业类型，或者是将更多的战略多样性引入受消费者高度重视的多样性中的活动
11	盖森多夫、博肯和胡尔廷克（Geissdoerfer, Bocken & Hultink, 2016）	商业模式创新描述的是在现有公司内部或并购后，从一种商业模式转变为另一种商业模式的过程。或者是在初创企业中创建一种全新的商业模式
12	拉辛格、劳特和穆勒等（Rachinger, Rauter & Muller, et al., 2018）	商业模式创新是公司商业模式的变化，这对公司来说是新的，并导致其对客户和合作伙伴的做法发生可观察到的变化

续表

	作者	定义
13	王炳成、闫晓飞和张士强等（2020）	商业模式创新是不断修正、完善和逐步演化上升的过程，包括商业模式创意、商业模式应用与商业模式精益三个阶段，各阶段相互之间密切关联，相互作用
14	约瑟夫、韦布克和维尼特等（Josef, Wiebke & Vinit, et al., 2022）	商业模式创新是通过改变价值创造、价值获取或价值转化等要素，创新企业的商业模式，进而应对组织内外部环境刺激的行为
15	朱明洋和吴晓波（2023）	商业模式创新是通过调整或转变焦点企业与其利益相关者间的关系连接，实现资源重新组合和探索性运用的过程

资料来源：本书作者整理。

根据上述总结可知，学者们在对商业模式创新进行研究的过程中，所立足的研究视角存在一定差异，这可能是因为商业模式创新研究融合了技术创新、战略学及营销学等不同领域的知识，是一个具有独立性和交叉性的新领域。

2.2.2　商业模式创新概念的进一步分析

在总结相关学者研究成果的基础上，从技术创新、企业战略、营销学、商业模式客体及创新过程等五种导向，分析商业模式创新的概念。

2.2.2.1　基于技术创新导向的商业模式创新概念

商业模式高度依赖于环境因素（如技术、竞争、市场和合法性/规则结构），因此企业不得不对商业环境进行重新审视，通过创新使企业维持下去，并与对手进行竞争（Chesbrough, 2010；Teece, 2010）。切斯布鲁夫（Chesbrough, 2010）指出，商业模式创新是重要的，但要成功却是非常困难的。他强调技术创新与商业模式创新之间的关系，认为只有在商业模式创新的支持下，技术创新才能够实现其价值。因此，企业必须构建与其核心技术相匹配的商业模式（Chesbrough & Rosenbloom, 2002），商业模式创新是企业建立启发式逻辑，并把技术与其包含的潜在经济价值联系起来的过程。

此外，蒂德和贝赞特（Tidd & Bessant，2012）认为，创新包括产品创新、流程创新、定位创新与范式创新四种类型。与产品创新、流程创新和定位创新等传统类型创新活动不同的是，商业模式创新属于一种范式创新。范式创新反映的是新进入者对游戏规则的重构，进而影响企业做事情的思维方式。爱迪森（Edison，2012）指出，创新从本质上可以分为科技创新与商业创新两大类，其中又把科技创新称为"始创新"，是指有关自然规律的新发现，而把商业创新理解为"创造新价值"，又可进一步细分为"流创新"与"源创新"，并且认为商业模式创新属于"源创新"。商业模式创新的意义不在于创造新科技、新产品或新服务，而在于创造出新价值，即通过实施新的理念来推动对人们日常工作有价值的活动。新的理念可以由新产品或新科技（始创新）所产生，也可通过组合现有资源来实现。爱迪森（Edison，2012）明确把商业模式创新视为一种商业创新，并且认为新理念（新顾客价值主张）是商业模式创新的源头和出发点，商业模式创新并非源于技术发明本身，而是源于对顾客需求的洞察、对价值主张的重新定义。尼奥西和麦凯维（Niosi & McKelvey，2018）则认为，颠覆性的技术变革会带来新的商业模式，科技的发展克服了组织障碍与限制，能够为企业的商业模式创新活动提供所需要的资源。

综上所述，基于技术创新导向的学者将商业模式创新定义为一种对技术创新有着重要作用的创新活动。技术创新活动只有与商业模式创新活动实现良好的融合，才能实现其商业价值的最大化。此外，新理念的提出，或者是新的商业规则的制定，是商业模式创新的源头。然而，基于技术创新导向来界定商业模式创新的概念是有一定局限性的，若仅将商业模式创新视为技术创新的商业化手段，就会相对忽略了商业模式创新的战略视角。

2.2.2.2   基于企业战略导向的商业模式创新概念

持有战略导向的学者主要从战略变革的角度出发，将商业模式创新理解为企业的一种变革方式，重点关注企业如何改变自身的商业模式及这种改变所带来的结果。相关学者认为，获得、保持和构建竞争优势是商业模式创新的目的之一（Porter & Kramer，2011）。商业模式反映了企业如何展现其内在的核心价值和竞争优势，而商业模式创新则加深了人们对核心价值和竞争优势的进一步理解。此外，波特和西格尔科（Porter & Siggelkow，2008）提出，需要将商业模式创新置于动态环境中进行研究，同时要运用演化的视角，分析企业如何深入学习和理解商业模式与企业战略。

目前已有众多学者基于战略导向解释商业模式创新的概念，例如，哈梅尔（Hamel，2000）从企业战略层面对商业模式创新进行了重新解读，把商业模式创新理解为一种战略创新，认为商业模式创新是企业对已有商业模式的重构，目的是超越竞争对手，为顾客创造新价值，并为利益相关者创造新财富。史雷兹米切、迪亚曼托普洛斯和克鲁兹（Schlegelmilch，Diamanto-poulos & Kreuz，2003）也认为商业模式创新是一种战略性创新，通过改变现有规则与竞争性质来重构企业既有的商业模式，商业模式创新对于提升顾客价值和推动企业成长具有重要作用，并着重强调商业模式创新可以让企业快速成长发展。另外，博科和杰拉德（Bock & Gerard，2010）把商业模式创新看作一种不同于其他类型组织创新的全新变革过程，是一种企业战略层面开发利用新机会的过程。

综上所述，基于企业战略导向的学者们对商业模式创新的认识存在以下共同之处：（1）区别于一般层次的产品创新、技术创新和服务创新，商业模式创新是一种企业战略层次的创新变革活动，层次性较高；（2）商业模式创新具有一定的行业颠覆性，能够对既有的行业发展态势产生重要影响；（3）商业模式创新是一种组织层面的变革，是企业应对环境不确定性而进行的持续性过程。上述特点决定了企业的商业模式创新并不是一种常见的创新活动，并在实践中具有特殊性和困难性。然而，"风险与机遇并存"，一旦商业模式创新获得成功，企业便可实现较快速的发展，甚至可能颠覆整个行业。当然，从战略导向认识商业模式创新同样具有局限性，由于学者们更多地将商业模式创新视为一种竞争导向的活动，因而忽视了潜在的"竞合"特点，其中重要的原因就是忽视了商业模式创新的最终目标与源头——消费者的力量（祝合良和王明雁，2017）。

2.2.2.3　基于营销导向的商业模式创新概念

在营销学领域，消费者是学者们关注的核心对象，因而基于营销导向的商业模式创新概念也十分注重从消费者的角度来解读企业的商业模式创新。

一方面，市场导向是营销领域关注的热点之一，因此相关研究也倾向于从市场的角度，对商业模式创新的概念进行界定。例如，阿斯帕拉（Aspara，2010）指出，商业模式创新是由前瞻性市场导向（proactive market orientation）而非由反应性市场导向（reactive market orientation）驱动的。前瞻性市场导向型创新的特点在于企业更加关注消费者的潜在需求，进而来发掘新顾客并开拓新市场，而反应性市场导向型创新的特点则是企业为了适应现有的市场结构或者回应消费者已有的显性需求而被动性地进行创新。在对两种不同类型的市场导向型创新进行对比分析后，阿斯帕拉（Aspara，2010）将商业模式创新定义为重塑既有市场结构、面向消费者的潜在需求、实现顾客价值跨越式增长、设计独一无二的业务系统、开发新渠道或者颠覆竞争规则的创新活动。

另一方面，顾客细分是营销学领域商业模式创新研究的重要前提（Eisenmann，Parker & Alstyne，2006）。在单边市场上，价值按照从企业到顾客的单一流向在价值链上传递。在双边市场上，企业则需要同时面对两种不同类型的用户。以谷歌公司为例，在开展网站搜索业务时，需要同时面对搜索服务的"使用者"和"企业广告客户"两类用户，企业在市场的左右两边都有成本和收入流动。谢德荪（2012）指出，商业模式创新的重要特征之一就是双边市场，商业模式创新要求企业通过双边市场来匹配用户的不同需求。在网络效应下，需求匹配的过程遵循规模递增和赢家通吃的规则。

基于营销导向的研究关注商业模式创新活动的前段（消费者），并且相关研究大多从市场的角度分析商业模式创新的主动性，强调了商业模式创新所具备的双边市场特征。相比较而言，从这一导向理解商业模式创新，更适合开展市场营销领域研究的学者，在其研究过程中可借鉴价值共创等理论成果（Prahalad & Hamel，2000）。结合这一理论，不仅能够帮助企业更好地理解消费者的需求、提高消费者的体验，更好地实现企业的营销推广，同时也能推动消费者在消费服务的过程中，利用自身的知识与技能帮助企业提升产品或服务（刘键、邹锋和杨早立等，2021）。

2.2.2.4　基于商业模式客体导向的商业模式创新概念

随着技术创新、企业战略和市场营销等传统管理领域的学者对商业模式创新的关注，商业模式本身也逐渐成为一个独立的研究方向。基于商业模式客体导向的研究学者主要从商业模式的本身特征出发，将商业模式创新理解为"商业模式的创新与变革"。例如，奥斯特瓦尔德（Osterwalder，2005）将商业模式创新视为一种对价值主张，包括与资源、流程等相关的运营模式，以及与涉及收入、成本等要素的盈利模式的设计过程。阿米特和祖特（Amit & Zott，2010）认为，商业模式创新就是企业通过重组现有资源与企业的合作伙伴共同改进既有运营系统或设计新的运营系统的过程。同时，他们还认为，商业模式创新就是企业通过跨越边界，从根本上改变与顾客、供应商和其他利益相关者进行交易的方式。

类似地，德米尔和勒科克（Demil & Lecocq，2010）将商业模式创新定义为商业模式内部不同要素之间的相互作用引发新的抉择，促使企业提出新的价值主张、创造新的资源组合，或者驱动组织系统演化，最终某一环节的变化对其他要素及其构成维度产生影响，进而引发有可能动摇整个行业根基的根本性创新。卡萨德斯·马萨内尔和里卡特（Casadesu－Masanell & Ricart，2010）认为商业模式是"企业的行为逻辑"，反映了企业如何运营并为利益相关者创造价值的因果关系。因此，从本质上讲，商业模式创新就是企业遵循新的行为逻辑来为利益相关者创造和传递价值，且主要侧重于探索新的收入模式，重新确定顾客、供应商和合作伙伴的价值主张。阿斯特罗姆、雷姆和帕蒂达（Astrom，Reim & Parida，2022）和皮耶罗尼、麦克伦和毕加索（Pieroni，McAloone & Pigosso，2019）在研究中指出，商业模式创新指的是通过改变价值创造、价值获取、价值转化或价值多样化等途径，创新企业的商业模式，进而应对组织内外部环境变化的行为。

通过总结以上学者的商业模式创新概念，可以发现，基于商业模式客体导向的概念具有以下共同之处：（1）商业模式创新是企业对其内部的商业模式构成要素的创新与变革，而这也为商业模式创新指明了方向并提供了具体可行的路径，即通过改变商业模式的构成要素，从而实现商业模式创新；（2）商业模式创新需要企业在价值主张、盈利模式和运营方式等多个方面进行创新与变革，是一种系统性的创新活动；（3）企业实现商业模式创新需要一个开放性的平台系统，开展商业模式创新的企业需要秉承合作共赢的原则和理念，将企业边界拓宽至其他利益相关者，并由此构建以该企业自身为核心的商业生态系统；（4）通过商业模式创新，企业可以在商业生态系统层面上获得竞争优势。

2.2.2.5　基于过程导向的商业模式创新概念

参照创新过程的研究，基于过程导向的学者认为商业模式创新是一个不断演化、持续变形且阶段复杂多变的过程。王炳成、闫晓飞和张士强等（2020）认为商业模式创新是一个不断修正、完善和逐步演化上升的过程，包括创意、应用与精益等三个相互联系和作用的阶段。麦格拉斯（McGrath，2010）认为商业模式创新是一种外部驱动内部的过程，在外部环境不断变化的背景下，企业需要通过试验不断改进从而形成新的商业模式。这一观点从动态的角度将商业模式创新定义为一种"尝试—试错—调整"的过程，是一个被动的应激改变过程。而马丁斯、闰多瓦和格林鲍姆（Martins，Rindova & Greenbaum，2015）则将商业模式创新视为一种内部驱动的过程，认为商业模式创新始于企业高管团队的认知，通过企业决策层不断地进行类比推理和概念组合而实现。

马丁斯、闰多瓦和格林鲍姆（Martins，Rindova & Greenbaum，2015），以及吴晓波和赵子溢（2017）将商业模式创新过程的研究分为三个学派，分别是理性定位学派、演化学习学派和认知学派。理性定位学派按照时间顺序将商业模式创新分为发展和研发、执行和筛选、商业化三个阶段（Reuver，Bouwman & MacInnes，2009），并认为企业的商业模式创新一般是建立在原来的商业模式基础上，即商业模式原型。在这一过程中，随着外部环境的变化，企业会对商业模式原型进行调整和改变，通过计划、设计、测试和重新设计替代商业模式原型的变量，直到企业的商业模式能与现有环境进行最优的匹配，从而实现商业模式创新。演化学习学派认为，因为环境存在不确定性，商业模式创新过程是企业通过试错学习从而不断地设计、改进、测试和调整初始商业模式的过程（Benitez，Ayala & Frank，2020；Sosna & Trevinyo - Rodriguez，2010），通过识别、优化、适应、修改及重塑等环节，最终实现商业模式创新（Zott & Amit，2017）。而认知学派的观点则是，在外部环境没有发生任何变化的前提下，管理者首先前摄性地感知到商业模式创新的需求（Zhao，Yang & Hughes，et al.，2021），从其他概念中借鉴、获取知识并将其整合到现有的商业模式图景中，从而改变现有的商业模式，其最终结果是形成一个创新的商业模式。应当指出，这里的理性定位学派与认知学派的观点与明茨伯格、阿斯特兰和兰佩尔（Mintzberg，Ahlstrand & Lampel，1998）关于定位学派与认知学派的观点似乎并不一致。根据明茨伯格、阿斯特兰和兰佩尔（Mintzberg，Ahlstrand & Lampel，1998）的分析，定位学派与认知学派并不认为商业模式创新是一个过程，而是一个结果。当然，也可能是本书作者理解的有误。

王雪冬和董大海（2013）对部分观点进行了整合，他们认为商业模式创新的概念具有过程性和行为性两种特征。一方面，商业模式创新的概念描述具有过程性特征，不同视角下的概念描述了商业模式创新过程前端、过程本身和过程后端的不同阶段；另一方面，商业模式创新的概念具有行为性特征，具体包括类别、层次、程度和形式等，如图 2 - 1 所示。

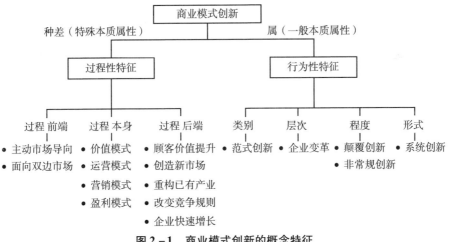

图 2 - 1　商业模式创新的概念特征

资料来源：王雪冬，董大海. 商业模式创新概念研究述评与展望［J］. 外国经济与管理，2013，35（11）：29 - 36，81.

综上所述，关于商业模式创新概念的观点繁多，这虽然有利于从更多的研究视角来丰富商业模式创新的理论框架，但也在一定程度上阻碍了相关研究的整合发展。

2.3 商业模式创新的研究视角

战略管理、技术创新和组织管理等领域的学者根据各自学科的特点，在各自领域展开了商业模式创新的研究。

2.3.1 战略视角下的商业模式创新研究

众多学者以企业战略为切入点，主要从理论层面阐述企业如何在动态的环境下改变自身的商业逻辑，通过创新相应的产品或服务为客户创造价值，并由此获得持续性利润。战略视角下的商业模式创新研究主要包括三个特点。

首先，强调企业的核心价值和竞争优势的变革与创新。竞争优势理论、核心竞争力理论等相关理论都为企业的生存给出了答案，许多学者认为商业模式创新的根本目的就是为了构建、获得或保持持续的竞争优势（李盼盼、乔晗和郭韬，2022；Porter，2011；孙永波，2011）。

其次，相关学者认为商业模式创新是一个动态过程。例如，肖特嘉、吕德克·弗洛伊德和汉森（Schaltegger, Ludeke – Freund & Hansen, 2012）将商业模式创新划分为商业模式调整、商业模式采纳、商业模式改善和商业模式再完善四个阶段。王炳成、闫晓飞与张士强等（2021）则基于活动阶段模型（Activity-stage Model）将商业模式创新分为商业模式创意、商业模式应用和商业模式精益三个阶段。

最后，商业模式创新强调企业与合作伙伴的互动。阿米特和祖特（Amit & Zott, 2011）认为，商业模式创新是对创新要素、结构与质量以及创新主体等方面的变革，本质上是企业与合作伙伴互动、创造与分享价值的动态过程。类似地，刘向东、米壮和何明钦等（2022），以及魏炜、朱武祥和林桂平（2012）等也在研究中指出，核心企业与利益相关者间的互动关系，会影响企业的商业模式构成和相应的创新活动。

2.3.2　技术创新视角下的商业模式创新研究

部分学者基于技术创新视角，以该学科中的"创新"为核心议题，将商业模式创新的研究重点放在了"创新"上。自从熊彼特（Schumpeter，1912）将创新划分为五类创新之后，技术创新学者就一直把注意力聚焦于产品创新与技术创新等领域。随着信息技术的不断发展，以切斯布鲁夫（Chesbrough，2006）为代表的技术创新研究学者开始逐渐认识到，技术的潜在经济价值必须通过新商业模式来实现，于是把注意力转向产品和技术领域以外的商业模式创新。相关研究表明，商业模式创新有助于企业在更大程度上获得技术发展所带来的收益（邢小强、周平录和张竹等，2019；Yovanof & Hazapis，2008）。因此，商业模式创新可以被定义为一种全新的创新，其作为一种实现技术商业化的手段，深刻影响着企业的技术创新，从而促使了技术创新与商业模式创新的有效融合，更好地实现了技术的商业化。

从技术创新的视角审视企业的商业模式具有较强的开放性和实用性，能够帮助企业通过商业模式创新，更好地应对大数据、物联网和人工智能等新兴技术带来的机遇与挑战（Paiolaa & Gebauerbcd，2020；Mostaghel，Oghazi & Parida，et al.，2022）。当然这种视角也存在一定的局限性，相关学者偏重于从技术角度来阐述技术商业化问题，对于企业战略与组织管理变革的关注度则相对较低。

2.3.3　组织管理视角下的商业模式创新研究

部分学者从组织管理角度出发，开展组织视角下的商业模式创新研究。其中，多数研究采用案例研究的方法，阐释了企业在技术、生产工艺、组织结构与业务流程等组织层面的商业模式创新（钱雨、孙新波和苏钟海等，2021；Sund，Marcel & Sahramaa，2021），相关研究具有以下特点。

首先，强调商业模式创新对于实现组织变革的重要作用。根据相关研究可知，商业模式创新通过打破原有的规则和组织障碍，调整业务流程，发展企业新能力，并改变组织结构、激励机制、业务流程等与之相互配合（Carayannis，Sindakis & Walter，2015），从而促使新技术能够精确地推向市场，更好地满足目标客户的需求与企业获得经济利益的目的（Christensen & Raynor，2003）。

其次，强调企业内部资源整合对于实现商业模式创新的作用。商业模式创新是企业客户导向、资源与能力以及权变思想的有机结合，企业需要依托自身能力构建出新型的商业模式（Johnson，Christensen & Kagermann，2008）。

最后，强调组织学习和知识转移对于实现商业模式创新的作用。组织学习与知识转移通常更多地发生在技术创新领域中，但相关研究认为商业模式创新的实质是企业价值创造和价值获取方式的改变，需要企业变革组织的学习方式、规则、流程及心智模式等（Bashir & Verma，2019；陈一华和张振刚，2022；Sosna，Trevinyo - Rodriguez & Velamuri，2010），特别是企业的组织学习氛围会更有利于促进商业模式的创新。

通过上述分析可知，战略视角下的商业模式创新研究更加侧重于对企业战略的深层理解，在动态变化的环境中，分析企业如何寻找合适的商业模式创新路径，同时也强调企业与利益相关者间的互动关系；技术创新视角下的商业模式创新研究重视探讨企业的技术创新与商业模式创新之间的关系，涉及技术商业化路径及技术价值的触发动力等多个角度的研究；组织管理视角下的商业模式创新研究包括组织变革、组织学习与组织文化等多种角度，强调通过组织变革，成功实现商业模式创新。总体而言，商业模式创新的相关研究主要以战略管理理论、创新理论和组织理论等多种理论为基础，围绕企业的环境条件、资源基础、组织变革及技术革新等多种话题，探讨商业模式创新的驱动动力与实现路径。

2.4　商业模式创新与其他相关概念的关系

为了对商业模式创新有更加深入的理解，有必要进一步对其与产品创新和商业模式的关系进行比较分析。

2.4.1　商业模式创新与产品创新

商业模式创新和产品创新是企业在追求竞争优势和盈利能力时采取的两种重要策略，它们之间存在密切的联系（陈久美和刘志迎，2018；Ozcan - Top & Demir，2015），但也有明显的区别（Bashir & Verma，2017；郭星光和陈曦，2020）。

从二者之间的联系上来看，第一，商业模式创新和产品创新在很多情况下是相辅相成的。一个独特的产品可能需要创新的商业模式来实现盈利，而一种成功的新商业模式则很可能需要不断推出创新的产品来保持市场竞争力。例如，苹果公司的成功不仅是因为其出色的产品（如 iPhone、iPod），还在于其新颖的商业模式（如 App Store、iTunes）。第二，商业模式创新和产品创新可以互相促进。商业模式创新可以帮助企业更好地发掘市场需求、降低成本和风险，从而为产品创新提供有利条件。同样，产品创新可以拓展企业的客户基础和市场份额，进一步推动商业模式创新。

但商业模式创新和产品创新在创新重点和面临的风险挑战等方面也存在很大区别。一方面，商业模式创新关注整体的价值创造系统和商业逻辑，包括供应链关系、渠道策略、客户关系等。而产品创新主要聚焦于产品设计、研发和生产环节，注重产品性能和用户体验的提升。在创新过程中，商业模式创新往往需要跨部门甚至跨企业的协同合作，产品创新则更多依赖创意设计和技术突破。另一方面，商业模式创新面临更多来自环境、市场和竞争对手的不确定性及挑战，成功的新商业模式往往难以复制，其带来的收益和竞争壁垒可能更加持久和显著。相比之下，产品创新的风险可能相对较低，但周期较短，容易遭到竞争对手的模仿和替代。实例 2 - 2 可以看出商业模式创新与产品创新的联系与区别。

实例 2 - 2 Threadless —— 一件 T 恤与众不同的"诞生之路"

Threadless 是一家非常成功的以设计 T 恤闻名的公司，该公司开创了在线设计的众包商业模式：选择聚焦广大消费者的智慧，让消费者成为设计开发人员，自行设计喜欢的 T 恤，为设计爱好者提供了一个分享创意、智慧、想法的合作平台。

Threadless 平台打破了过去制造业生产销售的传统模式，让消费者主导产品设计环节，而非传统的由生产商主导。具体来说，该公司打破了传统的衬衫设计思路，不再由公司的设计人员设计衬衫的样式，而是全部由消费者在线提供，最终款式的确定也不再由公司管理层决定，而是由在网络上形成的消费者社区及登录该公司网页的游客进行投票，最受欢迎的设计将进行生产和销售，而设计者也将得到回报并保有其设计的知识产权。平台的用户通过评分系统能够充分表达自己的需求和意见，在给设计方案投票的互动过程中，最大程度地体现了用户的审美和喜好，实现了客户创造的核心价值。

资料来源：杨阳. T 恤之王 [EB/OL]. 新浪网，2008 - 07 - 08.

Threadless 创造出的这一种新商业模式，有学者将其称为"用户创新"或者是"开放源"，它重新定义了公司和顾客之间的关系，模糊了生产者和消费者之间的界限，让消费者在创意、营销、销售预计等方面都发挥了关键作用。该商业模式也改变了传统产品创新的模式，由全体网站用户参与设计，完全由成员和用户自主表达，虽然每一款产品的可持续性并不强，但从长期来看，Threadless 的产品总是可以持续不断地更新。

通过以上分析可以看出，商业模式创新与产品创新关系密切但又有所区别，产品需要相应的商业模式以更好地发挥价值，商业模式创新则需要借助产品这个载体来实现价值。但产品创新的根本目的是创造新产品，而商业模式创新是创造新产品的过程管理；产品创新经常是具体的，针对某个品种或品类进行研发创新，而商业模式创新不是针对单一产品或产品创新体系而设计，而是对企业价值创造系统和商业逻辑的改变。对于企业来说，要正确看待商业模式创新与产品创新的关系，根据自身战略目标、资源优势和市场环境，灵活运用商业模式创新和产品创新策略，更好地实现可持续发展和竞争优势。

2.4.2　商业模式创新与商业模式

近年来的相关研究文献可看出，商业模式已成为管理者与学者关注的焦点之一，在企业战略中，它展现了企业价值创造和价值获取机制的设计或体系结构（Teece，2010），是企业"将新想法和技术商业化"的重要手段（Chesbrough，2010），它提供了"组织对特定机会的配置制定"（George & Bock，2011），以及"对公司及其产生收入和利润的方式的综合描述"（Yunus，Moingeon & Lehmann – Ortega，2010）。而商业模式创新无论从何种角度看，都是为最终形成一个新的商业模式而努力，不断地试错和修正（Foss，2016）。因此，商业模式创新与商业模式之间存在因果关系，即商业模式创新是一个过程，其创新结果是形成一个新的商业模式。

商业模式与商业模式创新的这种因果关系集中体现在以下方面。一方面，从企业的商业发展角度来看，基于市场反馈和内部效益评估，企业需要不断对已有商业模式进行优化调整（Nicolai，Foss & Saebi，2017）。随着每次创新尝试和实践的成功或失败，企业的商业模式逐渐演变、优化、完善。在此过程中，新的商业模式成为商业模式创新成果的体现。另一方面，在审视商业模式与商业模式创新的关系时，可以发现它们归属于不同的层次，即企业层次与创新者层次。商业模式作为企业层面的概念，反映了企业的战略选择、组织架构、内部管理、流程体系以及与外部关键合作伙伴的合作方式等综合要素（Massa，Tucci & Afuah，2017）；商业模式创新属于创新者层面的概念，企业的员工、团队或高层管理人员等创新者在面对市场竞争、消费者需求、技术进步等挑战时，通过不断尝试、调整甚至重塑商业模式，实现企业的持续发展（王炳成、范柳和高杰等，2014）。商业模式作为商业模式创新的结果，体现了企业层面战略选择与创新者层面的创新实践之间的因果关系。

学者们对商业模式和商业模式创新研究历程的分析也使我们能够更为清晰地理解商业模式创新与商业模式之间蕴含的"创新过程—创新结果"关系。汤新慧、邢小强和周平录（2022）认为商业模式创新研究来源于对商业模式研究的深化。随着商业模式研究的不断延伸与深化，学术界对商业模式的观点经历了两个转变：商业模式的认知从静态观转向动态观；商业模式的分析从架构观转向要素观。在此过程中，商业模式创新概念被提出并逐步发展成为一个新兴领域。首先，在商业模式的认知视角方面，随着研究的深入，学者们意识到静态视角无法解释商业模式的演化过程，逐渐开始采用动态视角开展研究，并提出了许多新的研究观点。例如，企业要基于变动的现实环境不断调整或创新商业模式来保持要素间的平衡以提升绩效（Demil & Lecocq，2010）；企业的竞争优势经常来自商业模式再造，而不是渐进性的改变或持续提升（Voelpel，Leibold & Tekie，2004）……这些观点表明，企业需要通过商业模式创新来形成理想的商业模式。其次，在商业模式的分析基础方面，许多学者提出应从要素视角探讨商业模式及其变化，如阿米特和祖特（Amit & Zott，2010）把商业模式视为一个跨越企业边界的活动系统，可以从元素（内容、结构和治理）和主题（新颖、锁定、互补和效率）两个方面进行设计；奥斯特瓦尔德、皮尼厄和图斯（Osterwalder，Pigneur & Tucci，2005）提出的商业模式画布把商业模式分解为左右对称并相互联系的 9 个模块，模块内容与模块之间的关系可以进行改变。上述研究均强调，企业和管理者可以通过对商业模式构成要素的设计和调整（商业模式创新）创造出一个新的商业模式。

综上所述，商业模式本质上是商业模式创新的结果，是多种商业模式创新合在一起而涌现出来的。企业在面临市场竞争和用户需求变化的过程中，需要不断地进行商业模式创新来优化和调整现有模式。通过创新实践、反馈修正和持续创新等途径，企业不断完善商业模式以更好地适应市场变化，推动企业价值创造和维持竞争优势。

2.5 本章小结

本章以商业模式创新为主题，以创新研究的起源为切入点，介绍了创新的概念内涵与类型，不同视角下商业模式创新的研究以及商业模式创新与产品创新、商业模式的关系。

讨 论 题

1. 简述不同视角下商业模式创新的概念。
2. 请尝试列举商业模式创新和产品创新协同发展的典型案例。
3. 简述商业模式与商业模式创新之间的关系。

案例分析题

实例 2-3　Bilibili——基于新媒体平台的社群商业模式

Bilibili（简称 B 站）现为国内领先的年轻人文化社区，该视频网站于 2009 创建。从《移动互联网 2017 年 Q2 夏季报告》来看，B站位居 24 岁及以下年轻用户偏爱的十大 App 榜首，同时，在百度发布的 2016 年热搜榜中，B 站在 "00 后" 十大新鲜关注 App 中也排名第一。B 站为什么深受年轻人的喜爱？主要原因是 B 站一直致力于打造 "具有归属感"（即高黏性、高认可度的社群氛围）的社群商业模式，并通过这种 "归属感" 提高用户活跃度与黏性，从而提升平台的商业价值并进行流量变现。

B 站早期学习日本动漫弹幕网站 niconico，希望打造一个服务于 ACG（动画、漫画与游戏）的小众文化爱好者的互动社群商业模式。B 站最大的合作伙伴是平台内的视频创作者，创作者根据自身的知识背景与创作技能进行个性化的内容创作，或通过对高质量的视频进行二次加工上传到平台，视频展现出的丰富内容会受到普通用户的反馈，吸引用户注意并将其中一部分转化为创作者的粉丝。用户可以通过点赞、投币及评论等方式表达对创作者的支持，创作者在收获反馈的同时，也积累了一定数量的粉丝。在这种长期的交流与互动中，创作者对再创作产生高昂的热情，持续为平台输出更多的优质视频内容，增加用户活跃度与用户黏性，形成良性循环。

目前，B 站正在逐步"破圈"，不仅深度发展游戏、番剧、动漫、漫画等硬周边，还开始向电竞、直播等方向拓展，不断扩充与"二次元"相关的内容。与此同时，B 站也在持续购买影视版权，合作生产付费知识和专题纪录片，其内容在不断丰富并且多元化。可以说，B 站正在利用自身优势来逐渐完善社群商业模式，从内容到商业模式，逐渐走向多元化。

资料来源：①作为一个 up 主，你知道 B 站（bilibili）的商业模式是怎样的吗？[EB/OL]. bilibili 网站，2020 - 03 - 10. ②哔哩哔哩网站特色研究 [EB/OL]. 豆丁网，2020 - 01 - 07.

（1）结合本章所学内容，谈谈你对 B 站社群商业模式的理解。

（2）根据上述案例，分析 B 站社群商业模式创新成功的原因是什么？

（3）联系实际，你认为 B 站"破圈"还可以往哪个方向走，来更好地完善自身的社群商业模式？

第 3 章

商业模式创新的类型

引 言

分类有助于简化研究内容，揭示现象与结果之间可能存在的因果关系。在商业模式创新研究中，对商业模式创新进行科学分类，有效区分不同商业模式创新的特征，有助于为商业模式创新提供理论分析的基础。目前按照单一维度分类标准可以将商业模式创新分为根本性商业模式创新与渐进性商业模式创新、新颖性商业模式创新与效率性商业模式创新、探索性商业模式创新与利用性商业模式创新等，但部分学者认为单一维度不能细致地描绘出各种创新之间微妙但却非常重要的差别，因此，学者们对商业模式创新进行了多维度的分类，包括二维分类与三维分类等。通过分类，能够更好地理解、描述和探讨商业模式，帮助企业管理者厘清企业的商业逻辑，进而促进商业模式创新。

学习目标

学习本章内容后，你将能够：

- 了解商业模式创新的分类方法。
- 掌握不同类型商业模式创新的特征。
- 理解各类商业模式创新在现实生活中的应用。

类型学是分类归纳的一种理论方法，源于人们的理性思维和寻求事物或现象最本质成因的需要。类型学理论认为，虽然人类社会存在着各种各样的现象，但这些现象在发展的过程中都有其自身发展的体系，遵循一定的发展规律。一旦某一个或某几个现象能够被确定并且能够形成理论框架，那么在这一体系中的其他现象相应的逻辑关系就得以明确。因此，通过类型学的方法，可以探索人类社会现象的理论化进程及发展规律。

3.1   类型学概述

克伦比（Crombie，1988）和哈金（Hacking，1992）认为，类型学是一种获取科学知识的经典方式。德·琼和马尔西利（de Jong & Marsili，2006）指出，类型学也就是分类系统，用来把许多不同的题目进行组织和标记，并分享到具有共同特征的群组中。类型学过去主要作为生物体分类的科学，目前已扩散到了社会科学中，在技术变革的研究中经常应用。一个有用的类型学能够把复杂的经验现象缩减为少数几个且容易记忆的类别，这种分类可以给学者们提供一个框架，用来帮助建构理论，同时，企业管理者和政策制定者可以应用类型学来塑造企业战略和政策制定（Archibugi，2001；Pavitt，1984）。阿尔基布吉（Archibugi，2001）指出，分类是一个有用的工具，可以帮助人们理解企业和部门中创新模式的多样性。巴登·福勒和摩根（Baden‐Fuller & Morgan，2010）也认为，类型学研究是有价值的活动，它们不仅给了人们定义的可能性，而且给了人们探索各种类型之间的相似类、差异性及其关系的可能性，同时，也给予了人们理解、解析、预测和干预的可能性。

3.1.1   植物学研究中的分类

18 世纪以前，自然界种类繁多的植物没有统一的命名规则，具体表现在不同地区对同一植物的叫法不尽相同，不同学者对同一植物的命名不同或者多种植物用同样的名称，这严重阻碍了植物学的研究进程。林奈（Carl von Linné，1735）改变了这一现状。他认为，首先要对事物有正确的了解才能推动其所在领域研究的进步，而有条理的分类和确切的命名，是认识客观事物的基础。本着这一态度，林奈投身于植物学的分类中。他创造出一种系统的植物分类方法，将植物种类分为 8 个层次，分别是种（species）、属（genus）、科（family）、目（order）、纲（class）、门（phylum）和界（kingdon）。截至 1735 年，他已经记录了 4000 多种植物，并且将其分类体系出版在《自然系统》一书中。

后来，林奈把前人的动植物知识加以系统化，并将双名制命名法（简称双名法）引入了动植物命名系统，用种名和属名为动植物命名。具体来说，就是每个物种的名字由两部分构成——属名和种加词（种小名），并于其后附上命名者（在动物学名引用时常省略命名者）。林奈丰富并完善了动植物分类体系，发现了自然界中存在的秩序，直到现在这一体系仍有生命力，为人们所采用。

3.1.2　心理学研究中的分类

心理学家较早就对分类有比较清晰的认识，孔达（Kunda，1999）指出，分类可以让我们把不同的客体看作同一类，可以让我们运用有关范畴的知识就能了解这一范畴中的多个成员，能够更清晰地认识事物的特点。布鲁纳（Bruner，1957）曾指出，当我们把一个实例归入到某一个类别后，我们就可以利用这个类别，了解这个实例的其他信息。在建立类型学理论的过程中，首先要确定分类的维度，在此基础上划分并定义类型，其次描述该类事物的特征，并将这些类型划分用于实际观察，或者用实际观察结果检验这种类型划分。其中分类的标准可以是单一维度的，也可以是二维或多维的。

3.1.2.1　单维类型理论

在类型学的研究中，最基本的是先确定一个维度，或至少确定一种分类的标准。例如，把自我分成"主我"与"客我"，或者分成"现实的我"与"理想的我"，把依恋分成"安全的依恋"与"不安全的依恋"等都是单一维度上的类型划分。一旦区分为两类，就可以用维度和分类标准反过来描述界定这些类别，并讨论其关系。另外，在一个维度上也可能划分出三种或者更多种类型，例如，在对焦虑和动机水平的分类中，就划分出了高、中、低三种类型。

3.1.2.2　二维类型理论

将两个维度交叉，把平面分割成四个部分就能得到四种类型。还可以根据两个维度划分出八种类型，例如，荣格（Jung，1921）将内—外倾向和四种心理功能（感觉、思维、情感和直觉）相结合划分出了 8 种性格类型，分别是外倾感觉型、内倾感觉型、外倾思维型、内倾思维型、外倾情感型、内倾情感型、外倾直觉型和内倾直觉型。罗素（Russell，1980）提出的情绪分类的环状模式，他认为情绪可划分为两个维度——愉快度和强度，其中愉快度分为愉快和不愉快，强度分为中等强度和高等强度，由此可以组合成四种类型：愉快—高等强度是高兴，愉快—中等强度是轻松，不愉快—中等强度是厌烦，不愉快—高等强度是惊恐。

3.1.2.3　多维类型理论

多维类型划分通常能带来更精细具体的认识，但是由于人的认识能力是有限的，维度过多或类型太细，也会使得相互之间的差异无法阐释清楚，反而会给人们的认知带来困难，也就失去了分析的意义。在多维类型划分中，三维是最常见且可行的，如艾森克（Eysenck，1998）将人格特质类型划分为三个维度，包括外倾性、神经质和精神质；吉尔福德（Guilford，1959）从内容、产品、操作三个维度来界定智力，每个维度又分别包含了不同的要素，由此构造了 150 种智力类型。事实上，此时已很难说清楚每种智力类型的内涵，因此，多维类型的划分并不是越精细越好。

3.1.3　管理学研究中的分类

管理类型学研究是对管理实践及其相关研究的多样性进行调查、分析与归纳，并根据演进的逻辑关系将其梳理成有序等级的类型系统，不仅是整个管理学科的基础，更是管理学者们认识管理实践、分析管理现象的基础。

在管理学中，组织决策领域的学者较早地将类型学引入到研究中，采用量表测量方式获取数据以进行相关实证研究（Law，Wong & Mobley，1998）。在类型学视角下，管理学学者可以对既有量表的相关构念（construct）、维度与题项进行分类、合并或者抽离，从而达到修正原有量表、扩展研究边界与深化研究问题的效果。自 2013 年以来，管理学界就对类型学研究的理论建构展开了深入的讨论，相关研究成果相继发表在 *Academy of Management Review* 等管理学国际顶级期刊上。这场讨论最重要的成果就是确立了运用类型学来构建理论的合法性，并提出了相对清晰的评判标准。之后，学者们开始采用系统的类型学研究范式构建、深化与拓展理论，例如，对"情绪唤醒""自由家长主义"和"创业决策"等新概念进行构型（吕迪伟、蓝海林和曾萍，2017）。

　　商业模式创新自开始研究以来，也对其分类展开探讨。耶尔文佩和埃尔维斯（Jarvenpaa & Ives，1993）和帕斯万（Paswan，2009）等都曾明确指出，商业模式创新的分类将现实世界中商业模式的多变性和多样性减少为少数的几个类型。任何一种类型都由有限数量的构面及其相互间的关系所组成（Doty & Glick，1994）。这能够在识别和分析不同的选项、评估它们的后果（包括绩效结果）的过程中对战略决策制定者进行支持，以决定最适合公司的商业模式创新（Taran & Boer，2015）。

3.2　商业模式创新的单维分类

　　商业模式创新的单维分类可以参照一般创新的分类，根据创新程度或创新效率等单一维度，将其划分为根本性商业模式创新与渐进性商业模式创新、新颖性商业模式创新与效率性商业模式创新、探索性商业模式创新与利用性商业模式创新等。

3.2.1　根本性商业模式创新与渐进性商业模式创新

　　根据创新程度的不同，产品创新可分为根本性创新和渐进性创新两类（Henderson & Clark，1990）。基于此，根据商业模式创新的程度，亦可将其划分为根本性商业模式创新与渐进性商业模式创新两类（Schneider & Spieth，2013）。根本性商业模式创新是一个颠覆性的过程，强调的是各要素的根本性改变，是对现有商业模式的彻底取代（Velu & Stiles，2013）。相反，渐进性商业模式创新则是一个逐渐变化的过程，强调的是商业模式的适应性改变、微小的调整，包括单一构成要素的变动或商业模式的拓展等。

3.2.1.1 根本性商业模式创新

在阐述根本性商业模式创新之前，首先介绍根本性创新的相关概念。根本性创新是指利用新技术创造额外顾客价值的一种方式，相比于渐进性创新，可以获得更好的市场地位，取得更好的经济效益（Chandy & Tellis，1998），可以显著提高顾客效益，大幅度降低成本，创造新的商机，提升组织绩效（Leifer，2001）。根本性创新的定义大都符合两个特征：一是采用革命性的新技术，对现有技术产生巨大冲击；二是不仅满足消费者现有需求，还能满足消费者的潜在需求。

在很多学者看来，商业模式创新应该是革命性和颠覆性的，是对行业既有假定与规则的颠覆，例如，有学者指出，商业模式创新是商业模式内部不同要素之间的互动引发的新选择，促使企业提出新的价值主张、创造新的资源组合或者驱动组织系统演化，最终使得某一环节的变化对其他要素及其构成维度产生影响，进而引发有可能动摇整个行业根基的根本性创新（Demil & Lecocq，2010；江积海和廖芮，2017）。因而为了商业模式创新取得成功，组织应该专注于创建全新的商业模式，而不是改良现有的商业模式（Christensen，Bartman & Van Bever，2016）。并且，从某种程度上讲，商业模式本身就具有较强的非连续性属性，表现出跨越式、间断性发展的趋势，并不依赖于过去的发展经验，因此，这种商业模式创新类型被称为根本性商业模式创新。

基于根本性商业模式创新的特点，可以明确此类创新方式能够使当前产业发生根本性的变革，加速产业的转型升级，如滴滴、优步（Uber）等线上打车平台的出现颠覆了传统出租车行业，爱彼迎（Airbnb）、途家等共享住宿模式的出现颠覆了传统酒店行业。但是，实践中相对成熟的大型企业，却很难做出根本性商业模式创新，该种商业模式创新往往适用于较为容易从企业外部进行资源整合的新创企业。这也能够从侧面反映出，为什么根本性商业模式创新往往存在于产业生命周期的初始阶段，但随着竞争压力的增强以及企业发展日趋成熟，根本性商业模式创新的难度也会随之增加。

　　根本性商业模式创新也有助于企业建立不对称竞争的优势，通过提供全新的产品，避免与行业巨头直接竞争，以获得"弯道超车"的机会，同时挖掘当前市场潜在需求与竞争漏洞，找到关键的发展路径，实现对竞争对手的降维打击（柳进军，2022）。例如，方便面企业为获取更多的竞争优势，先后采取了"加量不加价"的竞争策略，使得方便面市场竞争日益激烈，然而美团、饿了么等外卖企业却避开了与方便面企业的正面交锋，聚焦于消费者多样化的餐饮需求，创建出了全新的商业模式。在互联网技术的支撑下，美团与饿了么等外卖企业以快捷方便、可选餐饮种类多的优势迅速抢占市场，使得方便面的销量急剧下降。可见，根本性商业模式创新能够提升企业不对称竞争能力，如实例 3 - 1 所示，为企业获得更多的市场生存空间。

实例 3 - 1　360 杀毒软件的交叉补贴商业模式

　　2008 年 7 月，以剿杀恶意软件起家的 360 安全卫士正式推出杀毒软件并宣布永远免费时，曾遭到传统杀毒厂商的普遍质疑，认为企业无法在完全免费的情况下生存下去，因而也就无法保障用户的权益。但周鸿祎却坚持免费杀毒模式，并表示"要颠覆已有的规则"。截至 2023 年 8 月，360 杀毒软件的用户数量达 5 亿，360 集团的市值为 829.58 亿元，成为了国内网络安全领域市值最高的企业。360 杀毒软件的成功逻辑就在于其交叉补贴的商业模式。

　　360 杀毒软件虽然无法从其所提供的免费服务中直接获取利润，但却通过免费与高品质的产品吸引了大量用户，在此基础上通过向用户发布广告并推广其他软件而获取了巨额利润，弥补了免费服务的损失，实现了交叉补贴。其中，广告是 360 收益的主要来源之一。360 杀毒软件在为消费者提供免费杀毒服务的同时，也是一个重要的流量入口，通过在安装界面和用户界面中设置广告位，为应用程序、游戏和其他产品提供了展示机会。根据第三方数据公司 QuestMobile 的统计，360 免费杀毒软件在 2019 年的年度销售额超过了 27 亿元人民币。

总而言之，360 杀毒软件虽为用户提供免费服务，但吸引了大量流量，从而能够通过广告与推广软件等途径获取利润，实现了交叉补贴，取得了商业模式的成功。

资料来源：商业思考｜为什么互联网"免费模式"横行世界 [EB/OL]. 知乎, 2023-02-26.

从根本性商业模式创新的核心要素来看，主要包括价值主张（目标顾客、顾客价值、产品或服务三个维度）、关键活动（关键活动价值、内容和结构三个维度）、伙伴网络（合作伙伴角色、结构和关系三个维度）、收入模型（收入来源、收入对象和定价机制三个维度）和成本结构（成本类型、成本额度比例两个维度）共五个核心要素及各核心要素对应的细分维度（郭蕊和吴贵生，2015），这些要素的细分维度既在同一要素内互相作用、互相补充，也在各要素之间互相影响、互相协同。根本性商业模式创新是一个由五个核心要素主导，各要素在各自细分维度上的变革导致企业价值创造逻辑和价值获取逻辑发生根本性改变的过程。当企业内外部影响因素迫使企业商业模式的所有要素中至少有一个核心要素在完成方式、组成结构等方面发生根本性改变时，企业即进行了根本性商业模式创新（郭蕊和吴贵生，2015）。

实践中，许多互联网企业都是通过根本性商业模式创新打破了以往的产业竞争格局，从而成为新的行业领导者，如酷特智能的大规模定制商业模式、戴尔的直销商业模式、谷歌的关键词竞价广告商业模式、淘宝的电商模式、抖音的短视频商业模式及美团优选的社区团购商业模式等。理论界也逐渐意识到当今企业的竞争，不仅是产品的竞争，更多的是商业模式的竞争，仅从技术视角出发解释创新的发展规律、发掘追赶的机会窗口可能并不够，而从商业模式创新的角度出发总结根本性商业模式创新的要素体系，明确根本性商业模式创新的发生机制，则能够对创新追赶实践给予新的理论指导。如实例 3-2 所示，以滴滴出行为例。

实例 3-2 滴滴出行：商业模式创新颠覆出行行业

"滴滴出行"于 2012 年在北京中关村成立，依托技术手段，颠覆了传统出行行业的商业模式，创造了全新的商业模式。

在共享经济的大背景下，"滴滴出行"首先对企业的价值链进行重组，通过大数据平台将传统空车、顺风车等信息和乘客需求进行匹配，实现需求与供给的对接，通过"线上线下"相结合的方式为供需双方带去便利，解决了出行双方信息不对称的现实问题，既提高了司机的收入，又方便了消费者，还带来了巨大的社会效益。同时，滴滴还构建了自己的合作伙伴网络，既实现了共赢，又实现了价值链的创新。

其次，"滴滴出行"不断扩大服务范围，从最初的滴滴打车，发展到包括滴滴顺风车、滴滴公交、滴滴代驾、滴滴租车等，产品种类繁多。滴滴打破了传统出租车无视消费者需求的差异、只提供单一服务的固有模式，它根据消费者出行的不同需求，推出了有针对性的服务。例如，针对高端消费群体，特别是对汽车的配置和服务要求较高的群体，滴滴推出了"专车"服务；针对普通消费群体，滴滴推出了"快车"服务；针对节约型消费群体，滴滴推出了"顺风车"服务；针对身为有车一族但却因为各种原因无法开车的群体，滴滴推出了"代驾"服务等，这些差异化的服务，不仅提高了客户的满意度，还增强了用户黏性。

最后，滴滴的服务模式属于基于 O2O 的电子商务模式，线上下单、线下出行，无论是消费端，还是司机端，他们都需要通过滴滴平台获取信息，供需双方在实现匹配后，共同完成出行，行程结束后需要双方相互评价，彼此的信用状况等信息将会得到再一次利用，成为下次出行服务评价的标准，形成"链条式"服务创新。

可见，滴滴采用新型的商业模式，将线上线下服务相结合，真正地做到了"互联网＋交通出行"的目的。综上所述，"滴滴出行"通过根本性的商业模式创新，颠覆了传统出行行业的竞争格局，进而为企业获得了巨大的市场竞争优势。

资料来源：周冶强．"滴滴出行"商业模式创新分析 [EB/OL]．参考网，2021－03－24.

3.2.1.2   渐进性商业模式创新

渐进性创新是企业根据现有消费者的需求，以及现有知识和经验，对产品进行小幅改进，从而提升产品性能的一种创新（Song，2008；Subramani-am，2005），或是在现有技术的基础上，充分发挥技术潜能对现有技术进行小幅改进的一种创新（郑兵云和李邃，2011）。当前关于渐进性创新的定义主要有两个特征，即对现有技术进行改进或完善，以及更好地满足消费者的现有需求。

渐进性商业模式创新是指商业模式部分构成要素发生小幅变化，或者要素之间的关系、动力机制发生改而有进的变化（Nankervis & Alan，2013）。以电商行业为例，如亚马逊、淘宝等传统的电商平台最初以卖家和商品为中心，通过各种促销、折扣、减免等手段向消费者推广商品。随着电商行业的日趋成熟，拼多多在诸多电商平台中异军突起，最初主要面向低端消费群体，如城镇、乡村等追求低商品价格、高性价比的人群，并且在传统电商的基础上提出了拼团、拼单等商业模式，借助亚马逊、淘宝等传统电商巨头的肩膀，做出了微小的改变与创新，却在电商行业中占据了一席之地。随着移动互联网技术的飞速发展，短视频逐渐进入大众视野，以抖音、快手等短视频平台为载体的直播带货模式逐渐兴起，同样是在传统电商模式的基础上，但却加入了直播元素，为消费者搭建虚拟的商品体验场景，在电商行业中稳住了脚跟。此外，社区团购商业模式创新同样如此，例如，美团、优选等是以日常生活用品为主要品类，依托线下实体社区，借助线上社交工具进行的一种由团长发起的"线上预订 + 线下自提"的团购模式。这种方式解决了日用品电商的痛点，降低了物流成本和仓储费用，并搭建起了稳定的销售渠道，保证了产品的质量。

基于以上分析可以看出，电商行业的很多商业模式创新并不是进行根本性的改变，而是渐进性的创新。渐进性商业模式创新还可以发生在具体某一个企业内部，小红书的商业模式创新就是一个典型的例子（见实例 3 - 3）。

实例 3 - 3　小红书的渐进性商业模式创新

在内容平台的商业化模式中，电商已经成为不可缺失的一块，而小红书作为一个内容社区，共进行了三次电商业务的尝试与改变。

2013～2014 年，小红书重点发力在内容方面，开发了关注、用户等级评定等功能，初步搭建内容社区平台。平台的主题为购物种草内容平台，主要提供香港购物指南，大致的功能包含定制专用出行指南、各大商场百货比价、实时分享旅游心得、分类最佳购买地点等。

2014 年 10 月小红书开始转型，引入电商，上线了"福利社"模块，开启了跨境电商业务板块。商品类型涵盖护肤、彩妆、时尚穿搭、家居好物、母婴、个人护理、家庭清洁、美食、保健品和家电数码等众多海淘购物类别，一站式解决了用户"已种草但不知怎么买"的问题。

2016 年 6 月，由于跨境电商政策的改变，小红书逐渐从自营向开放第三方商家入驻转型，实现了自营模式与平台模式的结合。入驻的商家通过发布"笔记 + 种草"的形式来进行产品推荐种草，引导用户在商家店铺下单，完成转化，同时小红书平台还通过笔记为商家引流。2021 年 11 月，小红书完成了新一轮 5 亿美元的融资，目前小红书估值为 200 亿美元。

资料来源：闫秀儿. 3 次探索，看小红书的电商模式转变 [EB/OL]. 搜狐网，2022 - 10 - 27.

小红书的三次电商业务的转变体现了商业模式创新的渐进性特征。为更好地满足用户需求与适应动态环境，小红书不断对其商业模式进行调整，从而获得了稳定的竞争优势，促进了小红书的长久发展。

3.2.1.3 根本性商业模式创新与渐进性商业模式创新的关系

在根本性创新与渐进性创新的关系中，根本性创新是企业采用革命性的新技术，对现有产品进行创新，推出全新的产品或者大幅度提升产品性能，满足消费者现有或潜在需求的一种创新；而渐进性创新则是企业在现有技术的基础上，为进一步满足现有消费者需求，对产品进行改进或完善。根本性创新与渐进性创新的对比如表3-1所示。

表3-1 根本性创新与渐进性创新的对比

特点	根本性创新	渐进性创新
性能轨道	不在主流用户要求的性能改进轨道上	在现有用户要求的性能改进轨道上
用户需求	不能满足现有主流用户的需求，但满足了少量领先用户的需求	进一步更好的满足现有主流用户的要求（高性能或低成本）

资料来源：张洪石，卢显文. 突破性创新和渐进性创新辨析［J］. 科技进步与对策，2005（2）：164-166.

无论是理论还是实践都表明，在互联网经济时代，商业模式创新已成为企业培育核心竞争力的重要途径。在机遇与风险并存的乌卡时代（VUCA），虽然根本性商业模式创新能够对企业竞争力起到戏剧性的增强作用，更能引起人们的关注，但在实践中更为常见的却是渐进性商业模式创新。与根本性商业模式创新相比，渐进性商业模式创新强调商业模式在功能上进行小的改进和适应性的调整，使企业在商业模式的某一方面比竞争对手技高一筹，更具话语权，以此助力企业取得核心竞争力。同时，在当前背景下，消费者需求的多样化趋势日益明显，群体差异显著，如何能够更好地满足特定目标顾客的需求，开发新市场，是商业模式创新中的一个核心问题，然而这个问题的解决却不是一蹴而就的，需要更多的资源投入与时间沉淀（张荣佳，2019）。

3.2.2 新颖性商业模式创新与效率性商业模式创新

阿米特和祖特（Amit & Zott，2001）认为，商业模式是由交易内容、交易结构与交易治理组成的一个完整的商业系统，是企业价值创造的系统逻辑，阐释了企业如何创造价值和获得利润的基本方法。因此，他们按照企业获取利润的不同方式将商业模式创新分为新颖性商业模式创新与效率性商业模式创新两类。此分类方法一方面由于特点相对鲜明，另一方面也呼应了熊彼特（Schumpeter，1934）关于价值创造的两个来源，即创新与效率，因而被许多学者所采用。不难明白，新颖性商业模式创新是对组织现有主流知识的颠覆或突破，而效率性商业模式创新则是对组织现有知识应用性的增强和提高（李锐和陶秋燕，2018）。

3.2.2.1 新颖性商业模式创新

新颖性商业模式创新是指采用全新的方式进行交易，具体表现为吸引新合作伙伴，搭建新的销售渠道，采用新的激励手段等。新颖性商业模式创新是对交易机制的创新，通过打破现有的交易轨迹，建立一条新的交易路径，以新的方式进行经济交换（Zott & Amit，2007）。

新颖性商业模式创新可以通过以下几种途径创造价值：（1）用全新的方法来实施交易，从而连接新的交易伙伴，或以新颖的方式重新连接现有的交易伙伴，并通过改变连接方式增加价值（Amit & Zott，2001）。（2）通过优先占有稀缺资产，或者通过学习积累其专业知识，建立买方更高的转换成本以获得潜在的先发优势，而后来的竞争者则不得不投入更多的资源，用于吸引顾客远离先行者（Lieberman & Montgomery，1988）。（3）通过吸引到其他的竞争者来模仿其商业模式，新颖性商业模式创新者就能够在市场上获得声誉，通过声誉效应扩大用户基础，或提高定价权。因此，新颖性商业模式创新会成为企业持续竞争优势的来源（Teece，2009）。

近年来，新颖性商业模式创新的研究开始更多地关注其实践价值，很多学者探究了新颖性商业模式创新的影响因素及作用效果（陈寒松和贾竣云，

2023；王冬冬、蒋韶华和刘宗瑞，2022）。研究表明，新一代信息技术的应用扩大了公司在合作关系中的自主权，可以帮助其依托新的价值主张、新的客户界面及企业的利益关联方，在更大领域内联系并获得新的合作，这样不但可以运用产品设计、引入新的组织方法或新的交易制度拓展、创新与扩大既有行业生态系统，还能够有效利用、转化并提升既有交易市场内的潜在优势资源，实现价值的增长，最后有效引发新颖性商业模式创新（周琪、苏敬勤和长青等，2020）。

在商业模式创新的过程中，公司必须对既有经营模式做出适当的改变，以确保已有的商业模式具有独特的竞争优势，而创业导向强调以绩效为评价指标衡量已有的运营模式，从而促使公司突破由于仅重视已有顾客所造成的锁定和限制，促使其完善商业模式创新过程并提出更佳的客户价值主张（胡保亮、赵田亚和闫帅，2018），因此创业导向也会促进新颖性商业模式创新。同时，学者们也重点关注了新颖性商业模式创新对企业业绩的作用，指出新颖性商业模式创新能够有力地提升公司业绩（吴隽、张建琦和刘衡等，2016）。总体上看，新颖性商业模式创新可以促进企业的市场绩效和财务绩效（陈亚光、吴月燕和杨智，2017）。大豪科技作为缝制设备电脑控制系统的龙头企业，其与树根互联合作推出的"纺织工业互联网平台"是一个典型的新颖性商业模式创新的案例（见实例 3 - 4）。

实例 3 - 4　根云赋能纺织业"智造"

由于国内缝制机械企业整体竞争力不强，主机厂、品牌商面临着各式各样的问题，亟须一个解决方案帮助缝制机械行业实现智能化转型，大豪科技与树根互联的合作应运而生。"根云平台"帮助大豪科技完成了适用于缝纫纺织行业市场应用软件的开发，实现了缝纫绣花设备的数据采集、上传，以及大数据云服务的存储与处理，提供基础管理、工作量统计、设备远程控制与诊断、管理报表等设备管理功能。这是一种推动缝纫纺织行业的机械制造商实现从硬件销售的一次性收入，转变为按成果收取长期运营服务费的商业模式创新。简单来说，就是完成从卖机器到卖服务的转变。

树根互联还打造了中国第一个工业互联网赋能平台——根云。具体而言，"根云"平台联通了工业物理世界和互联网数字世界，通过设备租赁、平台经济、数据算法等实现了组织资源与能力的变现，创造了新的营收来源，实现了制造业的降本增效，推动着工业领域的经营模式与生产方式的大变革。在价值主张上，赋能制造企业从"卖产品"到"卖服务"的跨越；在价值网络上，通过和客户实时互动，实现供给侧与需求侧的动态匹配，同时基于新型产业链金融创新，帮助中小企业解决融资难等问题；在价值创造上，开创工业共享经济模式，提升资源利用效率。根云平台的这一变革，改变了传统工业的交易路径，为传统工业注入了新的活力。

资料来源：杨晔（Mike Yang）. 工业互联网如何做到增加30% 营收还能节省80% 成本？[EB/OL]. 工业互联网运营，2019 - 03 - 23.

3.2.2.2　效率性商业模式创新

效率性商业模式创新是指企业通过改进商业模式提高交易效率的过程，具体表现为减少企业间的交易成本，降低信息不对称性，提高交易的可靠性等（Zott & Amit，2007）。例如，从交易内容来看，可以通过管理内部化来减少机会主义行为，通过将非关键业务外包进一步降低成本；从交易结构来看，可以重新设计交易活动、优化各交易主体之间的关联、加强交易主体之间的信息沟通和传递管理，以弱化交易信息不对称问题，以及实行标准化管理，不断简化和完善企业之间的业务流程，以减少差错的发生（Zott & Amit，2001）。效率性商业模式创新强调信息共享，增强了交易的稳定性，提高了交易效率，是对已经存在的商业模式进行改进，主要是在现有的商业模式基础之上降低交易成本和提高交易效率（吴隽、张建琦和刘衡，2016）。

效率性商业模式创新可以通过以下几种方式提升效率，从而创造价值：（1）降低或规避焦点企业与其协作时的贸易支出；（2）降低交易的复杂性；（3）提高透明化，降低参与者的不确定性和信息不对称性；（4）降低协调成本和交易风险等（吴隽、张建琦和刘衡，2016）。交易成本经济学的基础理论是效率性商业模式建立的基石（Williamson，1981），该理论认为，交易是有成本的，其中交易成本（transaction costs）就是为了磋商、签订协议及合同和获取信息而必须耗费的各种资源，市场的交易成本还包括了搜寻成本、订约成本、监督成本及执行成本等（Dyer，2015），而注重提升效率的商业模式设计能够减少交易成本，因此能够产生价值。例如，亚马逊在添加订单跟踪功能之前，因为包裹递送信息并不对每个用户公开，所以大量用户会通过打电话的方式查看包裹寄递的进度。通过商业模式创新，用户只需登录亚马逊平台就可以查看自己购买的商品在哪里，大幅度降低了亚马逊响应顾客的成本（Brynjolfsson，2004）。因此，为了减少复杂性、风险性、商业模式参与者之间的信息不对称性，以及减少协调成本和交易风险等，企业可进行效率性商业模式创新，为自己与其他利益相关者创造获取价值的机会，提升企业绩效（吴隽、张建琦和刘衡，2016）。

3.2.2.3 新颖性商业模式创新与效率性商业模式创新的关系

在新颖性商业模式创新与效率性商业模式创新的关系中，新颖性商业模式创新一般要将现有的商业模式进行较大的变革，打破现存的交易机制，以新的方式建立一条新的交易路径，而效率性商业模式创新则是对现存交易路径的改进和提升。李锐和陶秋燕（2018）认为新颖性商业模式创新则是对组织现有主流知识的颠覆或突破，而效率性商业模式创新是对组织现有知识应用性的增强和提高。新颖性和效率性两种商业模式创新虽然强调的重点不同，但彼此之间也存在密切的联系。新颖性商业模式创新一开始并不一定会完全与企业战略相匹配，可能需要通过效率性商业模式创新进行不断的调整、改进和完善，从而更好地为企业的战略实施、市场开拓以及快速发展服务。效率性商业模式创新需要对原有商业模式进行不断的改进、优化和调整，但当原有商业模式无法再进行改良或优化时，则需要企业探寻全新的商业模式，进行新颖性商业模式创新。总之，两种创新模式并非是完全对立的，在特殊情况下也可能会相互转化。如实例 3 - 5 就实现了这种转化。

实例 3 - 5　树根互联的"根云平台"："工业互联网 + 5G"超能力

根据需要，"根云平台"成功实现了从新颖性商业模式创新到效率性商业模式创新的转化。在工业互联网模式基础之上，树根互联的"根云平台"以制造业知识与数字技术实力"双轮驱动"，通过"工业互联网平台+ 5G"，打造了中国制造业转型的新基座，引领了企业万物互联、人机深度交互、智能驱动变革的数智新时代。树根互联"根云平台"（RootCloud）迅速切入各类制造场景，对 5G 在工业现场的落地和高价值应用先行探索，为行业提供了丰富的案例借鉴和端到端的解决方案，为"工业互联网平台+ 5G"的大规模应用做好了准备。

"根云平台"支撑工程机械企业三一工程机械在智能制造、智慧服务等方面进行了 5G 应用的落地尝试。在传统的 4G 条件下，工业数据采集在传输速率、覆盖范围、延迟、可靠性和安全性等方面都存在局限性，无法形成较为完备的数据库。5G 技术为智能工厂提供了全云化网络平台：精密传感技术应用于不计其数的传感器，在极短时间内进行信息的上传；大量工业级数据通过 5G 网络收集，形成庞大的数据库，让生产制造各环节时间变短、解决方案更快更优、生产制造效率大幅提高；工业机器人结合云计算的超级计算能力进行自主学习和精准判断，给出最佳解决方案，真正实现可视化的全透明工厂。5G 与工业互联网平台相结合，也为工厂管理带来了新模式。通过 5G 网络高通量的带宽，采用人脸识别技术、行为识别技术和安全预警，能够利用分布在不同地点的多个相机去检测和区分每一个人，得到某段时间内员工在一定区域内的工作轨迹。同时，采用深度学习和数据分析进行质量检测、生产过程控制中的行为识别与轨迹追踪，可优化资源配置，提高工人的操作水平与工作效率。有了"工业互联网平台 + 5G"的融合赋能，三一重工在工程机械无人化施工方面有了重大突破，如在路面罩面机械方面，可将公路空间数据与罩面施工养护属性的主要数据紧密结合，进行智能化处理、形象化展示，对正在实施的养护作业、车辆等信息进行实时动态监测和调度管理，不仅提高了施工效率、节约了成本，还有效保证了施工质量和施工安全。

资料来源：路琦. 树根互联根云平台：工业互联网 + 5G "超能力"，中国制造转型新基座 [EB/OL]. 人民邮电报，2020 – 12 – 17.

"根云平台"的发展体现了新颖性商业模式创新向效率性商业模式创新的转化，其并没有选择变革原有的工业互联网模式，而是在该模式的基础之上，搭载了 5G 技术，这是对现存交易路径的提升，以适应企业发展的新需求。工业互联网与 5G 技术的融合赋能极大提高了工作效率，增强了工作的稳定性，并且通过智能化业务流程，有效降低了交易成本，这种注重提升效率的商业模式创新为企业创造了价值，提高了企业绩效。

3.2.3　探索性商业模式创新与利用性商业模式创新

有学者根据探索性创新与利用性创新的分类（March，1991），将商业模式创新区分为探索性商业模式创新和利用性商业模式创新两类，探索性商业模式创新是采用或设计全新商业模式，如连接新的交易主体、以新的方式与现有合作者开展交易、设计新的交易机制等，而利用性商业模式创新则是在模仿现有的商业模式基础上进行改进，主要通过降低信息不对称、交易复杂度、交易差异差错等改进商业模式。

3.2.3.1　探索性商业模式创新

探索是指用"搜索、变化、冒险、实验、发现、创新"等术语描述的行为（March，1991）。探索性创新是基于一组完全不同科学原理和知识而开辟全新的潜在市场的行为（Henderson & Clark，1990）。从风险的角度来理解，探索性创新是一种高风险行为，具有开拓全新的领域、较高的投入、较长的时间跨度和较大的不确定性等特征。

探索性商业模式创新同样强调通过变革或新知识的应用，生成全新的商业模式（王水莲和刘莎莎，2014）。当企业面对外部机遇时，容易陷入路径依赖及形成"组织刚性"，会丧失对外界环境变化的敏感性，因此企业需要通过探索性学习来搜寻和获取外部新知识以及识别潜在机会，进行试错学习和实验。而探索性学习需要不断改变原有的知识结构，通过搜索、吸收、利用和整合新的知识资源克服组织的"能力陷阱"，使得企业在不熟悉的领域或者新市场试验新技术和新知识，从而通过重新定位市场、研发新技术、开发新产品等方面实现企业商业模式的创新，形成探索性商业模式创新（刘丰和邢小强，2023），如实例 3-6 所示。

实例 3-6　松果出行的探索性商业模式创新

"坚持科技驱动下的'体系性创新'，就不仅是从产品的功能本身进行创新，还包括供应链、生产制造、产品研发、实验室、销售渠道等的全面创新。"翟光龙表示，松果出行通过体系性创新，不单纯做一台车，也不仅仅单纯在某一个功能上进行升级，而是要对供应链进行升级，建立两轮车智能工厂，通过打造"正向研发"体系去研发产品、改革市场营销模式、打造政企协同的城市运营管理模式等，构筑政府、企业和用户三方共赢的良性商业模式。

因此，松果出行基于产业与用户双驱动，构建了一种面向产业的智能化的垂直整合模式。首先，从目前布局来看，松果出行不仅没有留恋在一线、二线城市，甚至对美团、哈啰和青桔争抢的三线、四线城市也有意避开，而是选择了以县城和县级市为主，进一步下沉的市场。其次，不同于美团、青桔与摩拜等在产品上以"传统单车为主，电单车为辅"，松果出行则完全不参与传统单车业务，而是一个极为纯粹的共享电单车企业，这使得松果出行没有传统单车业务因商业模式缺陷带来的亏损压力。最后，在产研体系上，行业里的大多数企业都是唯用户流量思维，不会考虑实际业务的长期发展需求与政府需求。松果采用的是典型的产业互联网的产研体系，同时围绕"用户需求""业务需求"和"政府需求"建立"系统＋产品＋研发"的大体系，可以全方位支撑用户、业务和政府的需求。

资料来源：刘学辉. 共享单车没落，共享电单车兴起［EB/OL］. 澎湃新闻，2021－04－12.

3.2.3.2　利用性商业模式创新

学者们对利用性创新有着不同的观点，如詹姆斯和马奇（James & March，1991）很早就提出利用性创新的概念，认为利用性创新就是重新定义和使用现有知识；或者有学者认为利用性创新是指从本地调研、实验精练以及现有方式的选择和重新利用中获得知识的方式（Baum，Li & Usher，2000）；本纳和图斯曼（Benner & Tushman，2003）则认为，利用性创新是在已有成分和已有技术轨迹基础上建立起来的进步。国内学者在以往学者的基础之上，对利用性创新做了进一步探讨，如王敏（2008）认为，利用性创新是基于目前的产品、服务、技术和战略等进行改进；奉小斌和陈丽琼（2010）则认为，利用性创新是一种更多与选择、提炼、筛选、执行和效率等有关的创新行为。

利用性商业模式创新与上述思想基本一致，强调在现有交易结构基础上，通过提高信息共享和改进流程来降低交易差错，提高交易效率。由于利用性商业模式创新本质是基于现有的知识基础，因此相较于探索性商业模式创新，不确定性更低，操作性更强。随着企业的专业化程度不断提升，基于自身成熟的技术对客户需求的满足得以不断细化，因而企业需要通过利用性学习来基于现有的知识基础，从客户细分领域发现新机会，将现有的成熟技术等知识与市场需求进行匹配，从而提出新的价值主张，并围绕其现有的资源与能力进行重新部署。通过搭建新的交易结构和交易内容，实现利用性商业模式创新，以期提高交易效率或者拓展现有的产品与服务（刘丰和邢小强，2023）。实例 3 - 7 为利用性商业模式创新的一种形式。

实例 3 - 7　电商直播的爆炸式增长

电商直播模式是利用性商业模式创新的一种形式。美国有线电视新闻网（CNN）称，在中国，一个充满创造力的年轻群体正在崛起，他们争相涌入了电商直播领域。"直播带货"在中国互联网上掀起了前所未有的浪潮，一个支架、一部手机，几乎能将任何场所瞬间变为直播间。直播电商作为以直播为渠道来达成营销目的的电商形式，是数字化时代背景下直播与电商双向融合的产物。

尽管直播电商的本质仍是电商，但其以直播为手段重构了"人、货、场"三要素，与传统电商相比，拥有强互动性、高转化率等优势。根据中国互联网信息中心发布的第 45 次《中国互联网络发展状况统计报告》，截至 2020 年 3 月，中国网络购物用户规模达 7.10 亿人，占中国网民整体的 78.6%。电商直播在中国已经发展成为一个价值千亿级人民币的行业，而这种商业模式作为中国互联网文化的一部分，在新冠疫情期间更加快速发展，成为了中国消费市场的"新浪潮"。根据亿欧智库测算，2019 年中国直播电商行业总规模约 4200 亿元，较上年增长了 200%，而 2020 年将达到 8570 亿元，年复合增长率高达 314%。当前，在资金、政策等红利加持下，直播电商仍处于爆发期，还将会实现进一步增长。

电商直播商业模式在利用原来的电商模式的基础之上，探寻了新的营销手段，但是其针对的依然是已有市场的客户群体，利用的也是已有的电商知识，是利用性商业模式创新的结果。具体而言，电商直播模式以直播为手段，赋能传统电商，较大的流量不仅降低了成本，还极大地提高了产品信息的开放程度，从而促使产品信息化传播速度大大提高。不仅如此，通过直播的形式进行产品促销，还会增强主播和消费者之间的即时互动性，能够使消费者更准确、更全面地了解产品，大大提高了交易效率。

资料来源：小赢科技金融研究院. 2020 年中国直播电商行业研究报告 [EB/OL]. 澎湃新闻，2020 – 12 – 10.

然而，这些策略在动态环境下往往很难奏效，因为不断变化的顾客需求和交易主体会让企业赖以成功的流程变成组织惰性的主要来源，执着于通过渐进性改进现有产品和商业模式来提高竞争优势越来越难。企业越是执着于利用性商业模式创新，越会强调流程的一致性和标准化，这会导致企业的产品开发行为和商业行为被牢牢地固化在现有体系中，而这种稳定的结构会使企业难以适应动态多变的环境，从而阻碍企业绩效的提高（王凤彬、陈建勋和杨阳，2012）。

3.2.3.3 探索性商业模式创新与利用性商业模式创新的关系

在探索性创新和利用性创新的关系中，学者们认为，探索性创新和利用性创新在本质上适用于不同的组织结构、内部机制、战略和企业文化，因此两者适用于不同的企业。探索性创新适合具有有机结构、松散系统、突破性思维、高度自主权等特征的企业，面向潜在的市场和技术；而利用性创新则适合具有机械结构、紧密系统、惯性思维、标准化和层级制等特征的企业，面向已有的市场和技术（Ancona, Goodman & Lawrence, et al., 2001）。探索性创新和利用性创新的对比如表 3 – 2 所示。

表 3-2	探索性创新与利用性创新的对比	
特征	探索性创新	利用性创新
时间跨度	长	短
风险	高风险	低风险
知识来源	新知识、行业外知识	已有知识
创新程度	颠覆式创新	渐进性创新
针对市场产品	新市场新产品	已有市场

资料来源：李悦嘉. CEO 注意力焦点对企业探索型创新和利用型创新的影响机制研究［D］. 杭州：浙江大学，2019.

同样地，探索性商业模式创新的核心在于对外部资源和知识进行全方位搜索，并在此基础上进行全新商业模式的开发和创新，具有较强不确定性和不可预估性；利用性商业模式创新则是通过对现有知识、资源和技术等进行整理、挖掘和提炼，从而不断提高现有知识、资源和技术的利用效率，以渐变的形式进行商业模式创新，具有较强确定性及可预见性（贾建忠和蔡浩健，2021）。

实践中，组织的发展应该同时应用好探索性商业模式创新和利用性商业模式创新。如果企业只进行利用性商业模式创新，就会产生路径依赖，形成惯性而无法适应环境的变化，原来的核心竞争优势就会变成核心刚性（王凤彬、陈建勋和杨阳，2012）。反之，如果企业只注重探索性商业模式创新，需要投入大量的资源和研发经费，在短期内无法获得收益，同时忽略知识的利用及不可预估性的特征，可能会导致"探索—变革—失败"，陷入过度探索陷阱（陶秋燕和孟猛猛，2018）。整体而言，探索性商业模式创新和利用性商业模式创新都是企业长期发展和成功的必要条件。一个公司的长期生存和发展取决于它是否能够充分利用商业模式创新以确保组织当前的生存能力，并不断进行探索以增强未来的生存能力（Levinthal & March，2010）。

3.2.4   商业模式创新的其他单维分类

除了根本性商业模式创新与渐进性商业模式创新、新颖性商业模式创新与效率性商业模式创新、探索性商业模式创新与利用性商业模式创新外，其他学者也从其他角度，对商业模式创新的类型进行了划分。

有学者总结了其他学者们对各行各业的商业模式创新的研究，如制造业、零售业、航空业、新闻业等，依据商业模式创新的来源将其划分为原创性商业模式创新和模仿性商业模式创新两类（Kim & Min，2015）。他们认为，在位企业可能进行原创性商业模式创新的主要原因在于其自身的技术突破从而开创了一种全新的商业模式，或者是在内部重新架构了做企业的方式（Amit & Zott，2012；Johnson，Christensen & Kagermann，2008）。与此相对，在位企业也可能进行模仿性商业模式创新，就是在位企业新增一种新商业模式，该模式可能是其他企业所发明的（Markides & Oyon，2010），已经经受住了实践的检验。

科尔蒂米利亚、盖兹和弗兰克（Cortimiglia，Ghezzi & Frank，2016）认为，对于商业模式创新的研究始终围绕着两个主题，分别是商业模式设计（企业家从零开始创造新商业模式）和商业模式开发（管理人员改进当前的商业模式）。前者既与技术创新管理相关（Chesbrough & Rosenbloom，2002），又与创业相关（Trimi & Berbegal‐Mirabent，2012）；而后者则与战略管理相关（Schneider & Spieth，2013）。由于企业的商业模式高度依赖于环境因素（如技术、竞争、市场和合法性/规则结构），因此其商业模式创新不得不重新审视经济环境，企业需要通过商业模式创新维持其发展，使竞争对手难以模仿（Chesbrough，2010；Teece，2010）。

特里姆和贝尔韦加尔·米拉本特（Trimi & Berbegal‐Mirabent，2012）认为，商业模式创新可被限制于商业模式的内部运作，分为不改变其价值主张（一种渐进性的商业模式创新）与能影响其价值主张（一种根本性的商业模式创新）两类。科尔蒂米利亚、盖兹和弗兰克（Cortimiglia，Ghezzi & Frank，2016）则根据商业模式创新的动力来源，将商业模式创新分为需求拉动型（为响应新的顾客需求或市场环境而改变价值主张）和技术推动型

（为响应企业的技术突破而进行价值主张变革）两类。与此相似，哈布泰（Habtay，2012）主张，商业模式创新既可以是技术驱动型的，也可以是市场拉动型的，前者描述了一种环境，在此环境中，需要全新的商业模式以实现新技术的商业化，而后者则代表着在价值网络中创新价值主张自身或者创新企业的角色和定位。

3.3　商业模式创新的二维分类

很多学者认为单维分类方法不能细致地描绘各种创新之间微妙但却非常重要的差别，因此，需要对商业模式创新进行多维度的分类。

科恩、贝特尔斯和埃尔萨姆等（Koen，Bertels & Elsum，et al.，2010）采用两个维度——技术维度和价值网络维度对创新进行了分类，如图 3-1 所示。他们将创新空间分为两部分，一部分是维持性创新空间，在这一空间中，大的在位企业容易取得技术创新的成功；另一部分是商业模式创新空间，在这一空间中，在位企业经常失败。通过把创新划分为维持性创新和商业模式创新两类，能得到商业模式创新与其他创新方式的区别，凸显出商业模式创新的重要性。应当指出，虽然科恩、贝特尔斯和埃尔萨姆等（Koen，Bertels & Elsum，et al.，2010），以及科恩、贝特尔斯和埃尔萨姆（Koen，Bertels & Elsum，2011）说明了此分类方法是借鉴了克里斯坦森（Christensen，1997）的分类方式，但克里斯坦森（Christensen，1997）的分类方式是从市场的角度出发，将创新分为破坏性创新与维持性创新两类，而不是从产品的创新程度的角度进行分类。

布赫尔、艾泽特和加斯曼（Bucherer，Eisert & Gassmann，2012）认为，在根据创新程度对商业模式创新进行分类的过程中，为产品创新建立的概念是有用的。特别是，成熟的根本性产品创新的定义能够转换到根本性的商业模式创新。产品创新中的"技术"和"市场"，可以在商业模式创新中识别为"行业"和"市场"。行业代表着由内而外或企业的视角，将一个行业内的企业作为一个总体来理解；而市场代表着由外而内或顾客的视角，将行业内的顾客作为一个总体来理解。因而商业模式创新可以分类为一个矩阵中的四个象限，分别是市场突破性商业模式创新、根本性商业模式创新、渐进性商业模式创新和行业突破性商业模式创新（见图3-2）。

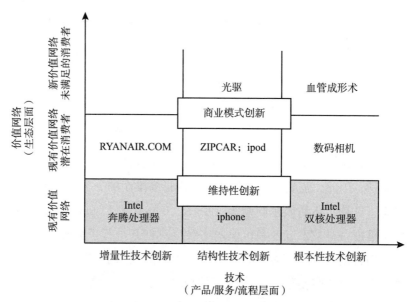

图3-1　基于技术与价值网络维度的创新分类

资料来源：Koen P A，Bertels H，Elsum I R，Orroth M，Tollett B L. Breakthrough Innovation Dilemmas［J］. Research，Technology Management，2010，（11/12）：48-51.

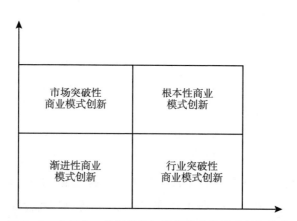

图3-2　布赫尔、艾泽特和加斯曼的商业模式创新分类

资料来源：Bucherer E，Eisert U，Gassmann O. Towards Systematic Business Model Innovation：Lessons from Product Innovation Management［J］. Creativity and Innovation Management，2012，21（2）：183-198.

科尔曼和皮勒（Kortmann & Piller，2016）基于产品生命周期和商业模式的开放性两个维度对商业模式创新进行了分类。第一个维度是产品生命周期，该维度被分为三个连续的价值创造阶段，分别是生产阶段、消费阶段和回收阶段；第二个维度是商业模式的开放性，科尔曼和皮勒（Kortmann & Piller，2016）区分了三种类型的协作，分别是独立企业、联盟和平台，用来在日益开放的情况下将活动重新分配给外部合作伙伴。通过这两个维度及每个维度的三分法，形成了一个 3×3 的矩阵，每个格就是一种商业模式原型，如图 3 - 3 所示，其中 F 代表焦点企业，C 代表消费者，S 代表供应商，g 代表商品，s 代表增值服务，r 代表重新获取产品。

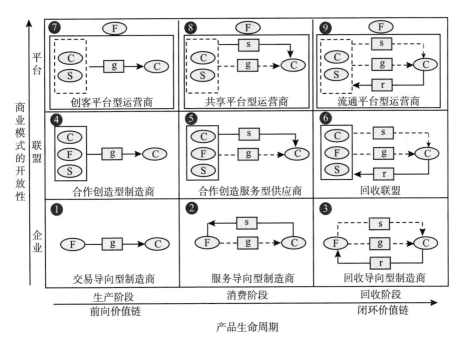

图 3 - 3　科尔曼和皮勒的商业模式创新分类

资料来源：Kortmann S，Piller F. Open Business Models and Closed - Loop Value Chains：Redefining the Firm-consumer Relationship［J］. California Management Review，2016，58（3）：88 - 108.

在聚焦企业内部的商业模式中，图 3 - 3 左下角（单元格①），可看到一个处于生产阶段的企业（F），该企业独立地创新、制造与分销商品（g），并将其出售给消费者（C），这种商业模式被称为"交易导向型制造商"模式。中间（单元格②）被称为"服务导向型制造商"模式，主要是提供增值服务（s），如出租、租赁或全面维修服务（即修理、检查、软件升级或车队管理解决方案）等，而商品生产只是为服务导向型制造商提供了一种额外的战略选择（用虚线表示）。右下角（单元格③）是"回收导向型制造商"模式，它在消费阶段之后，从消费者那里重新获取（回收或升级）产品（r）。同样地，回收导向型制造商可以额外地将生产商品本身的活动和提供相关的增值服务整合到其商业模式中。

从企业内部的价值创造转向以联盟形式的价值创造，"合作创造型制造商"模式（单元格④）将其商业模式向外部合作伙伴（如消费者和/或供应商）开放，以便进行创新、制造和/或分销。由于所有的联盟伙伴都参与到了价值的创造与获取中，他们直接从随后的商品被出售给（通常是第三方）消费者的交易中获益。"合作创造服务型供应商"模式（单元格⑤）通过向消费者提供与产品相关的服务（如"租赁"产品而不是购买产品），与外部伙伴共建联盟来创造价值。最后，单元格⑥中的"回收联盟"模式是一种开放式商业模式，该模式专注于消费阶段之后产品的重新获取与利用。

在基于平台的商业模式中，从"创客平台型运营商"模式（单元格⑦）开始，该模式建立了一个自身不再参与任何生产过程的，类似于市场的平台。这种商业模式代表着当前"创客经济"的发展方向（Anderson，2012），在创客经济中个体接管了企业传统的生产职能。中间的"共享平台型运营商"模式（单元格⑧）则正在协调一个点对点的市场，在这一市场中，消费者（和/或供应商）为其他消费者提供与消费相关的服务，这种商业模式与新兴的"共享经济"（Belk，2014）紧密相关。在共享经济中，消费者会共享产品的使用，而不是购买。最右边的商业模式代表了"流通平台型运营商"模式（单元格⑨），消费者（和/或供应商）会在这个平台上向其他消费者出售他们使用过的产品。而在"共享平台"中，一种产品虽被第三方消费者使用，却不需要变更产品的所有权，但在"流通平台型运营商"模式中则是立足于产品的（自由）交易，这种商业模式代表着向流通经济方向发展。

科尔曼和皮勒（Kortmann & Piller，2016）的分类向我们展示了九种商业模式原型的解释与图示，里格利和斯特雷克（Wrigley & Straker，2016）等学者也强调了商业模式原型在商业模式创新中的重要性，并给出顾客导向、成本驱动导向、资源导向、合作伙伴导向和价格导向五种商业模式原型。构建商业模式原型有两个目的：首先，商业模式原型有助于探索不同的场景，可以对企业的生存能力和潜在的盈利能力进行压力测试。其次，原型迫使参与者明确他们的假设。而且，创造和检验商业模式是一个迭代的和不断进行的过程，商业模式从来不是完整的，也不可能是静态的。商业模式原型提供了一个切实的起点，通过生成一组商业模式原型，企业能够理解不同商业模式所给出的启示，从而更清晰、更好地决定在哪里竞争，以及如何竞争，使得研究人员或企业的相关人员可以厘清每一类商业模式的特点，也可以通过更改其中的某一特性而实现商业模式创新。

3.4　商业模式创新的三维分类

吉森、贝尔曼和贝尔等（Giesen，Berman & Bell，et al.，2007）开发了一个用来识别三种主要的商业模式创新类型的框架，如图 3 - 4 所示。第一种商业模式创新是行业模式创新。这种方式包括创新"行业价值链"，可以通过水平移动到新的行业来实现，如维珍（Virgin）从最开始时的音乐和零售转移到了多样化的行业，如航空、铁路、饮料、金融服务等；也可以通过重新定义当前的行业来实现，如戴尔通过取消中间商而直接面对顾客，苹果公司通过 iTunes 直接把音乐分发给顾客等。此外，行业模式创新也包含全新行业的开发或行业细分，如互联网行业中出现的 Google 和其他搜索引擎公司所做的创新。

第二种商业模式创新是收入模式创新。这种创新包括变革价值主张，通过重新配置产品（产品/服务/价值组合）产生收入，也可以通过创新定价模式实现收入。

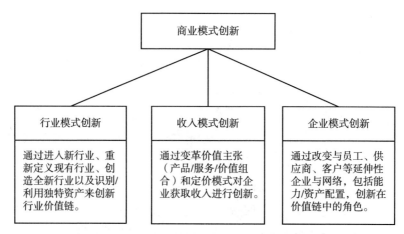

图 3-4 吉森、贝尔曼和贝尔等的商业模式创新分类

资料来源: Giesen E, Berman S J, Bell R, Blitz A. Three Ways to Successfully Innovate Your Business Model [J]. Strategy & Leadership, 2007, 35 (6): 27-33.

第三种商业模式创新是企业模式创新。这种创新包括创新企业的结构、企业在新的或当前价值链中的角色。这个维度聚焦于重新定义组织的边界，可通过集成来实现。

塔兰、博尔和林德格伦（Taran, Boer & Lindgren, 2015）从商业模式创新的根本性（radicality）、可达性（reachability）和复杂性（complexity）三个维度，对商业模式创新进行了定位与分类。根本性根据程度可分为低、中和高三类，该维度把商业模式创新定义为公司做企业方式的一种根本性变革（Chesbrough, 2006），它是与渐进性相对的。根本性创新包含对某些显然是新的东西的开发或应用（McDermott & O'Connor, 2002），而渐进性创新在外延或改进方面的变化较小。可达性是指创新的新颖程度，其范围包括对企业、市场、行业和整个世界而言的新颖程度四个层级。在复杂性维度中，塔兰、博尔和林德格伦（Taran, Boer & Lindgren, 2015）认为，在任何建构模块中的任何变革都可被认为是一种商业模式创新，然而商业模式创新的最复杂的形式是所有模块中变革的累积。复杂性可分为从 1~7 共七个层级。

塔兰、博尔和林德格伦（Taran, Boer & Lindgren, 2015）将这三个维度加以组合，形成了一个三维空间，如图 3-5 所示，并认为在该空间中可以通过根本性、可达性和复杂性来定位任何商业模式创新。从塔兰、博尔和林德格伦的三维空间可以看出，该空间可用 (i, j, k) 向量表示，其中 i 表示复杂性，j 表示可达性，k 表示根本性。因此，现实中的任何一种商业模式都可定位在这个三维空间中，而且这三个维度中的任何一个维度产生了变化，就意味着发生了商业模式创新，产生了一种新的商业模式，若三个维度同时变化，则意味着这种商业模式创新将是最复杂的形式。

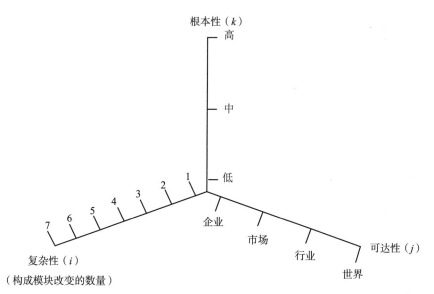

图 3 - 5　塔兰、博尔和林德格伦的商业模式创新分类

资料来源：Taran Y，Boer H，Lindgren P. A business model innovation typology [J]. Decision Sciences，2015，46（2）：301 - 331.

阿姆肖夫、杜鲁姆和埃查特菲尔德等（Amshoff，Dulme & Echterfeld，et al.，2015）根据学者们研究中的精细化程度，将商业模式分为三个层次（见图 3 - 6），分别是框架层、原型层和解决方案层。

其中最顶层是框架层，就像商业模式画布（Osterwalder & Pigneur，2010），是一种重复出现、被证明有效的、文档化形式的商业模式图景类型，可以用来分析商业模式。这一层次一般是抽象程度最高，希望总结出适用于任何企业的商业模式。由于其抽象程度高，因而可直接采用的可能性就比较小，但能够从整体上对理解如何进行商业模式创新提供框架和相应的指导。例如，按照奥斯特瓦尔德和皮尼厄（Osterwalder & Pigneur，2010）所提供的商业模式画布，可以对某行业或某企业的商业模式进行逐一对照分析，甚至可以同时开展与其他行业的对比分析，以期发现该行业或该企业独特的商业模式，还可以通过更改成模仿某种先进商业模式的一个或几个要素，实现自身商业模式的创新。

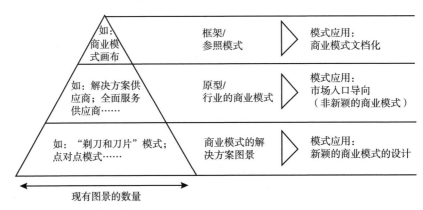

图 3 - 6　阿姆肖夫、杜鲁姆和埃查特菲尔德等的商业模式创新分类

资料来源：Amshoff B，Dulme C，Echterfeld J，Gausemeier J. Business Model Patterns for Disruptive Technologies ［J］. International Journal of Innovation Management，2015，19（3）：1 - 22.

中间层是行业商业模式的原型层，一般是整体性的商业模式。通常是根据公司的同质化程度进行分组，每个组都代表一种特定类型的商业模式。这些方法主要来源于战略等学科，当企业进入一个新市场时，商业模式原型提供了一种快速导向，但这种原型往往不适用于开发新的商业模式。

最底层是商业模式解决方案的图景层，这些图景被证明是设计商业模式的基石。这个类别包括了约翰逊（Johnson，2010）等学者的模式汇编，该模式描述了一个为顾客提供贸易、共享等平台的服务。综上所述，阿姆肖夫、杜鲁姆和埃查特菲尔德等（Amshoff，Dulme & Echterfeld，et al.，2015）等根据抽象程度对商业模式层级的划分，以及对每个层级商业模式特点的详细阐释，有利于研究人员及企业界人士根据自己的需要，结合实际进行分析，通过对不同层级的变革，实现商业模式创新。

此外，还有学者依据相关学者对商业模式创新的研究兴趣，对商业模式创新的研究文献进行了分类（Spieth，Schneckenberg & Ricart，2014）。他们认为，学者们研究商业模式及商业模式创新的主要目的是解释商业模式、运营商业模式和开发商业模式。"解释商业模式"归纳了一个企业当前或未来公司业务产生利润的能力。这个类别的目标受众包括企业的外部利益相关者（如发明家、媒体、顾客或合作伙伴）及内部员工（Amit & Zott，2001；Casadesus - Masanell & Ricart，2011）。"运营商业模式"将运营角色加入到商业模式中，认为商业模式是对企业运营的阐释，具体解释为流程、联结或结构等（Amit & Zott，2010；Baden - Fuller & Haefliger，2013；Velu & Stiles，2013）。"开发商业模式"体现了商业模式的战略功能，在这个类别下，商业模式的功能主要是为企业战略的开发提供支持（Chesbrough & Rosenbloom，2002；Enkel & Mezger，2013；Schneider & Spieth，2013）。

3.5　本章小结

本章介绍了商业模式创新的分类，按照单一维度标准可以将商业模式创新分为根本性商业模式创新与渐进性商业模式创新、新颖性商业模式创新与效率性商业模式创新、探索性商业模式创新与利用性商业模式创新等类型，这也是当前运用最多的分类标准。此外，也有学者基于多维的角度，对商业模式创新进行了二维分类和三维分类，并对其内在机理展开了阐释与探讨。

讨 论 题

1. 请结合实际案例分析商业模式创新的类型。
2. 你认为基于单维分类的商业模式创新类型之间有什么异同？
3. 你认为商业模式创新的划分依据应该是什么？

案例分析题

实例 3 - 8　腾讯在创业阶段的商业模式创新

1998 年 1 月，马化腾与张志东合作创立腾讯，当时公司主要是为其他公司制作网页、承接一些系统集成项目，既没有核心业务更无价值主张。后来 ICQ 传入中国，马化腾和张志东才模仿 ICQ 开发出了 OICQ，并优化改善了 ICQ 的一些缺陷，后来 OICQ 由于一场诉讼，改名为现在的 QQ。然而，刚开发出的 OICQ 由于缺乏推广资金，马化腾欲以 100 万元将其卖掉，竟无人问津，无奈才将其放到网上，却发现下载量达几十万次，这坚定了他们对 QQ 的信心，萌发了在 QQ 里嵌入广告获取收益的商业模式，结果获得初步成功。2000 年 6 月中国移动推出"移动梦网"，于是腾讯开发出手机 QQ，与移动合作开展移动增值业务，由此获得了丰厚的收入，使腾讯成为中国首家盈利的互联网公司。该商业模式以 QQ 业务为核心，延伸出三种收费业务：提供 QQ 广告服务——收取广告佣金，QQ 会员服务——收取会员费，移动 QQ 业务——收取无线增值费。

腾讯在创业期敏锐地抓住消费需求的空缺，由承接系统集成等软件外包服务转变为自主开发即时通信业务这一具有巨大增值潜力、能够"粘住"客户的"明星"业务，使其商业模式的经营逻辑发生了彻底变革，这是腾讯创业期商业模式的价值所在。但由于 80% 的收入来自与通信运营商的利润分成，没有稳固的网络关系和多元收入模式，自我防护的隔绝机制比较薄弱，竞争能力并不高，这使得该商业模式独特性差，较容易被模仿，抗风险能力较弱。

资料来源：罗小鹏，刘莉. 互联网企业发展过程中商业模式的演变——基于腾讯的案例研究 [J]. 经济管理，2012，34（2）：183 - 192.

（1）根据案例，腾讯在创业阶段的商业模式创新属于什么类型？

（2）结合案例分析，该商业模式创新类型具有什么特点？

第4章

商业模式创新的过程

引 言

　　对商业模式创新的认识有不同的流派与观点，如今大部分学者认为商业模式创新并非一蹴而就，通常是在经历了不同的阶段后，通过逐渐完善与调整优化，最终呈现出一个全新的商业模式。学者们将商业模式创新这一动态过程解构为不同的阶段，细致分析每一阶段的特点与方法等，逐渐细化了商业模式创新的过程。本章将对相关学者关于商业模式创新过程的主要观点进行阐述，并对商业模式创新的不同过程模型进行介绍。

学习目标

学习本章内容后，你将能够：

- 了解商业模式创新过程有哪些视角。
- 明晰商业模式创新过程各视角的基本观点。
- 掌握商业模式创新的不同过程模型。

4.1　商业模式创新的不同观点

　　商业模式创新究竟是什么？这是商业模式创新研究的本质问题之一，许多学者对此进行了探讨。但整体而言，当前学者们的研究观点可归纳为以下三类：（1）商业模式创新是一个关于商业模式的新创意，来源于创新者的新认知或新想法；（2）商业模式创新就是设计出一个新的商业模式，是一个结果；（3）商业模式创新是一个过程，包括对原有商业模式的不断修正与变革，该过程包含多个紧密联系的阶段。上述不同观点也因此构成了多样化的商业模式创新研究视角，本书作者将其称为商业模式创新的创意观、商业模式创新的结果观和商业模式创新的过程观。

4.1.1　商业模式创新的创意观

持有创意观的研究者认为，商业模式创新就是企业家或创新者在头脑中产生的新创意，强调创造力、认知图式等认知因素在新商业模式生成过程中的重要性，更多是创新者头脑中的"灵光一现"，一个新商业模式就此诞生。例如，马丁斯、闫多瓦和格林鲍姆（Martins，Rindova & Greenbaum，2015）的研究探讨了企业的商业模式如何在没有外部变化的情况下通过认知生成过程主动创新，认为企业管理者主要借助类比推理和概念组合而设计出新的商业模式。持有创意观的学者们指出，许多组织行为是由那些偶然获得的领悟力所决定的，这些领悟力对思想进行了重构，因此商业模式也会被偶尔领悟的灵感所改变。

参考战略管理认知学派的观点可以认为，商业模式创新是一种发生在企业家或创新者思想中的认知过程，包括概念、计划及框架等，它们共同决定了个体如何对环境中的输入信息进行处理。这为从认知角度探究企业家与创新者的认知图式与创意产生过程提供了参考。此外，马丁斯、闫多瓦和格林鲍姆（Martins，Rindova & Greenbaum，2015）等学者以区别于传统视角的微观化解释逻辑，将商业模式视为决策者组合安排关于价值创造的主观认知图式的结果，极大地拓宽了商业模式理论的发展空间。

一方面，商业模式创新的创意观从认知视角来解读决策行为，可以抽象地归纳出决策者多样化行为背后的一般化理性规律，有助于形成统一的商业模式理论研究框架；另一方面，基于对决策者主观认知过程的认识，有助于理解商业模式的自发式创新问题，是对"商业模式从何而来"最源头的解释。

4.1.2 商业模式创新的结果观

持有结果观的研究者将商业模式创新视为企业针对市场需求和发展趋势，为提高企业的市场竞争力、创造更多的商业价值而进行的一项变革结果。但这个结果不是逐渐形成的，也就是说，一个全新、完美的商业模式是设计或规划出来的，设计结束，一个新的商业模式自然就形成了，实施是不需要谈的事。高管们设计或规划出来的新商业模式就是消费者具有良好体验的完美的商业模式。

商业模式创新的结果观与商业模式创新的创意观有一定的相似性，只不过后者没有强调应用的结果。就淘宝而言，在创意观看来，其商业模式就是管理者产生的一种新创意、新想法，就是"灵光一现"，是一种突然的启发。商业模式创新结果观的相关研究侧重于描述特定类型的新商业模式，尤其是成功企业的商业模式。当然，他们可能也并不否认商业模式创新的过程，只不过此类学者可能是因研究的需要，只描述了企业最终的新商业模式。丁浩、王炳成和范柳（2013）所说的商业模式研究的静态视角就属于这种情况。

4.1.3 商业模式创新的过程观

虽然当前部分学者将商业模式创新看作是一个"结果"，即创新出一个新的商业模式，但综合实践与相关研究来看，商业模式创新是通过不断地进行试错、调整和优化，最终形成一个新的商业模式的过程，并非只是提出一个"创意"或即刻就形成一个"结果"所能完全概述的。持有商业模式创新过程观的学者认为，商业模式创新是一个不断演化、持续改变且环节复杂的过程，需要企业通过试错学习，不断地设计、改进、测试和调整初始商业模式（Sosna，Trevinyo - Rodriguez & Velamuri，2010）；通过识别、优化、适应、修改及重塑等环节（Morris，Schindehutte & Allen，2005），精心打造新的商业模式（Zott & Amit，2015），这个试错过程的结果便是最终的新商业模式（McGrath，2010）。也就是说，新商业模式不是总体规划的结果，也不是事前有远见的想法，相反，它是经历了大量的试错调整的过程而最终形成的。

国内外许多学者采用活动阶段模型（activity-stage model），通过把商业模式创新过程划分为几个阶段，逐一讨论每个阶段的特点、问题与解决方案等，展开对商业模式创新的研究。例如，夏尔特格、吕德克·弗洛伊德和汉森（Schaltegger, Ludeke–Freund & Hansen，2011）的研究把商业模式创新分为商业模式的调整、采用、改进和再设计四个阶段。王炳成、闫晓飞和张士强等（2020）将商业模式创新分为商业模式创意、商业模式应用与商业模式精益三个阶段。蒂斯（Teece，2010）的研究发现，理想的商业模式很少在新企业的早期阶段出现。舍基（Shirky，2008）认为，更容易成功的新企业是那些没有完美的商业模式，但有一个具有弹性的允许企业家加以变革和调整的商业模式模板的企业。因此，商业模式过程观认为，商业模式创新涉及多个方面的变革，包括组织架构、管理制度、技术创新等，这些变革需要企业进行不断的试错和实践，而非简单的一次性创新就能完成。因此，商业模式创新通常需要在不同阶段进行相应的调整，这个过程是长期的、深入的、持续的。

商业模式创新的过程观有助于打破一些企业管理人员不切实际的认知，即指望着某个时刻的"灵光一现"就构想出一个全新的商业模式，从而超越竞争对手；也有助于打破一些企业管理者的另一种认知，即聘请专业的咨询机构设计出一套商业模式，企业自然就有了先进的商业模式。

4.2 商业模式创新过程的两阶段模型

当前学者们在研究中通常会将商业模式创新过程解构成不同的阶段，并深入分析每一个阶段的具体特点与实现方式（马晓辉、高素英和赵雪，2022）。德·琼（de Jong，2007）指出，最常用的描述创新过程的模型是活动阶段模型（activity-stage model）。为了表述清楚，有些学者通过图形的方式来表示各个阶段间的关系，另一些学者则直接采用语言描述的方式。

4.2.1　王炳成等关于商业模式创新过程的两阶段模型①

4.2.1.1　王炳成等关于商业模式创新过程的两阶段模型分析

在简单的创新活动阶段模型中，创新一般被分为发起和实施两个阶段（Kheng & Mahmood，2013；Schutte & Krause，2016），如图 4 - 1 所示。其中的发起阶段是一个发散阶段，包括对问题的认知与对事物的思考，而实施阶段则是一个收敛阶段，目标在于创意的开发与应用，以便获得收益（Dorenbosch，van Engen & Verhagen，2005）。

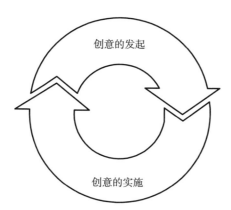

图 4 - 1　创新的两阶段模型

资料来源：本书作者绘制。

当然，也可以采用活动阶段模型对创意的产生过程进行较为详细的分析。例如，莫斯特（Mostert，2007）将创意的产生过程分为四个阶段，分别是与问题进行接触、花时间去思考解决方案、想到一个新想法的"啊哈"瞬间、采取行动与其他人共享这个想法。瓦尔拉斯（Wallas，1926）所提出的创意四阶段模型是准备（问题的感知或经验）、酝酿（通过无意识机制进

①　本章节内容主要来自：丁浩，王炳成，曾丽君. 商业模式创新的构成与创新方法的匹配研究［J］. 经济管理，2013，35（7）：183 - 191.

行酝酿)、启发或洞见(新想法出现)、检验或评估(想法被检验,想法的应用并被评估)。基耶库特和范德文(Kijkuit & van den Ende,2007)将创意的产生过程分为想法生成、想法发展和想法评估三个阶段。蒙塔格、梅茨和贝尔(Montag,Maertz & Baer,2012)对相关研究进行了综述,发现学者们对创意行为的划分,最少的划分为两个阶段(Basadur,1994),最多的划分为四个阶段(Mumford,Mobley & Reiter - Palmon, et al.,1991;Mumford,Whetzel & Reiter - Palmon,1997)。其中多数文献强烈支持四个阶段的划分,如阿马比尔(Amabile,1988)、鲁巴特(Lubart,2000 - 2001)、雷特·帕尔蒙和伊利耶(Reiter - Palmon & Ilies,2004)和瓦尔拉斯(Wallas,1926)等。在此基础上,蒙塔格、梅茨和贝尔(Montag,Maertz & Baer,2012)把创意的过程模型描述为问题定义行为(如问题识别)、准备或信息收集行为(如分类研究、信息研究)、想法产生行为(如发散性思维、概念整合)和想法评估行为(如想法挑选、想法提炼)四个阶段。

史密斯(Smith,2006)指出,创新就是充分运用发明,并将其转化为市场中可交易的商品的过程。换句话说,创新就是把作坊或实验室中诞生的发明投放到市场中去;只有当新的产品出现在消费市场或以新的方式被生产出来,即实现了商业化的过程或产生了价值才能称为创新(Croslin,2010;Stevenson & Kaafarani,2011)。因此,丁浩、王炳成和曾丽君(2013)认为,无论是何种商业模式创新,都需要新创意,但仅提出或发明出一个新的商业模式创意并不能称为商业模式创新;商业模式创新应包含商业模式创意与商业模式应用(即商业化)两个阶段,而且只有完成了商业化过程(应用)的商业模式创意或发明,即产生了商业价值的新商业模式才能称为商业模式创新。图4-2显示了商业模式创新的构成。

丁浩、王炳成和曾丽君(2013)之所以用图4-2所示的形式表示商业模式创新的构成,是因为他们认为商业模式创新的创意与应用两个阶段并不是截然分开的:在商业模式应用的阶段会产生一些新的创意,在商业模式创意的生成阶段也不可避免地会思考商业模式的应用,因此,这两者之间是一种相互渗透、相互交叉的关系。但这两个阶段也存在着较大的区别:商业模式创意阶段一般只有一个模糊的目标或大致的方向,关键是提出一个与众不同的新想法,一般没有规范的方法可供参考,经常是模糊的或难以操作的

（Ackoff & Vergara，1981）。在实践中一般是通过对话激发灵感，常用的方法包括头脑风暴法（Osborn，1957）和自由联想法（VanGundy，1983；Rosenau，1996）等。商业模式应用阶段则一般目标明确，目标与现实之间的差距可以通过各种模型、公式或工具分析出来。

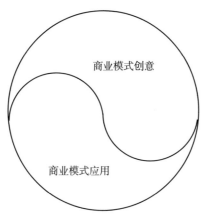

图4-2　商业模式创新的构成

资料来源：丁浩，王炳成，曾丽君. 商业模式创新的构成与创新方法的匹配研究 ［J］. 经济管理，2013，35（7）：183-191.

此外，丁浩、王炳成和曾丽君（2013）指出，商业模式创意主要由人来完成，而商业模式应用除了人之外，还需要其他一些硬件和软件支撑，如计算机、数据分析软件、车辆设备等。他们对商业模式创意与商业模式应用两个阶段之间的区别进行了归纳，如表4-1所示。

表4-1　　　　　　　商业模式创意与商业模式应用的主要区别

项目	商业模式创意阶段	商业模式应用阶段
目标	目标模糊，只有大致的方向	目标明确，目标与现实之间的差距清晰
	形成独特的、与众不同的商业模式图景	把商业模式创意进行商业化，侧重于应用
途径	通过对话激发灵感	通过逻辑分析找出问题，并解决问题
方案	最终方案的多样性	实施方案的唯一性
实现过程	实现过程具有非程序化的特点	实现过程是程序化的
模型方法	没有规范的模型、方法可采用	有完善的模型、公式、方法用来分析与应用

续表

项目	商业模式创意阶段	商业模式应用阶段
实施主体	主要通过人来完成	由人和其他硬件、软件一起共同完成
时间节点	没有明确的时间结束点	对何时完成会提出明确的要求

　　资料来源：丁浩，王炳成，曾丽君. 商业模式创新的构成与创新方法的匹配研究［J］. 经济管理，2013，35（7）：183 – 191.

4.2.1.2　王炳成等学者关于商业模式创新过程两阶段模型的应用

　　丁浩、王炳成和曾丽君（2013）还对商业模式创新不同阶段适用的管理方法进行了探讨，他们指出，在企业管理中，面对管理的困境，通常有两类解决方法，分别是分析性方法与解释性方法。分析性方法强调规划与深思熟虑；而解释性方法强调行动，在行动中学习，通过行动推动思考，从而战略会自然形成（Mintzberg，1987；Mintzberg，Ahlstrand & Lampel，1998）。这两类方法的特点不同，适用范围也各不相同。

　　分析性方法是人们最熟悉的方法，具有比较严谨的逻辑，学校的课程、各种培训班所讲授的内容基本上都采用分析性的方法。分析性方法的基本逻辑是：先思考、后行动，先制定、后执行（Mintzberg，1987）。该方法要求相关人员选择特定的设计，并优化其性能（Lester & Piore，2004）。

　　将分析性方法应用于商业模式创新，首先需要分析商业模式的构成要素，其次思考如何才能创新这些要素，使其更有利于增加企业与顾客的价值。例如，蒂斯（Teece，2010）认为，商业模式由选择嵌入到产品/服务中的技术和特征、顾客从消费/使用产品/服务中获利、进行市场细分并选定目标市场、确保可行的收入流、设计价值获取机制五个要素构成；阿米特和祖特（Amit & Zott，2012）认为，商业模式由内容、结构和治理三个要素构成；而布赫尔、艾泽特和加斯曼（Bucherer，Eisert & Gassmann，2012）认为，商业模式由价值主张、运作模式、财务模式和顾客关系四个要素构成。采用分析性方法的管理者若认可蒂斯（Teece，2010）关于商业模式构成要素的划分，则应先分析当前公司所采用的商业模式的具体技术与特征，采用标杆分析法（Benchmarking）的方法或市场调研的方法，与竞争对手的商业模式构成要素进行对比分析，识别出改进的目标，并完成改进，从而也就实现了商业模式的创新。同样的道理，若管理人员认可布赫尔、艾泽特和加斯曼（Bucherer，Eisert & Gassmann，2012）所识别的商业模式构成要素，则可以通过流程分析等方法，具体描绘出公司商业模式的运营流程，在此基础上对运营流程进行再造，以实现商业模式的创新。

解释性方法是一种与分析性方法截然不同的方法，尤其适用于解决动荡的环境下、问题的边界不能清晰界定、结果不明确的问题。在传统的学校教科书中，解释性方法非常少见，其中的一个重要原因就是解释性方法不具有逻辑性，无法给出一套完整的步骤或操作流程，更多的时候是强调做事情过程中的"灵光一现"（Mintzberg，1987）。解释性方法强调偶然性、随机性，难以应用于教学与组织培训中。解释性方法并非只是消极地等待、凭空思考，其更强调行动，在行动中学习。野中郁次郎和竹内弘高（Nonaka & Takeuchi，1995）给出了在行动中学习的具体方法，详细阐述了专门用于知识创造的"巴"在解释性方法中的基础性作用（Nonaka & Konno，1998）。

"巴"可以看作新出现关系的共享空间，这个空间可以是物理空间（如办公室、分散的企业空间）、虚拟空间（如电子邮件、电话会议）、心理空间（如共同的经历、思想和理想）或它们的任意组合（Nonaka & Konno，1998）。野中郁次郎和绀野登（Nonaka & Konno，1998）区分了四种类型的"巴"，分别是起始巴、互动巴、网络巴和练习巴，这四种类型的"巴"分别对应着社会化、外部化、组合化和内在化过程。魏江和刘锦（2006）描绘了它们之间的对应关系，如图 4 - 3 所示。

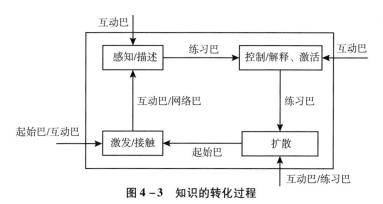

图 4 - 3 知识的转化过程

资料来源：丁浩，王炳成，曾丽君. 商业模式创新的构成与创新方法的匹配研究［J］. 经济管理，2013，35（7）：183 - 191.

与解释性方法紧密相关的是起始巴与互动巴。起始巴的基础行为在于"个体"与"个体"面对面地完成经验的共享（Nonaka & Konno，1999），是个体共享感情、心情、经历和心智模式的世界（Nonaka & Konno，1998），完成隐性知识到隐性知识的传递。而互动巴则通过互动对话、个体的心智模式和技能被转换为通用的词汇和概念（Nonaka & Konno，1998），在此巴中完成从隐性知识到显性知识的转换。

对商业模式创新而言，尤其是根本性商业模式创新，拥有创意的人员一开始往往只有一种感觉，通常是不成熟的，甚至是无法用语言来描述的，即隐性知识（只可意会无法言传的知识）。通过起始巴的面对面交流，通过比喻与类比，使其他人员首先理解自己的创意想法，其次通过对话巴的互动，通过互动中的"群体动力"机制，把创意想法用语言、文字、图像、表格、公式等形式表示出来，完成从隐性知识到显性知识的转移。在这两个巴中，对话会起到非常重要的作用。有时面对一个问题，大家一开始都没有解决的方法，通过对话互动，通过比喻、类比，群体动力机制可能会使相关人员出现"灵光一现"（创意也可能出现在对群体对话的回顾与思考中），提出具有全新创意的商业模式。

莱斯特和皮奥里（Lester & Piore，2004）指出，分析性方法与解释性方法差异很大，二者需要不同的世界观，在某些方面甚至截然相反。例如，分析性方法的视角是自上而下的，而解释性方法的视角则是自下而上的。分析性方法强调逻辑，要求按流程规定完成任务，但解释性方法却强调即兴创作，强调灵光一现。二者之间的详细比较如表 4-2 所示。

表 4-2 分析性方法与解释性方法的主要区别

分析性方法	解释性方法
关注焦点是项目，有明确的起始点和结束点	关注焦点是一个持续、开放的过程
目的是解决问题	目的是发现新事物，提出新想法
管理者设定目标	管理者设定方向
管理者通过会议协调不同观点，消除分歧	管理者组织对话，鼓励不同观点、探索不确定因素
沟通是大量信息的精确交流	沟通是动态的、依赖于语境的、不确定的

续表

分析性方法	解释性方法
采用因果分析模型，明确区分目的的手段	无法明确区分目的和手段
人具有完全理性，可以通过分析获取所有信息	有限理性，无法预知未来所有的事情
视角自上而下	视角自下而上
适用于环境稳定、边界可清晰界定、结果明确的问题	适用于环境动荡、边界不能清晰界定、结果不明确的问题
强调控制	强调授权
通过严谨的分析，按步骤完成目标	强调即兴创作，灵光一现

资料来源：丁浩，王炳成，曾丽君. 商业模式创新的构成与创新方法的匹配研究［J］. 经济管理，2013，35（7）：183－191.

丁浩、王炳成和曾丽君（2013）认为可以把解释性方法与分析性方法看作创新方法图谱上的两个类别，如图 4－4 所示。应当指出，虽然解释性方法与分析性方法二者之间非常不同，但二者并不是彼此孤立的存在，二者之间也存在着交互关系，即采用解释性方法时不能完全抛弃分析性方法，采用分析性方法时也不能完全抛弃解释性方法，二者只是应用中所占的比重不同而已。

图 4－4　创新方法图谱

资料来源：丁浩，王炳成，曾丽君. 商业模式创新的构成与创新方法的匹配研究［J］. 经济管理，2013，35（7）：183－191.

由于在商业模式创意阶段，对消费者的需求目标一般并不明确，满足消费者需求的方法也处于模糊的状态。此时只能是边行动边思考，在行动中与需求方对话，明晰需求方的真正需求，提出全新的解决方案，完成新商业模式的创意或发明，即明确顾客的价值主张与公司商业模式的价值创造逻辑（Teece，2010；Trimi & Berbegal－Mirabent，2012）。因此，与商业模式创意阶段相匹配的创新方法应是解释性方法。商业模式应用阶段则完全不同，消费者的需求已经明确，满足消费者需求的模式也已成形，只不过此时的模式一般不够精致，许多细节问题还未完全解决。此时可以通过业务流程再造（BPR）、价值工程（VE）等方法，分析商业模式的不足，进行修正与提高，以提高消费者的满意度，使消费者从新商业模式中获益，企业从新商业模式中获利，即实现新商业模式的价值传递与价值获取（Teece，2010；Trimi & Berbegal – Mirabent，2012）。因此，与商业模式应用阶段相匹配的创新方法应是分析性方法。

在此基础上，丁浩、王炳成和曾丽君（2013）把商业模式创新图谱与创新方法图谱结合成一个二维图形，二者之间的匹配关系如图 4 - 5（a）所示。如果把商业模式创新图谱分成四个类别，左端表示商业模式创意占主导，右端表示商业模式应用占主导，从左至右表示商业模式创意的成分逐渐减少而商业模式应用的成分逐渐增加。同样地，如果把创新方法图谱也分成四个类别，从下至上表示解释性成分逐渐减少而分析性成分逐渐增加。此时，商业模式创新与创新方法之间的匹配如图 4 - 5（b）所示。

如果商业模式创新图谱是连续而不是离散的，左端仍然代表商业模式创意，右端代表商业模式应用，从左至右表示商业模式创意的成分逐渐减少而商业模式应用的成分逐渐增加。同样地，创新方法图谱由下端的解释性方法占主导至上端的分析性方法占主导连续性变化，则商业模式创新与创新方法之间的匹配关系就会形成一个匹配带，如图 4 - 5（c）所示。

当企业的商业模式创新与创新方法的关系偏离匹配带时，如图 4 - 5（c）中的 A 点所示，表明企业目前的商业模式创新属于创意阶段，而其采用的方法却以分析性方法为主，此时企业很难取得较大的创意突破，而应以解释性方法为主导，如图中的 A′点所示。若企业处于图 4 - 5（c）中的 B 点，表明企业目前的商业模式创新处于应用阶段，而采用的创新方法却是解释性方法，这不利于企业解决商业模式应用中所遇到的问题，应改用分析性方法（如图中的 B′点所示）才能取得比较高的绩效。

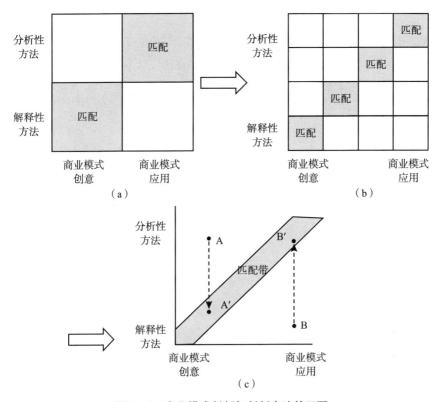

图 4 - 5　商业模式创新与创新方法的匹配

资料来源：丁浩，王炳成，曾丽君. 商业模式创新的构成与创新方法的匹配研究 ［J］. 经济管理，2013，35（7）：183 - 191.

4.2.2　其他学者关于商业模式创新过程的两阶段模型

索斯纳、特雷维尼奥 · 罗德里格兹和韦拉穆里（Sosna，Trevinyo - Rodriguez & Velamuri，2010）以新零售企业为研究对象，将新零售企业的商业模式创新过程划分为两个不同的阶段：第一个阶段为五年期的实验和探索阶段，第二个阶段为一个快速成长的应用阶段。他们认为，现实中新商业模式很少在第一时间发挥作用，因为决策制定者在探索和实施阶段都面临着困难。在探索阶段，当新商业模式的想法被概念化时，经理们面对着快速变化市场的不确定性和不可预测性，而且，他们已经形成了关于环境限制或不完美认知表现的心智模式，因而可能会被自己的"有限理性"所限制。在执行阶段，新商业模式也需要不断调整，需要决定如何动员稀缺的资源、开发独特的能力并调整组织结构来促进学习、变革和适应。索斯纳、特雷维尼奥·罗德里格兹和韦拉穆里（Sosna，Trevinyo - Rodriguez & Velamuri，2010）将组织学习视角应用于商业模式创新，不仅考虑了外部环境如何随着时间的推移影响商业模式的创建、发展和调整，还考虑了企业家的心理和情感特征，以及以前的知识库如何影响商业模式创新。

特里姆和贝尔韦加尔·米拉本特（Trimi & Berbegal - Mirabent，2012）根据布兰克（Blank，2006）的理论，将商业模式创新分为商业模式设计与动态试错两个阶段，认为一旦强大的商业模式设计出来，第二阶段就由它的应用构成。他们在研究中指出，商业模式创新表现为三种不同的方式。商业模式自身代表着一种创新形式（Mitchell & Coles，2003），这是第一种形式。这种形式的创新可以通过导入新的方法论或修改企业内部的运营来改进效率，但没有改变产品或服务的价值传递本质。第二种形式的商业模式创新是技术推动型，典型的发生在大企业中。这种方式可能包含较少的商业模式构成要素的改变，但可能成为更新企业的关键（Christensen，1997）。第三种形式的商业模式创新是需求拉动型，通过改变当前的商业模式来满足新顾客的需要和适应新的商业环境（Teece，2010）。

除了上述二阶段模型外，卡萨德斯·马萨内尔和里卡特（Casadesus - Masanell & Ricart，2010）在区分了战略、商业模式及战术这三个概念的基础上，引入了一个通用的两阶段竞争过程框架，分别为战略阶段与策略阶段，如图4-6所示。在第一阶段，企业选择"价值创造和价值获取的逻辑"（即选择其商业模式）；在第二阶段，根据目标的导向，做出战术选择（在大多数情况下，这需要某种形式的利益相关者价值最大化），因此这个阶段也可以称为战术阶段。其中，战略的目标是商业模式的选择，所采用的商业模式决定了公司在市场上与其他公司竞争或合作的策略。

图 4 - 6 两阶段竞争过程框架

资料来源：Casadesus – Masanell R，Ricart J E. From Strategy to Business Models and onto Tactics [J]. Long Range Planning, 2010, 43（2 – 3）：195 – 215.

乔晗、贾舒喆和张思等（2020）对商业模式二次创新的过程进行了分析，并将企业的商业模式二次创新划分为了适应创新与自主创新两个阶段，如图 4 - 7 所示。她们指出，部分中国互联网企业先是引入了国外先进的商业模式，然后根据本土环境特征进行了商业模式二次创新，追赶并超越了原型企业。他们通过选取支付宝作为典型案例，从内容主张、运行机制、关系治理和资金运转四个维度对企业商业模式二次创新过程进行描述和分析，并探究了其与制度环境的共演机制。研究发现，商业模式二次创新包含适应创新和自主创新两个阶段，存在适应式商业模式创新、探索式商业模式创新、协同式商业模式创新三种不同创新方式的演进。企业在将原型商业模式向新情境移植的过程中进行适应创新，首先，根据环境差异进行以内容维度为核心、其他维度与之配合的模式创新，直至推出适合在新环境中稳定运行的新商业模式；其次，企业在新商业模式与新环境的

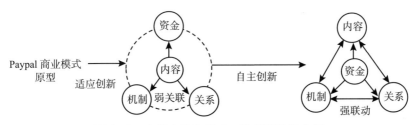

图 4 - 7 支付宝商业模式二次创新阶段分析

资料来源：乔晗，贾舒喆，张思，卢涛. 商业模式二次创新和制度环境共演的过程与机制：基于支付宝发展历程的纵向案例研究 [J]. 管理评论，2020，32（8）：63 – 75.

共同演化过程中进行自主创新，商业模式各维度同步调整并保持紧密配合，以期实现长期战略目标并与环境保持动态相宜。他们还通过不同的创新方式与制度环境的相互影响，进一步提炼出了"制度压力驱动企业进行商业模式适应创新""商业模式创新触发潜在的制度压力""商业模式自主创新引致制度环境变化"的作用机制。

4.3 商业模式创新过程的三阶段模型

4.3.1 王炳成等学者关于商业模式创新过程的三阶段模型[①]

王炳成、闫晓飞和张士强等（2020）在多年的研究后，更新了其认识，认为商业模式创新只分为商业模式创意与商业模式应用两个阶段是不充分的，有必要增加一个新的阶段，因而将商业模式创新划分为商业模式创意、商业模式应用与商业模式精益三个阶段，如图 4 - 8 所示。他们认为，商业模式创新过程开始于商业模式创意，商业模式创意包括发现商机和创意产生。在这一阶段，企业洞察到商业机会后会促进商业模式创意的产生，从而进入商业模式应用期。而商业模式应用期的创意倡导和创意实施过程中，经常会出现很多的问题，使得创意无法顺利实施，即可能会进入创意"搁置"状态。在创意实施阶段中，可能会发生企业信誉受损、口碑出现问题和消费者需求得不到满足等问题，这些问题又会反馈回商业模式创意期，表现为通过感知商机，修正、调整或者再设计最初的"创意原型"，使得最初的"创意原型"得到修正和完善，从而再次进入商业模式应用期。因此，商业模式创意期和商业模式应用期是相互作用、不断循环往复的过程。最后，经过商业模式创意期和应用期后，新的商业模式形成，但这并不代表商业模式创新过程的完结，新的商业模式也并不一定具有永久的持续性和盈利性。因此，必须在已形成的商业模式的基础上进行调整和完善，使得商业模式更加

---

① 本节内容主要来自：王炳成，闫晓飞，张士强，饶卫振，曾丽君. 商业模式创新过程构建与机理：基于扎根理论的研究 [J]. 管理评论，2020，32（6）：127 - 137.

精益。经历了这三个阶段才算是商业模式创新一个循环的完成，再次进入商业模式创新的另一个循环中。例如，淘宝曾被指出有商家卖假货的问题，信誉严重受损，但这并不代表淘宝的商业模式存在问题。为此，淘宝成立了打假团队、知识产权保护团队等，对假货进行严厉打击。在此基础上，淘宝建立了新的品牌业务——天猫，提高了卖家的准入门槛，对卖家及产品进行严格审核，从而很大程度上解决了淘宝出现的信任危机和信誉危机。可见，淘宝最初形成的商业模式并不是完美的，需要经过不断修正、调整、完善与再创新。

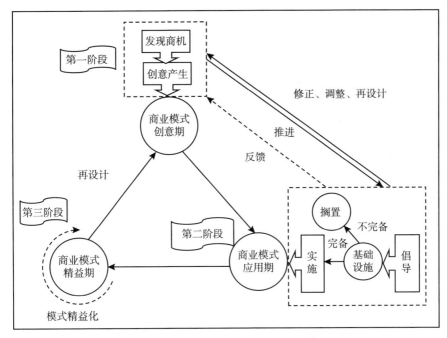

图 4－8　商业模式创新的过程阶段模型

資料来源：王炳成，闫晓飞，张士强，饶卫振，曾丽君. 商业模式创新过程构建与机理：基于扎根理论的研究 [J]. 管理评论，2020，32（6）：127－137.

商业模式创新各阶段对比如表 4－3 所示。

表 4 - 3   商业模式创新各阶段对比

项目	商业模式创意阶段	商业模式应用阶段	商业模式精益阶段
主要任务	发现商机和创意产生	创意倡导和创意实施	模式精益与完善
地位	基础环节	中心环节	必需环节
目标清晰度	目标模糊，没有清晰方向	目标清晰，有合理的量化标准	目标比较清晰，但与环境密切相关，客户需求等对目标影响较大
实现逻辑	自下而上，具有非程序性	自上而下，有系统实施方案，程序性特征鲜明	日常维护具有程序性，但根据环境继续进行的创新有非程序性
实现途径	主要通过人的能动性来实现	由人与其他硬、软件按照一定的逻辑解决问题来实现应用	紧随客户需求等由人、物配合来完成
方案	创意方案多样化	应用主方案唯一性	精益方案多样化且与时俱进
时间节点	没有明确的时间节点	有较为清晰的时间节点	没有明确时间节点，伴随着商业模式始终进行

资料来源：本书作者整理。

从表4-3中可以看出，商业模式创意没有特定的发生节点，没有明确的程序化规则，其核心概念甚至可能是比较模糊的。同时，科学技术的发展和人的能动性的发挥，又会使得商业模式创意比较多元化，人人都有可能发现新的商机，并根据自我认知形成新的创意构思。虽然，商业模式创意阶段是非程序化的，显得有些杂乱无章，但商业模式创意阶段在商业模式创新的过程中却应居于基础性的地位。

当商业模式创意被提出并得到认可后，就进入了应用期，需要相关人员进行程序化的设计，为其制定一系列的流程和规章，确保工作人员可以执行。同商业模式创意阶段相比，商业模式应用阶段除了拥有程序化的特征外，还在众多创意方案中确定了最优创意后，制定了唯一的主方案。商业模式创意的产生没有特定的时间节点，但在商业模式应用中，由于有了确定的方案，因此在实际应用中都会有一个明确的时间点（时间周期）。再好的商业模式创意如果无法得到应用，那么依然体现不出它的价值，因此，商业模式应用在商业模式创新过程中是一个中心环节。

商业模式精益阶段是商业模式创新过程中的一个必需环节，是在已有商业模式应用基础上的进一步完善，目标比较清晰，但与环境密切相关，客户体验与技术进步等对其影响较大。商业模式精益阶段结合了商业模式创意阶段的非程序化特征和商业模式应用阶段的程序化特征，具体体现在，日常维护具有程序性特征，但根据环境继续进行的创新具有非程序性特征。相应地，商业模式精益阶段也没有明确的时间节点，伴随着商业模式运行的始终，尤其是对于新经济企业而言，他们对于科技的依赖度和敏感度更高。而在技术更迭较为快速的时代背景下，新经济企业的生存环境也在不断改变，他们需要不断精益来提升现有的商业模式，使其符合新的市场环境。粗略一点来看，可以将商业模式精益并入到商业模式应用中，但这样会淹没已成形的新商业模式的一些细节的修改，这些修改虽小，但对顾客体验却影响极大，因此王炳成、闫晓飞和张士强等（2020）认为，有必要将该阶段从商业模式应用阶段中独立出来。

王炳成、赵静怡和王滋承（2022）对上述三阶段模型进行了应用。他们以社会交换理论、马斯洛需求层次理论及认知失调理论为基础，运用结构方程模型与 Bootstrap 相结合的方法，探讨了心理契约违背对商业模式创新的影响路径。他们在研究过程中，采用了王炳成、闫晓飞和张士强等（2020）的商业模式创新三阶段模型，将商业模式创新分为了创意、应用和精益三个构面进行分析。他们在文中指出，由于商业模式创意、应用和精益三者并不是一种线性关系，经常是交织在一起的，即创意阶段往往伴随着应用与精益，而在将创意应用于实践中时，又经常会出现"灵光一现"的情形，产生新的创意，进而对原计划的商业模式进行调整。

4.3.2　其他学者关于商业模式创新过程的三阶段模型

部分学者关注了新创企业的商业模式创新过程，也采用了三阶段模型进行分析。例如，王迎军和韩炜（2011）运用多案例研究的方法，以新创企业商业模式的生命周期为参考，提出了新创企业商业模式构建的三个阶段，分别为青春期、调整期和稳定期。在青春期阶段，新创企业的市场定位、经营过程与利润模式等商业模式要素较不稳定，而随着它们之间的互动调整，借助商业模式各要素间的互动，新创企业在不断调整商业模式的活动与联系以解决不确定性问题的过程中，逐渐消除了各要素的不确定性，构建了可持续的商业模式，并引领新创企业进入到稳定期。在稳定期，新创企业的任务侧重于如何增强商业模式的稳定性，这是新创企业走向成熟的关键转折点。当新创企业的商业模式能够确保在目标市场上形成一定规模的销售额，并凭借稳固的供应商、渠道商关系及可重复的业务流程获得可持续的收益时，就意味着新创企业的创业构想得以实现，新创企业的失败风险也随之逐渐降低，推动新创企业转入成熟企业的成长阶段。

在此基础上，本书以张敬伟和王迎军（2014），以及王迎军和韩炜（2011）提出的概念模型为理论工具对新创企业商业模式构建过程进行了理论解读，依据案例企业成长过程的相似性，将新创企业商业模式的形成过程划分为启动、重构与确立三个阶段，并指出这三个阶段之间存在转换关系，从而揭示了新企业从初始机会假设的实际验证，到商业机会的反思和确认，再到商业机会的挖掘和利用的动态过程，如图 4-9 所示。其中，启动阶段以检验初始商业模式假设为主要任务，是新创企业首次进入市场后的探索过程。创业者（团队）希望将自己最初认定的商机转化为利润，尝试围绕该商机构建企业的基础架构，形成商业模式的雏形，通过各种尝试和调整，降

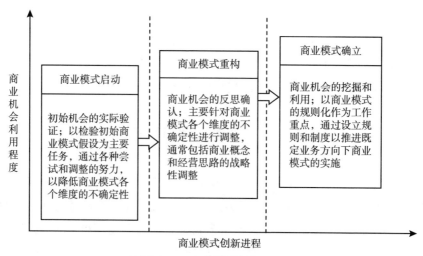

图 4-9　商业模式创新阶段

资料来源：本书根据张敬伟，王迎军. 新企业商业模式构建过程解析——基于多案例深度访谈的探索性研究［J］. 管理评论，2014，26（7）：92-103 的观点绘制。

低商业模式各个维度的不确定性。重构阶段通常包括商业概念和经营思路的战略性调整，单一或多个维度的调整将引发不同维度之间的互动调整与适应。重构阶段的一个显著特点是，创业者会有意识地降低商业模式某些维度的不确定性以提高生存概率，同时利用某些维度的不确定性以发掘和利用更为有利可图的市场机会（从而对市场定位进行主动调整）。而新创企业在落实既定市场定位的过程中，会逐渐过渡到商业模式确立阶段，该阶段以商业模式的规则化为重点，新创企业开始注重对既定商机的挖掘和利用，通过制度化和规则化提高经营稳定性，降低商业模式要素的不确定性，使之达到稳定、可持续的状态。

还有一些学者在研究过程中也将商业模式创新过程分为了三个阶段。例如，阿米特和祖特（Amit & Zott，2020）在 IDEO 公司设计流程的启发下，指出可以通过观察现有商业模式、综合并生成新解决方案、整合商业模式观点、评估可选方案并模拟最优项、创造匹配性、克服障碍并管控风险等具体步骤实现商业模式创新，并将其归纳为不断学习试错的构想、迭代和实施三个阶段，如图 4 - 10 所示。

图 4 - 10 商业模式创新的三阶段模型

资料来源：本书作者根据阿米特和祖特（Amitt & Zott，2020）的研究绘制。Amit R，Zott C. Business Model Innovation Strategy：Transformational Concepts and Tools for Entrepreneurial Leaders [M]. Hoboken，New Jersey：Wiley，2020.

项国鹏、魏妮茜和韩蓉（2020）以互联网企业为研究对象，探讨了其商业模式演化的过程。他们在研究中指出，社群的出现改变了企业与用户之间的供求连接方式，已成为互联网创业企业突破在位企业的成熟商业模式，实现迭代式商业模式创新的重要抓手。社群驱动下的互联网创业企业商业模式呈现出阶段性演化特征。伴随社群的成长与发展，商业模式经历了由物质连接打通双边市场、形成市场适应型商业模式，到情感连接聚合多变用户、形成技术驱动型商业模式，到生态连接创造社群红利、形成社群生态型商业模式的递进演化过程。

4.4　商业模式创新过程的其他多阶段模型

有学者认为创新的过程阶段可以在创意的发起与创意的实施两个阶段的基础上再进一步进行细分。例如，马杰罗（Majaro，1988）更关注创意产生这一阶段，将创新分为想法的产生、筛选创意、创意的可行性分析与创意实施四个阶段；坎特（Kanter，1988）则将创新的过程分为创意的产生、建立联盟、想法的实现和迁移与扩散四个阶段，这种阶段的划分涵盖了创新从产生到实现再到溢出扩散的全过程，因此被学者们广泛应用，是众多阶段模型的基础。在坎特（Kanter，1988）的创新阶段模型的基础上，德·琼（de Jong，2007），以及德·琼和邓·哈托格（de Jong & den Hartog，2010）的模型增加了机会探索阶段，删除了迁移与扩散阶段，并将创新过程划分为机会探索、想法产生、想法倡导与想法实施四个阶段。

欧克斯（Oukes，2010）在研究中，将新商业模式的想法探索和想法生成两个子阶段合并成了商业模式创意阶段。他认为，商业模式创新一般开始于新想法的探索，进行问题的识别和初步分析，如寻求改善当前的商业模式的某个要素、流程或尝试用新的方式思考它们。接着，新想法产生了，可能是"灵光一现"，突然的启发（de Jong，2007），产生了新的与商业模式的要素、流程等相关的概念。

进一步地，欧克斯（Oukes，2010）把想法的倡导和想法的实施两个子阶段合并为商业模式应用阶段，如此将四阶段的商业模式创新过程简化为商业模式创意与商业模式应用两个阶段，如图 4-11 所示。这种划分方法，基本上与多伦布施、范恩金和韦尔哈根（Dorenbosch，Van Engen & Verhagen，

2005），以及康、马哈茂德和鲍里斯（Kheng，Mahmood & Beris，2013）、克劳斯（Krause，2004）等的研究一致。

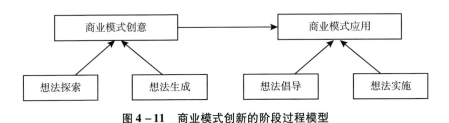

图 4 - 11　商业模式创新的阶段过程模型

资料来源：Oukes，T. Innovative Work Behavior：A Case Study at A Tire Manufacturer ［D］. Bachelor Thesis，Business Administration，University of Twente，2010.

需要指出的是，创新的多阶段理论认为创新过程包含多个阶段，是一个从想法产生到实施的复杂过程，这一过程并非毫无阻力（Ford，1996），会受到资源、技术和动机等多种因素的影响（Harvey，2014），所以很多创新性想法止步于起步阶段，并没有得到实施。而对于商业模式创新来说，新商业模式创意的顺利应用似乎是更为重要的一个环节，实践中颇具创意但却没有顺利得到应用以至于新商业模式"胎死腹中"的案例并不少见。除了外部环境变化及竞争激烈外，无法将新商业模式创意转化或者无法顺利推动新商业模式持续应用成为新创企业难以存活的重要原因。

可见，商业模式的实施是新商业模式形成中非常重要的环节，卓有成效的实施对商业模式创新来说至关重要。因此，部分学者对于新商业模式创新过程的划分更关注实施或应用等阶段。例如，卡瓦尔坎蒂、凯斯廷和尤克杰（Cavalcante，Kesting & Ulhoi，2012）把商业模式创新过程划分为商业模式产生、商业模式推广、商业模式调整和商业模式终结四个阶段。萨尔马和孙（Sarma & Sun，2017）结合制度创业过程将商业模式创新过程重新定义为差异化、动员、合法性及共生四阶段。尚好（2020）进一步将萨尔马和孙（Sarma & Sun，2017）的商业模式创新过程明确为差异化、动员联盟、维持变革以及共生四个阶段，每一阶段分别对应着不同的合法性诉求。

也有学者认为企业的商业模式创新的过程是一个个体和组织不断学习的过程，因此更加注重新商业模式应用过程中的调整。例如，索斯纳、特雷维尼奥·罗德里格兹和韦拉穆里（Sosna, Trevinyo – Rodroguez & Velamuri, 2010）认为，商业模式开发是一个试验过程，这个过程是以不间断的试错学习为基础的。据此，他们提出了商业模式创新实施的四个步骤：第一步是初始商业模式的设计和测试，第二步是商业模式的开发过程，第三步是精练和改进商业模式的过程，第四步是通过组织学习保持商业模式成长的过程。

在布赫尔、艾泽特和加斯曼（Bucherer, Eisert & Gassmann, 2012）的研究中，把商业模式创新过程分为分析、设计、实施和控制四个阶段，如图 4 – 12 所示。他们认为，分析阶段可能持续几年，如当经理们观察到他们的传统商业模式逐渐处于压力之下时。而在设计阶段，各种替代性的解决方案被开发出来，随后的可行性研究就非常关键。整体上来讲，设计阶段是一个迭代的过程，但这个阶段看起来是一个连续的、耗时相对较少的阶段。实施阶段一般时间较短，此时老的商业模式被替代，这个阶段必须快速发生，以避免在市场中引起混乱。最后是控制阶段，包括成功的控制和所有的内外部变革的监督，是一个持续的活动。布赫尔、艾泽特和加斯曼（Bucherer, Eisert & Gassmann, 2012）还认为，创新过程中一个反复出现的核心要素是试验，这可能发生在一个有限的地理测试市场中或发生在一个仔细选择的试验顾客群中。如果新模式成功了，它将被逐步推出。

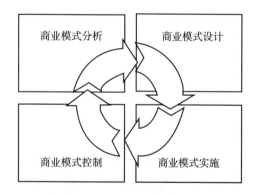

图 4 – 12　商业模式创新过程阶段模型

资料来源：本书作者根据布赫尔、艾泽特和加斯曼（Bucherer, Eisert & Gassmann, 2012）的研究绘制。Bucherer E. , Eisert U. , Gassmann O. Towards Systematic Business Model Innovation：Lessons from Product Innovation Management ［J］. Creativity and Innovation Management, 2012, 21（2）：183 – 198.

除了二阶段、三阶段与四阶段模型，奥斯特瓦尔德和皮尼厄（Oster-
walder & Pigneur，2010）提出了商业模式设计过程的五个阶段模型，分别是
动员阶段（准备一个成功的商业模式设计项目）、理解阶段（研究与分析商
业模式设计所需的要素）、设计阶段（产生与检验可行的商业模式并选择最
好的一个）、执行阶段（在相关领域执行一个商业模式原型）及管理阶段
（根据市场的反应来采用或修正商业模式），如图 4 - 13 所示。他们认为，
这五个阶段不是线性的，尤其是理解与设计阶段，经常是并行的，不具有先
后顺序。而商业模式的原型起始于理解阶段，但在设计阶段也会产生新的创
意，从而回到理解阶段。

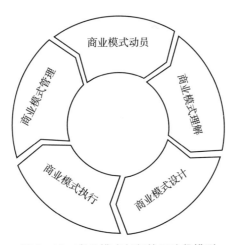

图 4 - 13 商业模式创新的五阶段模型

资料来源：本书作者根据奥斯特瓦尔德和皮尼厄（Osterwalder & Pigneur，2010）的研究绘制。
Osterwalder A，Pigneur Y. Business Model Generation：A Handbook for Visionaries，Game Changers and
Challengers［M］. New Jersey：John Wiley & Sons，2010.

可以看出，目前关于商业模式创新过程阶段的划分并不一致，且缺乏能
被普遍接受的理论模型（齐二石和陈果，2016），但大体来说，商业模式创
新都经历了由商业模式创意的提出到创意的执行再到进一步完善的过程。实
践中，通过商业模式创新构建竞争优势的企业不胜枚举，实例 4 - 1 以美团
为例，可以看到其商业模式创新这一复杂过程。

实例 4 - 1　美团的突出重围

王兴最初将美团定位为新型团购网站,其最大的特点是每天只卖一"件"商品,一周只上七个单,涉及吃喝玩乐各个方面,且折扣很大。不过王兴没能逃出 Copy to China 的评价,与校内网、饭否一样,美团被媒体形容为外国产品的山寨:从盈利模式到功能规划与页面设计,均复刻了明星创业公司 Groupon。在 Groupon 的巨大光环下,竞争随之而来,窝窝团、F 团、拉手网等竞争对手纷纷出现,市场上一度超过了 5000 家团购企业。

竞争企业一方面发起广告大战,疯狂在线下投放广告;另一方面为了争取与更多商户合作,团购企业开始做预付包销,让商家将优惠订单投放到自己的网站上,这对美团的销售影响很大。但美团并没有参与广告大战,也没有迅速跟进预付包销的合作方式,而是把重心移向网络营销,谨慎处理现金流和风险控制。同时,王兴把资源放在了调整和改进产品上,降低获客及留客成本,同时优化复杂的后端系统。由于当时几乎每天都有团购企业"阵亡",餐厅与商业的大笔款项在转账过程中被搁置,美团因此首创了自动化支付机制,让款项能更快地转入商家手中,从而建立了庞大的用户网络。

到了 2013 年,中国有史以来最猛烈的"千团大战"尘埃落定,最终存活下来的企业分别是美团、大众点评和糯米网。美团也已经撕掉了团购起家的标签,业务不断扩张,从高涨的电影票房、热火的外卖生意、庞大的旅游市场拓展到了兴旺的 O2O 服务业。

2015 年美团与大众点评合并,并于 2018 年成功上市。美团作为最大的餐饮外卖平台,以 Food + Platform 为战略核心,通过一个平台支撑多品类的业务,实现在各品类之间的交叉营销,实现了完整 online-offline 闭环:通过吃来吸引和保留用户,延伸至出行、差旅、娱乐和购物等其他品类,覆盖整个消费周期。

资料来源:杨阳."深度"美团创业简史:八年与八个关键词 [EB/OL].界面新闻,2018 - 09 - 20.

美团始于 Groupon 团购的商业模式创意，然而在中国本土化应用的过程中，却逐渐偏离最初的"团购模样"，为了适应中国市场的特点和需求，美团避开了竞争过程中的"烧钱游戏"，专注于调整和改进产品，同时优化复杂的后端系统，首创了自动化支付机制，不断改进其商业模式。即使在成为"三大巨头"之后，王兴也没有停下脚步，而是进一步扩张，不断地进行组织调整，让美团成为一个综合性的生活服务提供商。

4.5　本章小结

党的二十大报告明确提出，必须坚持创新是第一动力。本书作者认为，只有在对商业模式创新过程形成清晰认识的基础上，企业才能有效地开展商业模式创新活动，并更好地发挥商业模式创新促进企业和社会经济发展的动力作用。尽管当前学术界对于商业模式创新的过程阶段仍存在争议，但都认为商业模式的形成是一个动态、持续变化的过程。一个新商业模式的形成并非是一个"突然"出现的结果，而是一个缓慢、持续调整的艰难过程。总结来看，商业模式创新过程无论划分为两阶段、三阶段或更多阶段，实质上均至少经历了商业模式创意的产生、商业模式创意的应用及商业模式的精益三个阶段，这为今后的学者们的研究提供了一定的思路和参考。

讨 论 题

1. 简述商业模式创新的不同视角及其主要观点。

2. 结合本章内容，你认为商业模式创新的过程是如何实现的？请结合具体案例来对商业模式创新的实现过程进行思考与划分。

3. 思考一下，你会将商业模式创新的过程划分为哪几个阶段？为什么这么划分？

案例分析题

实例 4 - 2   陕西鼓风机集团商业模式的演化

在"推广陕鼓模式,深化服务型制造助力产业强市建设"的启动仪式上,记者纷纷向陕西鼓风机(集团)有限公司董事长李宏安发问:"陕鼓模式"是什么?陕鼓模式成功的秘诀有哪些?

"这还真不能用一两句话说清楚。'陕鼓模式'是一个不断探索和丰富的过程,它涵盖了服务理念的转变、管控体系的变革、机制体制的创新、科创研发的投入、产业结构的优化及融入双循环新格局的协同发展等。从传统生产型制造向现代服务型制造转变,是陕鼓战略落地和构建核心竞争力的重要抓手,更是陕鼓迈向新时代的重要标志。以客户需求为导向,从单一产品供应商向分布式能源领域系统解决方案提供商和系统服务提供商转变,是陕鼓转型的核心思想。"李宏安回答道。

密码 1:以客户需求为导向

"你们陕鼓是造钟、鼓的吗?"10 多年前,陕鼓的工作人员经常被问到这样一个尴尬的问题,这背后折射出了老国企转型前的无奈。陕鼓集团的前身是 1968 年成立的陕西鼓风机厂,直到 20 世纪末还只是一家主要生产压缩机、鼓风机的设备制造商。随着市场竞争越来越激烈,老路子越走越窄。逆水行舟,不进则退,改革转型势在必行!

从建厂之初到 2000 年,陕鼓是生产什么就卖什么,主要关注产品与技术发展。李宏安说:"当认识到市场和客户的价值需求时,陕鼓开启了从 2001 ~ 2015 年的第一轮转型,在这一阶段,陕鼓主要关注企业与用户价值共创,聚焦品牌声誉,以动力设备为圆心进行同心圆放大,为用户提供包括工程、服务、运营和金融等延伸业务,在专注自己产品的同时,关注用户的显性需求及隐形需求。"

之后，在 2016 年，陕鼓基于 50 余年的能源基因，将战略聚焦于分布式能源，以"要为客户找产品，不为产品找客户"的市场价值观，开启了第二轮深化服务型制造转型，主要以"为客户提供分布式能源系统解决方案"为圆心，构建了设备、EPC、服务、运营、供应链、智能化、金融等"1+7"模式的系统解决方案，为客户创造了更大的增值服务。在该阶段，陕鼓主动将可持续目标嵌入到核心价值主张中，打造了智慧绿色能源生态系统，推动了产品与供应链环节的可持续发展。

密码 2：聚焦主业持续创新

"我们的服务型制造转型不是照本宣科，而是紧跟政策和行业发展趋势，瞄准客户需求，聚焦主业的持续创新。"李宏安说。陕鼓持续加大研发投入，仅 2021 年，陕鼓装备制造研发总投入占比就达到了销售收入的 11.39%。近年来，陕鼓的研发创新成果集中涌现，专利申请数量呈爆发式增长，多项核心单点技术、系统技术达到国际先进或领先水平，斩获诸多国际大奖；在大型空分、大合成氨、大乙烯、大硝酸四合一等领域，科技成果达到或超过国际先进水平。

陕鼓积极推进国有企业改革，2021 年，完成了外部董事占多数的专项改革任务，积极推行经理层成员任期制和契约化管理，公司治理发生重大转折，激发了企业发展的内生动力。"通过'归零赛马+揭榜挂帅'，建立了企业中长期激励约束机制，确保了企业实现平稳健康发展。"李宏安说道。

密码 3：智慧低碳引领绿色转型

建设绿色制造体系、加强绿色低碳重大科技攻关和推广应用等，是实现"碳达峰""碳中和"目标，是陕鼓多年来发力创新和推广应用的主攻方向。陕鼓通过"能源互联岛"，为众多服务对象提供技术和系统解决方案，打造了全球行业内万元产值能耗最低、排放最少的智能制造基地。这样的系统技术和系统解决方案，已在流程工业、智慧城市、"一带一路"、军民融合等领域得到了广泛的应用。

资料来源：张端. 促进现代服务业和先进制造业深度融合探寻"陕鼓模式"的成功密码 [EB/OL]. 西安新闻网，2022 - 05 - 06.

阅读上述案例，回答以下问题：

1. 结合本章内容，你认为该企业的商业模式创新过程是如何实现的？

2. 你认为该企业的商业模式创新的过程可划分为哪几个阶段？每个阶段的特点是什么？

第 5 章

商业模式创新者

引 言

　　企业要想在竞争激烈的外部环境中获取持续的竞争优势，商业模式创新是一个重要的途径，而要实现商业模式创新就离不开创新者的作用。虽然目前学术界对商业模式创新进行了较为充分的探讨，但对于新商业模式是如何形成的，谁在商业模式创新中起着主导作用，学术界目前还存在着争议，这也是本章所要探讨的关键问题。

学习目标

学习本章内容后，你将能够：

- 了解新商业模式的形成机制。
- 认识商业模式创新的自发生成观与理性创设观。
- 理解商业模式创新的涌现观。

　　本章简要介绍了当前学术界关于商业模式创新者的相关观点。在此基础上，首先运用奥地利学派经济学家哈耶克（Hayek，1949）的知识分散理论、西蒙（Simon，1957，1991）的有限理性理论和亚当·斯密（Adam Smith，1776）的经济人假设，分析了两种新商业模式形成的机制，即理性创设观与自发生成观，并结合明茨伯格和惠廷顿关于战略流派的分析，指出了自发生成观的合理性；其次采用涌现理论，分析了新商业模式的涌现；最后论证得出了商业模式创新中必须重视的动力源泉——企业的中基层管理人员，并分析了高层管理人员在商业模式创新中的作用。

5.1　谁是商业模式创新者的不同观点

党的二十大报告指出，功以才成，业由才广。优秀的创新人才（创新者）是企业能够成功实现商业模式创新的关键保障。然而，与战略研究中谁才是真正的战略制定者的争论相似，当前学术界关于谁才是真正的商业模式创新者存在两种不同的观点。第一种观点认为商业模式创新者是企业高层管理人员，强调新商业模式是由组织的高层管理人员或精英人士构建与设计出来的（Velu & Jacob，2016；赵宇楠、井润田和董梅，2019），普通员工通常只是新商业模式的适应者和实施者。第二种观点则认为商业模式创新者是中基层管理人员，强调新商业模式是组织中各个成员基于市场环境信息而做出的适应性调整，强调商业模式创新是群体共同努力的结果（王炳成、范柳和高杰等，2014）。

5.1.1　商业模式创新者是高层管理人员

部分学者认为，商业模式创新只能由企业的高层管理人员完成，特别是总裁或 CEO，而中基层员工只是被动的执行者，就如海耶斯和皮萨诺（Hayes & Pisano，1994）在分析美国汽车制造业时所指出的，企业高管负责"动脑"，中基层员工负责"动手"，属于典型的"手脑分离"状态。

卡瓦尔坎蒂、凯斯廷和乌尔禾（Cavalcante，Kesting & Uihoi，2011）认为高层管理人员是商业模式创新及现有商业模式扩展的驱动力量，新商业模式的发现、设计和实施都需要高层管理人员具有敏锐的市场洞察力、旺盛的创业精力等（Chesbrough & Rosenbloom，2002；Gambardella & McGahan，2010）。并且在商业模式创新的过程中，高层管理人员的认知也发挥了重要的作用。高层管理人员的认知能够强烈地影响组织过程的创造和发展，并在商业模式创新的动态过程中起到中心作用（Laudien & Daxbck，2017）。丁小洲、郭韬和曾经纬（2023）基于高阶理论和战略认知理论，探讨了创业者尽责性和亲和性的人格特质对创业企业商业模式创新的影响，研究表明，高尽责人格的创业者会更为主动地发现企业在成长过程中出现的问题，并从问题中识别机会，为商业模式创新提供更多的资源和能力；创业者的亲和性人格能够促进企业创新导向的产生，更利于企业建立稳定、和谐的内外部连接，促进企业对商业模式创新机会和资源的挖掘及利用。长青、郭松明和马萍等（2021）通过探索性单案例研究得出，主导逻辑作为管理者感知外部情境的认知桥梁，因其呈现出较强的能动性使得组织可以快速捕捉外部机会情境信息，并进行内部战略响应与更新，从而能够对企业的商业模式创新产生积极影响。

可以看出，相当一部分学者认为高层管理人员在企业的商业模式创新中发挥着关键作用，是真正的商业模式创新者。明茨伯格、阿斯特兰和兰佩尔（Mintzberg，Ahlstrand & Lampel，1998）关于设计学派、计划学派、定位学派、企业家学派等学派的分析也表示，这些学派认为战略（商业模式）的真正制定者是企业的高层管理人员。

5.1.2　商业模式创新者是中基层管理人员

由于竞争环境永远在变化，组织需要持续保持警惕，其商业模式也必须随着时间的推移进行必要的调整和加强（Euchner & Gangula，2014）。这意味着，企业的商业模式必须进行改变，通过定期调整以适应不断变化的环境。这种渐进性调整的方法是充满困难的，需要组织结构、信息系统、流程、文化和人员在各个层面提供支持（吴晓波和赵子溢，2017），其中，企业内部的人力资源是商业模式创新成功的一个重要因素（汪志红和周建波，2022）。商业模式创新的基础是创意，范德温（Van de Ven，1986）认为员工具有开发、携带、响应和修改创意的能力，员工的特征和行为会触发和促进创新。企业创新依赖于团队的创造力，而团队的创造力又依赖于个人的创造力（Woodman，Sawyer & Griffin，1993）。盖茨和罗宾逊（Getz & Robinson，2003）的研究表明，组织中80%的新想法是由雇员创造的。每天面对着生产流程的雇员对于识别问题、创造解决方案和在工作场所中真正实施创意具有根本性的作用（Spiegelaere，Gyes & Hootegem，2012）。因此，员工在商业模式创新中的角色也发生了转变，应从关注他们作为新商业模式的被动执行者转变为新商业模式本身的建设者（Zejnilovic，Oliveira & Veloso，2012）。王炳成、范柳和高杰等（2014）关于新商业模式形成的自发生成观，野中郁次郎和竹内弘高（Nonaka & Takeuchi，1995）的"创造知识的企业"，拉佐尼克（Lazonick，1990）的"车间的竞争优势"等，都充分体现了企业的中基层管理人员的作用。

　　从新创企业的角度看，初期人员较少，而且很多创业者就是因为发现了市场潜在的机会或开发了新的技术才独立创业。在创业过程中，事必躬亲，亲力亲为，亲自参与创意的实施或技术开发，亲自跑市场联系客户，因而他们对新公司的商业模式形成当然会起到决定性作用。因而对于初创企业而言，高层管理人员尤其是创业者，必然也是商业模式创新者。对于成型的中大型公司而言，商业模式创新是复杂的，即使最高管理层进行了详细的部署和动员，也经常只是停留在愿景或试验阶段。大量的实践和研究表明，要想使新商业模式从想法走向实施，企业需要充分发挥员工的潜在资源和能力。蒂德和贝赞特（Tidd & Bessant，2009）指出，企业里的每个员工都存在着实现创新的潜能，而员工们潜能的集合则意味着企业也存在着巨大的创新能力。虽然每个员工能为企业创新作出的贡献是有限的、微小的，但积少成多，量变引起质变，企业可以依靠员工的共同努力实现创新。明茨伯格、阿斯特兰和兰佩尔（Mintzberg，Ahlstrand & Lampel，2010）认为，企业的领导者应把自己的任务界定为"唤醒那些与组织有关系的人的知识、技能和创造力""领导者尤其应善于挖掘出那些本不想参与讨论的组织成员的智慧并提高他们的参与度""领导者应把自己的工作界定为：找到并释放每个组织员工所具有的创造性潜能"[①]。因此，高层管理人员的任务就是对企业中的分散知识做最有效的利用（Kirzner，1992），充分发挥中基层员工的潜能，从而促进商业模式创新（王炳成，2016）。

---

① Mintzberg H，Ahlstrand B，Lampel J. Management? Is't not What You Think！[M]. Pearson Education，Inc.，2010.

5.2　基于自发生成观与理性创设观的商业模式创新者分析①

5.2.1　新商业模式形成的自发生成观与理性创设观分析

新商业模式的形成机制有两种不同的观点，分别是自发生成观与理性创设观，其对应着明茨伯格、阿斯特兰和兰佩尔（Mintzberg, Ahlstrand & Lampel, 1998）的研究，并与演化经济学中社会制度的形成过程相对应。若将企业内的各个部门看作是社会的各个部门，则企业的商业模式就等同于社会制度，只是企业的商业模式相比于社会制度更加微观。

在演化经济学中，社会制度的形成一般有两种观点，分别是自发生成观和理性创设观（顾自安，2011；韦森，2005）。自发生成观最早出现在休谟（Hume）和亚当·斯密（Adam Smith）的作品中，而最具影响力的当代阐述则来自哈耶克（Knight, 1992），后来在纳尔逊和温特（Nelson & Winter, 1982）等学者的努力下逐渐系统化。自发生成观认为，社会制度的生成动力源于人类行为中对冲突和竞争行为的自发性适应与协调，其表现为单个社会创新者对外部社会环境变化的一种适应性调整，而不是一个在群体层次上"有意识行为"的结果（顾自安，2011）。理性创设观则认为制度的形成是经由社会精英构思、设计出来的，普通的社会民众只不过是制度的被动接受者与适应者，制度的形成与普通社会民众无关。理性创设观经由韦默（Weimer, 1995）等学者的努力而逐步系统化。

社会制度的形成的这两种观点，在相对微观的企业中也同样存在，表现为企业界人士与学者对于企业内部管理制度形成的不同认知。对于本章的研究内容而言，则直接表现为人们对新商业模式形成机制的认识。

实质上，经过仔细分析就可以发现，就社会制度或商业模式而言，无论

---

①　本节内容主要来自：王炳成，范柳，高杰，等. 新商业模式的形成机制研究［J］. 经济问题探索，2014（4）：174 - 179. 并进行了必要的调整与修改。

是自发生成观还是理性创设观，其背后的理论基础都是有限理性理论（Bounded Rationality）、知识分散理论（Dispersal of Knowledge）和经济人假设（Economic Man）。人们对这三个理论的认知不同，就产生了关于新商业模式形成机制的自发生成观与理性创设观两个流派。

（1）有限理性理论。西蒙（Simon，1957，1991）指出，人虽然始终在追求完全理性，但却只能达到有限理性。由于有限理性，人们不可能预知未来所有可能发生的事情。这个观点得到了人们的广泛认同，普遍认为完全理性只可用于理论分析，并不符合实际。

（2）知识分散理论。哈耶克（Hayek，1949）对个体与知识的关系进行了探讨，他认为，每个个体所拥有的知识和信息是不同的，没有任何一个个体能够拥有全部的知识或信息，即知识与个体分散存在。例如，哈耶克（Hayek，1949）指出：各种具体情形的知识，绝不是以集中或整合的形式存在，而是表现为所有分散的个体各自所掌握的不完全的且常常是相互矛盾的分散性知识片段。这个理论也得到了人们普遍认同。

（3）经济人假设。经济人假设起源于史密斯（Smith，1776）的劳动交换理论，认为人的本性是懒惰的，其行为动机源于经济和权力。与后来麦格雷戈（McGregor，1960）的人性理论相比较，经济人基本上与 X 理论相一致。简单地说，经济人就是在生活工作中追求自我利益、趋利避害的人。虽然经济人假设受到了众多批判，而且麦格雷戈（McGregor，1960）也认为人应该成为 Y 理论的人，但现实中，绝大多数人还是趋利避害的。

上述三个理论揭示了新商业模式形成机制的背后机理，人们对这三个理论的不同认知，也就产生了新商业模式形成的两种不同的观点，根据王炳成、范柳和高杰等（2014）的研究，商业模式创新的形成机制可以分为四种类型，如表 5-1 所示。

表 5-1　　　　　　　　　　　新商业模式的形成机制

类型	有限理性	知识分散	自利本性（经济人）	新商业模式的形成机制
类型 Ⅰ	×	√	√	理性创设
类型 Ⅱ	√	×	√	理性创设

续表

类型	有限理性	知识分散	自利本性（经济人）	新商业模式的形成机制
类型 Ⅲ	×	×	√	理性创设
类型 Ⅳ	√	√	√	自发生成

注：√表示该维度存在，×表示该维度不存在。

类型 Ⅰ 表示各种构成新商业模式的知识存在于不同的员工个体中，员工在工作中也具有追求自我利益的本性，但企业的高层管理人员具有完全理性，能够预见新商业模式在未来的实施中可能发生的所有事情。因此，企业高层管理人员在创新或引入新商业模式时就能够预先作好各种安排，避免将来可能出现的各种问题。此时，新商业模式可以通过理性创设的方式形成，商业模式创新过程可由高层管理人员完成，换句话说，商业模式创新是高层管理人员的职责。

在类型 Ⅱ 中，企业的高层管理人员只具备有限理性，不能预见到新商业模式形成过程中可能会出现的各种问题，也承认员工具有追求自我利益的本性，但不认为知识是分散在员工中的，而是认为企业的高层管理人员能够掌握新商业模式形成过程中所需要的全部知识，这些知识使企业的高层管理人员能够设计出完美的新商业模式，以避免新商业模式形成过程中可能出现的任何问题。因此，新商业模式也可以通过理性创设的方式形成，企业的高层管理人员是商业模式创新的创新者。

在类型 Ⅲ 中，人是经济人，在工作中是趋利避害的，但人是具有完全理性的，能够预见新商业模式形成过程中所出现的任何问题，且高层管理人员具备掌握商业模式创新所需要的全部知识。因此，新商业模式也可以通过理性创设的方式形成，企业的高层管理人员仍然是商业模式创新的创新者。

类型 Ⅳ 则认为企业的高层管理人员只具备有限理性，也承认新商业模式形成过程中所需的知识是分散在不同的员工中，且员工也是追求自我利益的。此时，高层管理人员不能预见商业模式创新过程中可能出现的各种问题，也无法预先作出安排，因此企业的高层管理人员不能成为商业模式创新的创新者。而诺达和鲍尔（Noda & Bower, 1996）认为，企业的一线管理人员（中基层管理人员）最先表现出战略变革（商业模式创新）的需要，因为他们通常最懂得具体的技术知识，并且最贴近市场。另外，一线管理人员往往最先开始商业模式的创新，这些小的商业模式创新不断地累积，最终形成了企业的新商业模式。因此，在此种认知中，新商业模式是自发生成的，其中创新的创新者是企业的一线管理人员，而不是企业的高层管理人员。

不难发现，商业模式创新的自发生成观更符合实际，即商业模式创新是由企业中基层等一线管理人员完成更合理，因为其关于有限理性、知识分散和员工的经济人假设与现实比较一致，而完全理性、知识集中与符合 Y 理论的人在现实中比较少见。

5.2.2　新商业模式形成的理性创设观与自发生成观中的创新者讨论

如果把明茨伯格、阿斯特兰和兰佩尔（Mintzberg, Ahlstrand & Lampel，1998）的研究进行归纳，也可分为理性创设观与自发生成观两个类别。他们对战略研究的相关成果进行了总结，将战略的形成过程研究分成了十个学派，分别是设计学派、计划学派、定位学派、企业家学派、认知学派、学习学派、权力学派、文化学派、环境学派和结构学派。其中的设计学派、计划学派、定位学派、企业家学派和认知学派对战略、新商业模式的形成过程都持理性创设观，因为他们的观点背后隐含的认知观点是完全理性和知识集中。

例如，设计学派的观点是设计出一个战略（商业模式）以寻求内部能力和外部环境的匹配，常使用的工具包括著名的 SWOT 分析，以及钱德勒（Chandler，1962）提出的 SSP 范式（战略决定结构、结构决定绩效）等。设计学派认为战略（商业模式）的形成是一个程序化过程，战略（商业模式）的形成源自 CEO 的思维过程，CEO 是战略（商业模式）的设计师，其基本思想是将 SWOT 模式分解成清晰的步骤，每一个步骤开始时，都要特别重视目标的确定，结束时则要特别重视预算和经营计划的评估。定位学派则认为战略（商业模式）的形成是一个分析过程，认为在特定的行业中，只存在着少数几个正确的关键战略（商业模式），因此战略（商业模式）的形成过程就是一个在分析计算基础上对通用战略进行的一种选择。企业家学派除了将战略（商业模式）的形成过程完全集中于领导一个人的身上外，还强调领导人某些与生俱来的心理状态和知觉，如直觉、判断、智慧、经验和洞察力等，认为战略（商业模式）是领导者构思的产物。认知学派认为战略（商业模式）的形成是一种发生在战略家思想中的认知过程，认为战略（商业模式）的形成是企业家的事情。

而学习学派和权力学派则持有战略和新商业模式形成过程的自发生成观，这两个学派都秉持知识分散在一线管理人员中的认知，认为战略或新商业模式的形成过程是员工之间相互作用的结果，而不是高层管理人员人为设计出来的。

例如，以伯格尔曼（Burgelman，1983）、林布卢（Lindblom，1959）、明茨伯格（Mintzberg，1987，1989）和奎因（Quinn，1980）等为代表的学习学派，将矛头直接指向了设计学派、计划学派和定位学派的基本假设和前提——企业高层管理人员（尤其是 CEO）的完全理性，认为这些学派的战略（商业模式）形成过程只是一种幻想，它可能对某些管理者很有吸引力，但却不符合组织的实际情况（Mintzberg，Ahlstrand & Lampel，1998）。战略不是出自高层管理人员，它来源于各种不同的人的一些小的行动和决定（有时候出于偶然和运气，并非刻意去追求的结果）。在长期的累积之后，这些小的创新通常会导致战略（商业模式）方向的重大变革。对于基层、中层与高层管理人员在这个过程中的作用，明茨伯格、阿斯特兰和兰佩尔（Mintzberg，Ahlstrand & Lampel，1998）认为，初始的战略（商业模式）在一线发起，由一线管理人员通过小的创新而触发，中层经理的倡导为其提供推动力，而高层管理人员则为这些活动创造条件，然后在此过程中加上一个会聚的概念，形成某种整合或者模式，如图 5 - 1 所示。

明茨伯格和麦克修（Mintzberg & McHugh，1985）的研究将此自发生成过程称为"草根模型"，认为"只要人们拥有学习能力以及拥有可以支持学习能力的资源，任何地方都可以产生战略（商业模式）。有时候是一个个体或一个单位通过一个机遇创造了它们自己的模式。在另外一些情形下则通过不同成员之间逐渐自发地相互调整，各种行动汇聚成一个战略（商业模式）主题"①。在"草根模型"中，高层管理人员的任务不在

---

① Mintzberg H，McHugh A. Strategy Formation in an Adhocracy [J]. Administrative Science Quarterly，1985，30（2）：160 - 197.

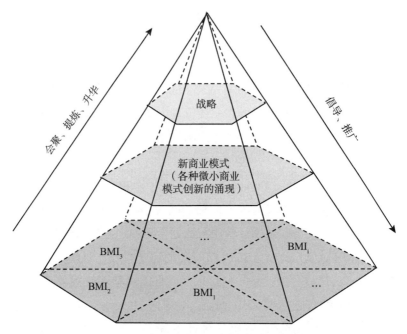

图 5 - 1   战略（商业模式）的形成过程

资料来源：本书作者绘制。

于预想战略（商业模式），而是去识别新商业模式的出现，并在适当的时候加以控制（Mintzberg, Ahlstrand & Lampel, 1998）。正如奎因（Quinn, 1980）的"逻辑渐进主义"所指出的，公司高层管理人员应当允许"百花齐放"（let a thousand flowers bloom），然后照顾最有潜力的那朵花，让其他的凋谢。野中郁次郎和竹内弘高（Nonaka & Takeuchi, 1995）则从知识与知识创造的角度对战略和商业模式进行了分析，他们认为战略或商业模式本质上是一种知识，其形成过程就是知识创造的过程。而知识的创造只能由个人完成，因而组织（实质上是高层管理人员）的作用就在于通过支持和激励个体学习、强化学习，在群体层面通过对话、讨论、经验分享和观察来综合分散于个体中的知识，使之更清晰，从而推动这种学习。野中郁次郎和竹内弘高（Nonaka & Takeuchi, 1995）认为，日本企业的成功就在于这种知识创造的机制，这些企业被称为"创造知识的企业"。对上述分析的进一步理解可参考实例 5 - 1。

实例 5-1　持续霸榜的淄博烧烤

淄博烧烤可追溯到 20 世纪 70 年代，当时淄博人民生活水平并不富裕，烤肉烤串成了人们享受生活、减轻压力的一种活动。随着时间的推移，人们对烧烤的热爱逐渐成为一种文化符号，形成了淄博烤肉、烤串独有的文化魅力。

2023 年上半年，淄博烧烤火了！但不难发现，淄博在烧烤方面并没有什么特别优势，既不是草原，也不是牛羊肉著名产地，但却偏偏火了，根本原因在于企业与政府各自在自己的职责范围内同向发力。首先是绝大多数烧烤店秉承山东人淳朴厚道的传统，产品货真价实，同时在服务上下足功夫，不断将新技术、新流行趋势等融入服务过程中，为顾客提供多样化服务。通过创新增加产品价值，既丰富了顾客的用餐体验，也提高了品牌的吸引力和美誉度。其次是政府在宣传推广、营商服务、市场监管与社会安全等方面下足了功夫，为淄博烧烤创造了一个良好的营商环境。淄博市各级政府机构组织辖区内烧烤经营业户集中线下培训，并同步开展"山餐安"线上培训，为烧烤业户引进先进的管理理念与产品标准。此外，还建立了微信"烧烤监管工作群"进行专人对接，增加"一帮一"指导，畅通"点对点"联系渠道，提高烧烤经营者的归属感与组织感，引导烧烤店诚信经营、规范发展。

总的来说，淄博烧烤之所以能够持续霸榜，除了经营者的热情、技术及产品本身外，当地政府的政策扶持、管理标准和运营监管等方面也起到了至关重要的作用。经营者与政府共同努力，不断对商业模式进行创新，共同推动了淄博市的经济发展和城市形象建设。

资料来源：①淄博烧烤：一种特色美食文化［EB/OL］. 百度文章，2023-04-16. ②多措并举，持续发力！为"淄博烧烤"保驾护航！［EB/OL］. 搜狐新闻，2023-04-12.

以伯尔曼和迪尔（Bolman & Deal，1997）、鲍尔和多斯（Bower & Doz，1979）、麦克米伦（MacMillan，1978）、扎尔德和贝格尔（Zald & Berger，1978）等为代表的权力学派认为，战略（商业模式）的形成过程是一个协商过程，该学派认为组织是由充满梦想、希望、妒忌、利益及恐惧的人组成的。长期以来许多文献给人们的印象是：高级经理人是理性的战略（商业模式）制定者，其他人则是遵循战略的、顺从的、忠诚的"劳动者"。实际上，战略（商业模式）的形成是一个政治过程，是相关人员为了获取利益而制定的策略。明茨伯格、阿斯特兰和兰佩尔（Mintzberg，Ahlstrand & Lampel，1998）指出，当战略（商业模式）产生于政治过程时，它们往往是自发性的战略（商业模式），而不是深思熟虑的战略（商业模式）。以政治的手段来实现战略（商业模式）通常意味着要通过协商的过程，一步一步地去达到目的。特定的战略（商业模式）参与者或许之前已经怀有要制定深思熟虑战略（商业模式）的意图，但对于组织而言，结果仍然可能是自发性的。换句话说，结果可能完全不符合事先设想，出乎所有人的意料。

另外，惠廷顿（Whittington，2003）将战略的相关研究分为了四个学派，分别是古典学派、演化学派、系统学派和过程学派。其中的古典学派以安索夫（Ansoff，1965）和波特（Porter，1985）为代表，该学派认为，"战略制定是一个经过精心计算和分析的理性化过程，如果能够投入足够的努力用以收集信息，并且运用恰当的分析技巧，外部世界和组织本身是可以预测的，而且可以根据高层管理人员们仔细制定的计划进行塑造和修正"①。而以汉南和弗里曼（Hannan & Freeman，1988）、纳尔逊和温特（Nelson & Winter，1982），以及威廉姆森（Williamson，1991）为代表的演化学派则认为古典学派"以未来为导向的理性化计划观点无法反映实际，因为环境往往过于复杂、难以预测，因此高层管理人员无法做出有效的预见"②，从而也就无法预先设计出有效的战略或商业模式。

可见，惠廷顿（Whittington，2003）的古典学派与明茨伯格、阿斯特兰和兰佩尔（Mintzberg，Ahlstrand & Lampel，1998）分类中的设计学派、计

---

①② Whittington R. What Is Strategy – And Does It Matter？（2nd）［M］. Londra：Thomson Learning，2003.

划学派、定位学派、企业家学派和认知学派对战略、新商业模式形成过程的认识保持一致，都持有理性创设观。而演化学派则与明茨伯格、阿斯特兰和兰佩尔（Mintzberg，Ahlstrand & Lampel，1998）分类中的学习学派和权力学派保持一致，认为战略或商业模式只能自发生成，原因就在于高层管理人员不具有完全理性，知识并不完全集中于高层管理人员的头脑中。

不管怎样，战略或新商业模式的自发生成观与理性创设观都有相当多的支持者，两种观点之间的争论至今也未分伯仲，虽然绝大多数学者和企业高层管理人员都认可有限理性、知识分散与符合 X 理论的观点，但他们仍然有一部分坚信新商业模式是可以理性创设的。

新商业模式形成过程的自发生成观与理性创设观的对比如表 5 - 2 所示。

表 5 - 2　　　新商业模式形成的自发生成观与理性创设观的对比

项目	自发生成观	理性创设观
创新者	一线管理人员	高层管理人员
理性假设	有限理性	完全理性
知识认知	新商业模式的知识分散在员工中	新商业模式的知识集中于高管头脑中
产生方向	自下而上	自上而下
适用阶段	商业模式创意阶段	商业模式应用阶段
创新方法	解释性方法	分析性方法

综上分析，商业模式创新的自发生成观更符合实际，而理性创设观只能是一种美好的愿望，虽然企业的高层管理人员可能更愿意接受后者。实际上，王炳成、范柳和高杰等（2014）同样并不完全否认高层管理人员的作用，只是认为企业高层管理人员的作用应该是发现基层管理人员的创新，将其汇聚升华并形成规则与流程，最终形成一个新的商业模式，然后在企业中倡导与推广，从而为企业赢得竞争优势。对商业模式创新的形成机制及其中的创新者的正确认识，有助于企业管理人员在实践中采取正确的管理方式，有利于学术界的研究人员加深对商业模式创新过程的理解。

5.3　基于涌现理论的商业模式创新者分析

涌现（emergence）也称为突现，是一个哲学概念，是指一个复杂系统中组合在一起的多样性要素，可以产生单个要素简单相加所不具备的性质，即整体大于部分之和（范冬萍，2011；Hodgson，2004）。亚历山大（Alexander，1920）认为，涌现具有三个性质：第一，涌现性质属于较高的层次，是其部分所不具有的整体的新性质、新存在、新行为与新规律；第二，涌现出的性质源自低层次，但不可还原为低层元素；第三，涌现需要接受但无可解释。例如，本不坚硬的柔软的锡与易延展的铜，只要配比（4∶21）合理，就可由铸剑大师的艺术之手，锻造出坚硬无比、削发断丝的越王勾践剑，虽深埋地下 2400 余年而弥锋。宝剑的锋利，就是由软弱的锡与铜经熔铸所涌现出的特性。但是倘若一旦将锡与铜分离解析，该特性便立刻消失。涌现是一种从低层次到高层次的过渡，是在微观创新者进化的基础上，宏观系统在性能和结构上的突变，在这一过程中从旧质中可以产生新质。涌现的价值在于，它不仅能抵抗"递减"，而且能"涌现"出新质。

同样，涌现也可以让企业实现价值质变。商业模式与商业模式创新是不同的，公司层面的商业模式是企业中各层次员工进行商业模式创新而涌现的结果，相比于商业模式创新，商业模式会有一些新的性质。因此商业模式不是企业中各层次员工进行商业模式创新的简单相加，但员工进行的商业模式创新却是公司层面所涌现的新商业模式的基础。员工在商业模式运营过程中进行的小的改进，即商业模式创新，这些小的商业模式创新组合在一起最终涌现为公司的新商业模式，其形成过程如图 5-2 所示。在图 5-2 中，图 5-2（a）表示为一个公司原有的商业模式，经过图 5-2（b）中阴影凸起部分所表示的员工进行的各种小的商业模式创新的组合，最终涌现为图 5-2（c）中的一个公司的新商业模式。

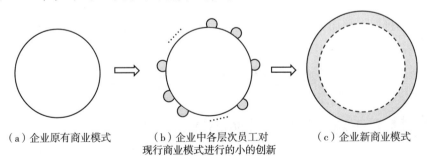

（a）企业原有商业模式　　　（b）企业中各层次员工对　　　（c）企业新商业模式
现行商业模式进行的小的创新

图 5-2　一个公司新商业模式的涌现

资料来源：本书作者绘制。

　　同样，由多个公司完成的商业模式创新也可以涌现出一个比较完备的适用于同一行业中大多数企业的新商业模式，其原理如图 5-3 所示。在图 5-3 中，V_1、V_2……V_n 表示企业可能进行商业模式创新的主要模块，V_{11}、V_{12}、V_{13} 代表 V_1 的细分维度。例如，V_1 表示一个企业的客户服务模式，那么 V_{11} 可以表示为"客户获取"，V_{12} 可以表示为"客户保留"，V_{13} 可以表示为"客户发展"。C_1、C_2、C_3……C_m 表示 m 个不同的企业，图中的阴影部分表示每个企业分别选择在商业模式的哪些维度进行了创新，每一行都代表一个企业的新商业模式，这样，每个企业的商业模式都是由企业中基层管理人员进行的小的创新的涌现的结果。对 m 家企业进行商业模式创新所选择的创新维度进行统计，可以得出 C^* 这一较为完备的创新模块配置选项的组合，这一组合中所选择的创新维度在成功的商业模式中反复出现。因此，可以由多家企业的商业模式创新涌现出 C^* 这一理想的新商业模式，其可以为某行业中大多数想要进行商业模式创新的企业提供一个较为完备的商业模式参考，成为所在行业的理想商业模式。

	V_1			V_2				V_3			...	V_n		
	V_{11}	V_{12}	V_{13}	V_{21}	V_{22}	V_{23}	V_{24}	V_{31}	V_{32}	V_{33}		V_{n1}	V_{n2}	V_{n3}
C_1														
C_2														
C_3														
C_4											...			
...	...			...				...				...		
C_m														
统计	65%	20%	15%	15%	50%	20%	15%	11%	21%	68%		70%	19%	11%
C^*														

图 5-3　多个公司新商业模式涌现出行业的商业模式示意图

资料来源：本书作者绘制。

　　彼得斯、布洛姆和莱梅斯特（Peters，Blohm & Leimeister，2015）在研究中使用 CompBizMod 框架识别出了一个较为复杂的新商业模式框架，其同样也可以为多数想要进行商业模式创新的企业提供参考，如图 5-4 所示。主要步骤如下：在第一个阶段，将商业模式框架细化为形态框，并对参数及其相应特征进行必要的调整；在第二个阶段，从要研究的领域中选择一组具有代表性的实际运用的商业模式，并使用 CompBizMod 框架对其所有维度和参数进行评估；在第三个阶段，导出一个较为复杂的新商业模式框架。该过程同样也属于商业模式的涌现，每个公司的商业模式也都是企业的中基层管理人员进行的小的商业模式创新涌现的结果。

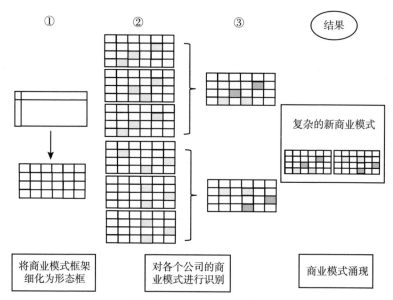

图 5-4　应用 CompBizMod 框架的商业模式涌现

资料来源：Peters，Blohm，Leimeister. Anatomy of Successful Business Models for Complex Services：Insights from the Telemedicine Field［J］. Journal of Management Information Systems，2015，32（3）：75-104.

　　彼得斯、布洛姆和莱梅斯特（Peters，Blohm & Leimeister，2015）根据所得出的结果邀请了几位专家进行访谈，受访者认为该商业模式框架易于应用，并且几乎所有的受访者都提到，将该新商业模式框架应用到他们自己的商业模式中，能够激发他们在结构、逻辑和价值等方面重新思考和评估他们现有的商业模式。因此，一位专家表示："我肯定会更多地考虑商业模式背后的功能。至于逻辑，我应该在多大程度上与客户沟通，如何互动，甚至可能何时沟通，以及何时为客户创造价值，这些都是我从新商业模式框架中学到的"①。该框架被认为在协调参与商业模式的不同实体的观点方面特别有用，它将公司各层次员工对商业模式的各种创新进行了显性化，并可以与竞争对手的商业模式的相应内容进行比较，从而发现自身商业模式的真正优势所在。同样，也可应用该框架分析竞争对手的商业模式的优势，从而便于自身的模仿与创新。另外，通过该框架，也容易发现哪些部门、哪些员工真正对公司的商业模式进行了创新，为公司竞争优势的获得作出了贡献。彼得斯、布洛姆和莱梅斯特（Peters，Blohm & Leimeister，2015）在研究中也证明了这一点，受访者特别喜欢具有清晰结构的商业模式框架，因为这样他们可以轻松地将该商业模式框架与各自的商业模式相对比与分析。

5.4　再论商业模式创新者

在新商业模式形成的理性创设观中，商业模式创新是由高层管理人员完成的，海耶斯和皮萨诺（Hayes & Pisano，1994）认为"手脑分离"是在美国大规模生产方式中形成的，即管理人员、工程技术人员等高层管理人员只动脑、不动手，负责对管理方式、工作流程进行分析、规划和设定，而中基层人员只需动手、不需动脑，因此中基层人员就成了一个机器的零件，只负责执行，而不需要思考为什么要这样做，能否有更好的方式等。实际上，这就扼杀了中基层人员的创新能力。

而自发生成观则认为新商业模式是在中基层管理人员的不断的小的创新中涌现出来的，而不是高层管理人员设计出来的，因此，自发生成观将商业模式创新定位在中基层管理人员的层次。而今天的 JIT 商业模式之所以能够

---

① Peters C，Blohm I，Leimeister J M. Anatomy of Successful Business Models for Complex Services：Insights from the Telemedicine Field［J］. Journal of Management Information Systems，2015，32（3）：75 - 104.

成为大规模生产的主导范式，其根本原因并不是简单的零库存等表象，其真正的优势是充分发挥了中基层管理人员、车间工人、供应商等的创新能力，创造出了零库存、全面质量管理（TQM）、质量控制（QC）、白纸设计、供应商集群等新的管理方式，共同涌现形成了 JIT 模式（王炳成和李洪伟，2009）。拉佐尼克（Lazonick，1990）在广泛分析了欧洲纺织业、日本汽车制造业后，将这种现象称为"车间的竞争优势"，野中郁次郎和竹内弘高（Nonaka & Takeuchi，1995）将充分发挥中基层管理人员的创新能力的企业称为"创造知识的企业"。

但是，这同样不能否认高层管理人员的作用，因为高层管理人员在商业模式创新的过程中会起到监督、汇聚、升华、倡导等重要的作用。

对 JIT 模式的进一步认识可参考实例 5 – 2。

实例 5 – 2　供应商集群助力丰田生产模式的创新

丰田生产模式已经成为目前汽车制造业及采用大规模流水线生产的制造业中最有竞争力的生产模式。丰田生产模式下的创新不仅局限于装配企业自身，而是典型的利益相关者创新，其中尤其关注供应商在整个创新中的作用，如白纸设计等，都需要以供应商集群为依托。

白纸设计是指总装厂只是将零部件的设计和开发要求指标交给零部件供应商，让供应商自己画出图纸和做出原型。如今日产汽车公司自己设计、有蓝图的零件只占 20%，另外 80% 的零件都是由供应商设计的。白纸设计中包含有诸多黏滞信息，需要在采购商和供应商之间进行无数次的面对面的信息交换，信息的交互模式同样要求供需双方在地理位置上的邻近性，要求供应商集群的出现。如此广泛的人员交流，若供应商与采购商之间的距离过远是无法实现的。因此为了提高创新收益，创新主体需要在地理上与相关知识源邻近，形成创新网络，从而能够与之进行频繁互动来获得所需的隐性知识。因此，供应商集群是丰田生产模式的内在要求。供应商集群不仅为装配商实现在丰田生产模式下的创新创造了条件，同时也为供应商的能力提高提供了基础，这主要是供应商集群中的知识溢出。

丰田生产模式下创新成果的涌现，是与供应商集群的知识溢出紧密相关的。在日本丰田，一级供应商，由于与总装厂交往频繁，使它们有机会观察到核心企业的各种隐性的管理技术与方法，从而可能分析哪些管理技术与方法可以为自己所用，并在自己的企业中模仿核心企业做法，取得更高的效率。供应商集群内部行为主体之间容易形成一种嵌入社会结构的共同集群文化，基于这种非制度性的文化约束，专家、研究人员和开发人员相互信任和交流，促使了创新知识和信息在集群内部的流通与扩散。因此，站在知识溢出的角度看，供应商集群同样是丰田生产模式中不可或缺的基础性条件。

资料来源：王炳成，李洪伟. 丰田生产模式的实现基础研究——供应商集群的视角 [J]. 技术经济与管理研究，2009（6）：120-124.

从新商业模式形成机制的角度看，近年来自发生成观与理性创设观这两种观点出现了相互融合的趋势，认为自发生成观本质上并不彻底地否定理性的存在，而是认为理性是有限的，反对的是完全理性，反对那种基于唯理主义的制度创设的幻想（顾自安，2011）。从哲学的角度看，休谟以来的自发秩序传统从来都不否定理性，而只是反对那种认为理性可以创造一切的唯理主义幻想（顾自安，2011）。哈耶克（Hayek，1949）指出，理性毫无疑问是人类最宝贵的财富，但理性不是万能的，如果人们相信理性可以成为人们自己的主宰，可以控制其自身的发展，则其恰恰可能毁灭理性。哈耶克（Hayek，1960，1973）再次指出，"立法"本质上只是"阐明或形式化"那些为人们所遵守却不为人所知的一般性规则，而非基于一种内生于理性的"创造或发明"的过程。亚当·斯密也曾指出，法律并不是最高统治者人为颁布的命令，而是对自然正义的形式化表达（West，1969）。

因此，顾自安（2011）对理性创设观与自发生成观进行了调和，认为由于外部环境的竞争压力和认知水平的限制，制度的演化可分为两个阶段，首先是以非正式制度的自发演化形式开始，其中包括从个人习惯到群体习俗、从群体习俗到惯例的两个阶段；当认知达到一定的水平后，即当群体认知比个人理性能更有效地参与制度演化的过程时，制度演化则进入有意识演化的阶段，即惯例的制度化和法律化过程。当然，由于外部环境在不断变化，因此变革的压力始终存在，自发演化的动力不会消失。总之，理性创设观与自发生成观并不是对立的、背道而驰的两种观点，而应是制度演化过程的不同阶段所应采取的观点。

基于相同的观点，王炳成、范柳和高杰等（2014）认为，企业新商业模式的形成过程也可分为这样的两个阶段，首先是员工们基于自利的目的在工作中进行相应的商业模式创新，此为自发生成阶段。其次当员工们所进行的商业模式创新达到一定的程度之后，高层管理人员会参与进来，对相关的创新进行汇聚与倡导（Quinn，1980），并在公司内部进行推广，使其在公司内部成为业务流程、运营规则的一部分，此阶段属于理性创设阶段。

从涌现的角度看，即使商业模式创意是由高层管理人员独立完成的，但在商业模式应用阶段也不可能由高层管理人员独立完成，而且，绝大多数的创意在实施过程中都会面临许多困难和问题，需要充分发挥执行人员（即中基层管理人员）的创造性去克服这些问题与困难，这个过程中经常会对原创意进行修正和更改，经常会产生新的创意，最终甚至涌现出了一种与原创意完全不同的新商业模式。而史密斯（Smith，2006）指出，在企业内部有近一半的创意来源于员工（Jewkes，Sawers & Stillerman，1969），盖茨和罗宾逊（Getz & Robinson，2003）认为这个值应当是80%。员工在工作过程中产生了新的创意之后，就会实施该创意，从而完成对现有模式的改进与创新，众多的员工关于商业模式的小的创新会汇聚形成新的商业模式，这也就是商业模式创新的涌现观。

从创新类型学的角度看，弗里曼（Freeman，1982），以及亨德森和克拉克（Henderson & Clark，1990）提出了根本性创新和渐进性创新的概念。对于商业模式创新而言，根本性创新是指诞生了全新的、以前从未有过的商业模式创意，这种商业模式创意可能由高层管理人员提出，也可能来自中基层管理人员，但后续的执行过程一定离不开中基层管理人员；渐进性商业模式创新则是在原有商业模式的基础上，精益求精，再做改进，更多的是中基层管理人员根据工作中遇到的实际问题而直接创新。

蒂德和贝赞特（Tidd & Bessant，2011）也指出，创新通常被认为是突破性的，因为这可以成为很好的文章标题或者简短精炼的摘要。但是现实的情况是，大多数创新是渐进性的！做同样的事情，但是会做得更好，大多数创新是在"游戏"规则内发生，提升整个"七巧板"中某个特定的组件。这期间都离不开中基层管理人员在商业模式创新中的作用。

创新到底是渐进性的还是根本性的，明茨伯格、阿斯特兰和兰佩尔（Mintzberg，Ahlstrand & Lampel，1998）认为，这取决于所观察事物的距离（例如，在古尔德的时间观中把 100 万年只看作一刻）。因此，商业模式创新在一个研究者的眼中可能是渐进性的，但在另一个研究者的眼中则可能是根本性的。以淘宝为例，若研究视角是将 2003 年初创时的淘宝网与今天的淘宝网这两个时间点相对比，则可称为根本性的商业模式创新；但若以月为观察单位，则可称为渐进性的商业模式创新。观察 QQ 与微信等的商业模式创新过程，也可以得出同样的结论。

因此，无论是从新商业模式的形成机制来分析，还是从新商业模式的涌现及商业模式创新的类型学的角度进行分析，都可得出商业模式创新的层次在于公司的中基层，商业模式的创新者是公司的中基层管理人员，但这并不否定高层管理人员在新商业模式形成方面所起到的作用，在这里只是强调不能忽视中基层管理人员的作用。

5.5　本章小结

本章对商业模式创新者进行了探讨，首先，简要梳理了当前学术界对商业模式创新者的不同观点；其次，根据知识分散理论、有限理性理论和经济人假设，分析了两种新商业模式的形成机制，即理性创设观与自发生成观，并结合明茨伯格和惠廷顿的战略流派进行了分析；最后，探讨了新商业模式是由各种小的商业模式创新所涌现的观点，并结合创新的类型学研究，论证了商业模式创新的动力源泉。本章的研究可以为理论界和企业界进一步认识商业模式创新提供启示。

讨 论 题

1. 你认为谁是商业模式创新者?

2. 结合本章内容,说一说为什么自发生成观比理性创设观更合理?

3. 谈一谈你对新商业模式涌现的理解?

案例分析题

实例5-3　丰田的全面质量管理

丰田的全面质量管理包含两层意思:第一是指产品生产"全过程"的质量管理,第二是指有全体员工参加的"全员管理"。"全员管理"是丰田等日本企业在质量管理实践中对欧美企业所采用的质量管理方法的改进。注重发挥人的作用,是日本企业推行全面质量管理的最大特点。

(1) 质量小组——全员参与的基础。

丰田的全面质量管理之所以可以实现全员管理,一个重要的原因在于质量小组的组建。质量小组使得每一位员工都有机会发表意见和提出解决方案。质量小组最初是由车间工人自发组织起来的,主要是学习质量管理知识,并结合车间的问题,共同研讨质量改进的措施。1964年,丰田在全公司开展了质量小组活动:小组按车间组建,每组10人左右;各小组自行选择本车间中存在的问题,进行研究和改进;组织和选题都可向公司登记,一个课题完成后,再自动选择下一个课题,这种活动方式,称为"滚动方式"。公司的质量管理部对质量小组具有引导、服务、援助的义务,并为质量小组提供各种信息和辅导,也可以根据公司发展的需求提出共同性课题来推动小组活动。质量小组活动是自愿的,并无报酬,但公司每半年会举行一次"小组活动事例发表会",对优秀的小组予以表扬,对提出合理化建议的给予奖励。质量管理小组的活动,对激发员工的潜能、对改进质量和降低成本，都取得很大的成果。

（2）合理化建议——持续改善的基础。

丰田生产方式中最重要的持续改善来源于丰田公司几千名员工的建议，"好主意、好产品"是丰田合理化建议的核心。合理化建议是丰田学习福特"建议制度"的结果，然而却成为 20 世纪 90 年代美国企业学习的榜样，转变的原因在于丰田对建议制度的合理化改进。1951 年，到福特汽车参观学习的丰田英二等，发现福特汽车公司的"建议制度"对激发员工出谋划策，改善企业的产品，非常有效和省钱，而在 20 世纪 50 年代，丰田刚刚走出破产的阴霾，非常缺乏资金，因此丰田英二等认为建议制度可以激发员工潜能，帮助企业用最少的钱做最多的事情。最初，合理化建议的范围主要集中于机械与技术，20 世纪 70 年代后，范围逐渐扩展至成本和质量方面。合理化建议经过多年的发展，已经覆盖所有的流程和业务，涉及生产、研发、营销及经营管理的各个方面。丰田的合理化建议调动了员工的积极性，促使丰田不断改进、不断创新、不断挑战新的高峰。

资料来源：白洁，周禹，刘书岑. 源于福特，却超于福特的丰田精益生产 [EB/OL]. 搜狐网，2019 - 03 - 24.

（1）结合本案例，分析丰田的全面质量管理有哪些优势?

（2）结合本章内容，谈一谈你认为谁是丰田企业进行创新的主要动力源泉?

（3）丰田的全面质量管理给了你什么启示?

第 6 章

商业模式创新的影响因素

 引 言

在商业模式创新过程中，各种因素的影响会使其进程被加速或延缓，因此有必要对商业模式创新的影响因素进行系统的分析。商业模式创新空间模型表明，除了科学技术外，商业模式创新的影响因素还包括创新者、企业、政府、风险投资、竞争者、行业协会与消费者等。通过对这些影响因素的分析，能够更好地理解这些因素对商业模式创新的影响机理，进而促进商业模式创新。

 学习目标

学习本章内容后，你将能够：

- 了解商业模式创新的影响因素。
- 理解各影响因素与商业模式创新的关系。
- 了解各影响因素对商业模式创新的影响机理。

企业在竞争环境中面对着繁多且复杂的利益相关者，王炳成、麻汕和曾丽君（2020）所构建的商业模式创新空间模型除了科学技术外，还包括了创新者、企业、政府、风险投资、竞争者、行业协会与消费者等众多参与主体，并认为这些主体都会对商业模式创新产生直接影响，但这些主体对商业模式创新的影响程度与作用机理并不相同，从而影响了企业商业模式创新的方向，也会改变企业在该空间中的位置。

6.1　创新者与商业模式创新

党的二十大报告强调，"人才是第一资源"，突出体现了创新人才的关键作用。蒂德和贝赞特（Tidd & Bessant，2009）认为，每个员工身上都存在着创新的潜能，员工们的潜能集合构成了企业巨大的创新能力。作为真正提出商业模式创意并开展行动的任何层次的员工都可称之为企业的创新者（王炳成、赵静怡和王滋承，2022）。已有学者从个体认知（杨特、赵文红和李颖，2018）、个体特质（李巍和丁超，2016；Schoemaker，Heaton & Teece，2018）等不同角度探讨了创新者与商业模式创新的关系，尤其是创新者的企业家精神与吸收能力对商业模式创新的影响。

6.1.1　企业家精神驱动

德·索托（de Soto，2010）指出，企业家精神就其最纯粹的形态而言，是无所不在的，所有在市场中行动的人，都在发挥着企业家精神，无论他们行动能力的大与小。贝赞特和蒂德（Bessant & Tidd，2011）认为，企业家精神能够驱动创新，推动变革的发生。国内外众多学者也认为，企业家精神有助于促进商业模式创新（Karimi & Walter，2016；王炳成、丁浩与段洪亮等，2013）。

一方面，企业家精神能加强创新者与组织间的心理联结，有助于激发责任意识，从而促进商业模式创新。王炳成、赵静怡和王滋承（2022）指出，创新者与组织间存在着互惠关系，当创新者与组织间形成一种心理契约后，其会为了回报组织而增强对商业模式创新的关注度，努力在商业模式创新中奉献自己的才能。具体而言，企业家精神能够增强创新者对组织发展的责任感与使命感，提升自身的创新主动性，激励其增加在商业模式创新中投入的精力与资源。卡霍洛拜伊和莫塔扎维（Kahrobaei & Mortazavi，2016）指出，创新者的责任意识使他们认真对待本职工作，严谨处理所承担的工作任务，并与企业一同面对商业模式创新过程中遇到的困难，也会积极关注新商业模式的社会效益与环境效益，努力提高新商业模式的认可度，进而推动商业模式创新的顺利实现（Ni，Wang & Li，2022）。另一方面，企业家精神能够驱动创新者增强与外界的交流互动，积极探索并获取更多的创新资源，进而推动商业模式创新的深入开展。企业家精神会驱动创新者主动加强与创新团队的内部合作（Martinez - Sanchez，Vela - Jimenez & Abella - Garces，2019），对企业内部创新者们所拥有的知识资源进行整合并提高创新资源的利用效率，为商业模式创新奠定资源基础。同时，创新者还会积极利用合作伙伴间的信息交流，获取商业模式创新所需的外部资源（Cao & Ali，2018），有利于丰富知识储备，提升创新者的商业模式创新能力，从而促进商业模式创新。

6.1.2　吸收能力驱动

基于知识分散理论（Hayek，1945），陈明明和张文铖（2021），以及王炳成和郝兴霖（2023）指出不同的知识会由不同的人群掌握，只有将分离的知识片段拼凑在一起才能形成相对完整的知识。因此，商业模式创新个体由于受知识分散的局限，必须不断学习与吸收来自其个体之外的相关新知识（王炳成和张士强，2016），提升自身知识吸收能力以更好地推动商业模式创新。

一方面，强大的吸收能力有助于创新者对外部新知识的识别与获取，提升创新能力从而促进商业模式创新。博内克恩、克劳斯和罗伊格·蒂尔农（Bounckenr，Krauss & Roig - Tiernon，2021）认为，加强对外部知识的搜寻有助于获取到新技术、新方法等异质性知识，有助于提升创新者的创新能力，更好地抓住外部环境变化带来的机遇，从而提升创新效率，促进商业模式创新。同时，深入搜寻外部知识能够加强创新者对该知识的理解与熟悉程度，有助于对获取的外部知识进行灵活应用，使其更适用于企业发展，从而为商业模式创新活动提供基础保障（胡品平、王翠和戴炳钦，2022）。另一方面，吸收能力能够促进创新者对所获取的外部知识的整合与应用，产生新创意进而促进商业模式创新。王炳成和郝兴霖（2023）指出，创新者通过对新知识的理解与整合，使其对原商业模式产生了新的理解与看法，并基于新的图式，提出商业模式的改进方式。同时，张永云、郭鹏利和张生太（2020）认为，创新者通过对知识的整合能够让企业的新旧知识有机结合，完善企业的核心知识体系，产生能够应用于商业模式创新的新知识，帮助解决商业模式中遇到的新问题。另外，王炳成（2014）指出，创新者在吸收有关商业模式创新知识的过程中投入越多，其视野就会越开阔，能够从更高、更宽的视野看待当前商业模式的运营，对企业商业模式的理解也就更透彻，从而能及时发现存在的潜在问题，及时进行商业模式创新。

6.2　企业与商业模式创新

企业作为创新者所处的内部环境，无疑也对商业模式创新有着重要影响。根据班杜拉（Bandura，1978）所提出的环境、认知及行为的三元交互决定理论，组织环境尤其是企业文化会通过影响创新者的心理，鼓励其创意的发挥，推动企业的商业模式创新（Lindgardt，Reeves & Stalk，et al.，2009）。另外，企业的动态能力也能够帮助企业应对环境变迁，实现长远发展（Muthu，Omar & Zaheer，2019）。

6.2.1　企业文化驱动

霍加和马朗维尔（Khoja & Maranville，2010）指出，创新型企业文化会促使员工积极吸收外部有用的知识，以创新公司的商业模式。具体来说，当企业文化支持创新时，工作于该环境中的员工能够感受到更多来自领导和同事之间的包容，增强彼此的信任，不同部门间的摩擦也会减少，这有助于创新活动高效的运转和最终的成功。同时，兼容并包的企业文化，鼓励员工学习，支持员工创新，包容员工失败，都有助于创新活动的开展，并且这种不畏惧失败，敢于实践创新的氛围将会弥漫于整个企业中，推动企业的创新活动更进一步（王炳成、张士强和王俐等，2016）。

霍克、克劳斯和舒尔茨（Hock，Clauss & Schulz，2016）曾呼吁研究人员关注企业文化在商业模式创新中的作用，他们认为，创新者的商业模式创新能力依赖于企业文化，企业文化代表着集体的价值观。处于创新型文化环境下的员工，可以自由表达自己的想法，被鼓励提出有创意的解决方案、对工作提出不同的看法、采用新的工作方式，而不必担心受到上级惩罚和压制，不必担心受到同事的排斥（Nemeth & Staw，1989）。具体来说，通过塑造鼓励创新的企业文化，能够促进团队内部的知识沟通，为商业模式创新提供良好的组织氛围，促使创新者提出更为有效的行动方案，有利于商业模式创新的实现。同时，推行创新型文化的企业更加鼓励创新者进行大胆思考（Volonte，2018），这有利于创新者勇敢尝试新的工作方式，提出更有效率的商业模式创新方案。此外，鼓励创新的企业文化还对创新失败拥有较高的容忍度，可以使创新者摆脱创新失败带来的压力和束缚，从而勇于表达新观点，促进商业模式创新。

6.2.2　动态能力驱动

蒂斯、皮萨诺和舒恩（Teece，Pisano & Shuen，1997）认为，动态能力是指企业在快速变化的环境中整合、构建和重构内外部资源来获取竞争优势的能力。也有学者指出，动态能力具有独特性、价值性与复杂性等特征，是决定创新绩效与持续竞争力的关键因素之一（Alinaghian & Razmdoost，2017）。博肯和杰拉多（Bocken & Geradt，2020），以及陈泽文和许秀梅（2023）等众多国内外学者的研究表明，动态能力对商业模式创新具有重要作用。

随着外部环境的不确定性与复杂性的日益提升，动态能力对商业模式创新的重要性愈发凸显。焦豪、杨季枫和王培暖（2021）认为，动态能力能够增强企业对外部机会的感知，使企业率先发现市场变化与现有商业模式中出现的问题并作出适当的调整，以此来维持企业的竞争优势。同时，动态能力能够促进企业对资源的获取，使企业对行业相关信息保持较高的敏感性，在激烈的竞争中保持独特的价值主张与市场地位（Christensen & Raynor，2013）。还能通过新获取的资源促进企业技术的创新与流程的改进，从而促进商业模式创新。此外，组织重构能力作为动态能力的重要组成部分，其强弱会影响企业商业模式创新的方式。当在外部环境中觉察到市场机遇时，组织重构能力较弱的企业，可能会采用依赖于过去投资和现有组织流程的渐进性商业模式创新，而对于组织重构能力较强的企业，则更有可能自由设计并实施需要彻底改变资源或活动的根本性商业模式创新（胡保亮、疏婷婷和田茂利，2019）。

6.3　政府与商业模式创新

政府在推动商业模式创新方面具有重要作用。党的二十大报告指出，要构建高水平的社会主义市场经济体制，更好地发挥政府的作用。在商业模式创新方面，政府不仅可以通过建立明确的标准和政策目标为企业的商业模式创新提供机会，还可以通过提供财政补贴、税收优惠及其他帮助措施，为企业创造有利的商业环境，从而有助于促进商业模式创新。本章节将从资源驱动、信息驱动、技术驱动和监督驱动等方面对政府与企业商业模式创新的关系进行探讨。

6.3.1　资源驱动

政府可以采取各种形式激励企业进行商业模式创新，其中最为常用的一种方式是为企业提供创新资源。在中国经济转型背景下，政府掌握着大量资源，尤其是稀缺资源，可以为企业提供多种形式的资源支持（Dai & Liu，2015），例如，创新补贴、税收优惠和对企业的项目进行政策扶持等，这些举措能够为企业开展商业模式创新提供可预见的和实质性的激励（曾萍、李明璇和刘洋，2016）。

根据资源基础观（见理论 6 - 1），企业需要足够的资源来支撑其适应动态环境并开展商业模式创新。特别是在发展中国家，由于不完善的市场机制使得企业更倾向于与政府建立融洽的关系，以获得关键资源来推动商业模式创新（Marquis & Qian，2014），而得到政府资源支持的企业能够提升其商业模式创新的开放度和深度，有助于提高其商业模式创新成功的可能性。例如，印度政府在"第四套科技创新政策"中，专门设立了总额为 500 亿卢比（约合 57 亿元人民币）的包容性创新基金，用于激励传统风险投资机构不愿意介入的健康、教育和农业等社会民生领域的企业进行商业模式创新（封颖、徐峰和许端阳等，2014）。

理论6-1　资源基础观

资源基础观（Resource-based View，RBV）源自彭罗斯（Penrose，1959）的《企业成长理论》，她认为企业是各种资源的集合体，但由于企业自身原因及外部因素，每个企业所拥有的资源不同，即资源存在异质性，这导致了各个企业之间存在着竞争力的差异，进而影响了企业的获利能力，也正因为部分企业拥有了这种异质性的资源才使其获得了超额的经济收益。

随后，沃纳菲尔特（Wernerfelt，1984）提出了"企业资源基础理论"，标志着"资源基础观"的诞生，提出了一种"由内而外"分析企业在市场竞争中成败原因的理论方法。资源基础观构建在两个假设之上：(1) 企业所拥有的异质性资源，是其持久竞争优势的源泉；(2) 异质性资源在企业间是不可流动的且难以复制的。

资源基础观的研究目前主要包括两种思路。一种思路是以巴尼（Barney，1986）为代表，通过分析企业间绩效差异的来源及其所拥有的异质性资源来研究企业的持续竞争优势。巴尼（Barney，1991）认为，一种资源必须满足"VRIN"标准才能为企业提供竞争优势，即有价值的、稀有的、不可完全模仿的和不可替代的资源才能够使企业持续发展和保持竞争优势，并获得卓越的业绩（Wernerfelt，1984；Grant，1991）。另一种思路是以彼得瑞夫（Peteraf，1993）为代表，从竞争性市场的角度剖析企业如何进行资源管理以获取竞争优势。彼得瑞夫（Peteraf，1993）提出了资源与绩效关系的一般化模型，认为想要维持企业的竞争优势，必须满足四个条件：资源异质性、对租金的事后竞争限制、资源在企业间的不完全流动性与对资源获取的事前竞争限制。其中，资源异质性使企业拥有了李嘉图租金或者垄断租金；对租金的事后竞争限制可防止租金被摊薄；资源在企业间的不完全流动性保证了价值要素留存于企业并使企业因此享有分享租金的好处；对资源获取的事前竞争限制防止了成本抵销租金收益。

　　资料来源：豆豆和打豆豆. 资源基础观（Resource Based View）
［EB/OL］. 知乎，2022 - 03 - 09.

　　技术创新理论认为技术创新具有高投入风险，商业模式创新同样面临高
投入和高风险。对于商业模式创新而言，大企业更有能力承担创新的投入与
风险，而中小企业由于实力薄弱、资金和资源不足，往往难以实现商业模式
创新。因此，靳光辉、王雷和马宁（2023）认为，政府的资源支持对中小
企业的商业模式创新往往具有关键作用。通过政府的资源支持，中小企业可
以解决商业模式创新投入不足的问题，并进一步整合创新资源，降低商业模
式创新的不确定性，分散企业风险。巴锡特、库恩与阿赫麦德（Basit, Kuhn
& Ahmed，2018）的研究表明，政府补贴对德国服务业的中小企业的商业模式
创新产生了积极影响。而中国政府在这方面采取的措施也证实了这一点。实
践中，中国工业和信息化部专门制定了《促进中小企业发展规划（2016 -
2020 年）》，并明确指出要在财税支持、融资保障等方面为促进中小企业商业
模式创新提供保障；安踏集团在政府的税收优惠政策的支持下，加大企业研
发与创新投入，努力实现企业转型升级，同时也推动了企业的商业模式创新。

6.3.2　信息驱动

　　政府的相关政策在很大程度上体现了政府对于市场经济发展方向的意图
与目标，因此，企业通过较为充分地解读政府支持政策的内在含义，有助于
了解经济发展的新趋势，从而促进企业采取商业模式创新的战略行动以应对
市场竞争环境的变化（曾萍、李明璇和刘洋，2016）。帕塔纳库尔和平托
（Patanakul & Pinto，2014）认为，政府政策和法规可以促进或阻碍创新，在
商业模式创新方面，政府的相关政策也发挥着类似的功能，可以为商业模式
创新提供信息指引和规范商业模式创新秩序（Goh，2005）。

　　基于市场的创新观点表明，企业对政策事件往往具有敏捷的组织与反应

能力，并将其视为追求创新活动的机会（Miller，Friesen & Mintzberg，1984）。因此，政府政策的改变或新政策的出台可能是触发商业模式创新的关键事件之一。具体而言，政府制定的支持某些行业或领域的政策能够为企业商业模式创新创造有利的商业环境，将影响企业对国家政策内涵的解读和对未来发展趋势的判断，企业为了减少创新风险和加强创新能力建设，往往在政策支持的行业或领域范围内积极进行商业模式创新，加强企业与政府间的联结，获得更多利益相关者的认可，提升组织合法性（罗兴武、项国鹏和宁鹏等，2017）。例如，美国能源部在2017年发布的《电动汽车发展2025路线图规划》中明确了新能源汽车的发展方向，对技术要求、发展速度和政府扶持等都作出了较为具体的要求和说明，受该政策文件的影响，福特和通用等汽车公司纷纷加快了新能源汽车的发展布局，并对原有商业模式进行了较大幅度的调整。我国国务院在2020年发布了《新能源汽车产业发展规划（2021—2035年）》，向汽车企业提供了一条拓宽汽车市场的新发展道路，推动企业加快转型升级，进行商业模式创新，以获得更多的市场竞争优势。我国新能源汽车行业也在政府支持下快速发展，如实例6-1所示。

实例6-1 政府暖风频吹，新能源车企如何驭"风"而行?

新能源汽车产业是助力"双碳"目标达成的有力抓手，为助力汽车行业有效实现转型升级，政府先后积极出台了"一揽子"支持性政策，如《汽车产业中长期发展规划》、"新能源汽车碳配额"、"双积分"、《汽车产业投资管理规定》等。持续变革的产业政策将更快地推动汽车市场发展与技术进步。

在此政策背景下，传统汽车企业主动拥抱变革趋势，全面转型新能源，加大研发投入。2022年7月，中国乘用汽车联合会数据显示，新能源汽车销量榜中前六席均来自传统车企。其中比亚迪以158957辆高居榜首，同比增长率达247.2%，市场份额超过三成。比亚迪自2021年下半年出现爆发式增长，其销量在中国市场上甚至超过了上汽大众。2022年3月，比亚迪正式宣布停止燃油车生产，完成了从传统车企到新能源车企的蜕变。传统车企尤其是大型国企代表着中国汽车工业的"硬实力"，有着深厚的历史积淀、完备的供应链、雄厚的资金实力，跟随国家战略的脚步也更加紧密。站在传统车企的"肩膀"上，"新实力"们不但承担着为母企转型升级开疆拓土的重要职责，也被赋予掌握核心技术、探索新商业模式、推动中国新能源汽车品牌整体向上的使命。

资料来源：曹滢. "新能源汽车提速"传统车企变身新能源实力派［EB/OL］. 新华社客户端，2022 - 10 - 09.

6.3.3　技术驱动

政府支持对于企业的技术创新活动也具有促进作用（康志勇，2013；张同斌与高铁梅，2012），但企业原有的商业模式往往无法让突破性的新技术更好地应用于企业的经营活动，在这种情况下，企业为实现新技术的市场化，往往需要进行商业模式创新，而政府能够通过推动技术发展来助力企业的商业模式创新。

一方面，政府大力投资数字基础设施建设，可以为企业商业模式创新创造良好的技术环境。毛丰付、郑好青和王海（2022）认为，数字基础设施的快速发展加速了信息的储存、扩散与传播，降低了企业的信息搜寻成本，使企业间的知识和信息获取变得更为便利。同时，数字基础设施能为企业搭建实时联系平台，使交易双方可以实现信息资源互通，降低签约和履约的协调成本，增加企业间合作创新的可能性，从而有助于驱动企业商业模式创新。另一方面，政府出台一系列支持技术创新的政策，为企业实现新技术的市场化提供了政策保障。霍尔和哈霍夫（Hall & Harhoff，2012）指出，政府对企业技术研发方面的政策指引有助于降低企业技术研发风险，增加研发投入，同时还能规范市场竞争环境，避免某些企业的"搭便车"行为，能够有效激励企业技术创新，促进新技术产生，从而驱动企业进行商业模式创新，以更好地推动新技术的市场化。在政府的政策支持下，我国35项"卡脖子"技术已攻克大半，取得了长足的进步，如实例6-2所示。

实例6-2　35项"卡脖子"技术已攻克大半

2018年4月起，《科技日报》曾陆续报道了我国当时尚未掌握的35项关键技术，也就是我们所说的中国被"卡脖子"的技术。据不完全统计，截至2023年4月，已有21项"卡脖子"技术被攻克，达到国际先进甚至领先水平。

为促进关键核心技术攻关，政府强化了企业的创新主体地位，支持企业增加研发投入。加大对各类所有制企业的创新政策落实力度，完善以研发费用加计扣除为主的税收优惠政策，支持发展创投与风投等基金，鼓励金融机构提高制造业中长期贷款比例以支持企业创新。同时，政府还推动重大科研设施、基础研究平台等创新资源开放共享，以示范企业为载体引导企业加大创新投入，以重点实验室为载体推动产学研协同创新，并探索有利于激发企业积极性和能动性的新型创新模式。建立健全了基础研究支撑体系和产业创新生态体系，支持龙头企业联合高校和科研院所组建产学研用联合体，开展核心技术研发攻关。此外，面向一些关键核心技术领域，政府建设了集快速审查、快速确权、快速维权于一体的知识产权保护制度，切实加大知识产权侵权惩罚力度，为产业协同创新提供了强有力的制度保障。综合上述分析，政府能够积极促进企业技术创新能力的提升，促进新技术的产生，增强企业产品的研发水平，从而促进企业为了将新技术更好地应用于市场经营活动而不断创新商业模式。

资料来源：①张辛欣，胡喆. 我国将加大力度推进关键核心技术攻关[EB/OL]. 中国青年网，2019-05-24；②五年过去了，你知道35项"卡脖子"技术我们攻破了多少项吗？[EB/OL]. 中国青年网，2023-06-08.

6.3.4　监督驱动

随着互联网、大数据、人工智能与实体经济的深度融合，共享模式、平台模式等多种新兴商业模式不断出现。这些新兴商业模式所具有的差异化竞争、错位竞争和动态竞争等特性，在刺激市场消费、提高竞争力的同时也带来了竞争秩序混乱、市场隐患增多等问题。因此需要发挥政府的监管优势，加强对商业模式创新过程中出现的新问题的治理。

政府在商业模式创新过程中不仅是有序竞争的"引路人"，更是市场秩序的"护航员"（沈岿，2016）。虽然新兴商业模式创新给新经济的发展注入了新鲜"血液"，提升了社会整体福利水平，但新兴商业模式创新也可能是熊彼特（Schumpeter，1942）所说的"创造性的毁灭"，颠覆和破坏了原有的市场竞争秩序，且这种破坏并不全是"又破又立"的正当行为，还可能包含大量"只破不立"的违法行为，从而激化和衍生出潜在的市场发展问题（Chase，2015）。新兴的商业模式作为市场经济的产物，给经济和社会带来的两面性问题是市场自身无法克服的，需要充分发挥政府监管职能去解决商业模式创新中的市场失灵行为，维护市场经济的良性竞争秩序，保障商业模式创新的发展。

叶明和郭江兰（2020）认为，从政府的地位来看，政府监管有其独特的优势，能够正确处理好创新发展与行为规制之间的关系。在新技术的驱动下，社会经济的创造力被无限激活，但与此同时，垄断问题、不正当竞争问题、社会福利损害问题是新旧商业模式之间博弈时无法避免的，此时政府若能够做好相应的监管工作，既可以激励和促进商业模式创新的发展，为其营造良好的市场氛围，也可以防范和控制商业模式创新中的异化行为，维护市场竞争秩序和减少发展隐患。实际上，有力、有度的政府监管与有序、有效的市场之间并不矛盾，在新旧商业模式转换的过程中需要政府扮演辅助性、间接性的角色，及时纠正商业模式创新中的异化问题，防止其野蛮生长（赵振，2015）。

以广州市政府对网约车商业模式的监管为例，可以更好地理解政府监管对商业模式创新的重要作用。广州是珠三角城市群的中心，也是广东省政治、经济、科技、教育和文化中心，但广州网约车非法营运、私人小客车合乘引发的社会恶性刑事案件时有发生，面对现实的挑战，广州市公安局和交通运输主管部门制定了相应的监管政策，逐步实现网约车的规范管理，保证了网约车商业模式的可持续发展（王仁和、李兆辰和韩天明等，2020；赵光辉和李玲玲，2019）。

6.4　风险投资与商业模式创新

风险投资是资本市场的重要组成部分，也是企业商业模式创新的重要驱动力，因此风险投资与商业模式创新的关系也一直是被关注的焦点。风险投资主要通过金融支持和增值服务来促进企业的商业模式创新（Gerasymenko，Clercq & Sapienza，2015）。科图姆和莱内尔（Kortum & Lerner，2000），以及法里娅和巴博萨（Faria & Barbosa，2014）指出，风险投资通过向企业提供资金有效缓解了企业面临的融资约束。此外，由于大多数风险投资者总是密切参与他们所投资的企业，因此他们不仅密切关注公司的业务运营，还会向被投资方提供有价值的资源和社会网络，对商业模式创新起到积极的影响（Arque – Castells，2012）。

6.4.1　金融支持

资金缺乏是商业模式创新失败的一个重要原因，特别是在企业没有足够的固定资产进行抵押，难以从银行借款的情况下。金融支持机制的影响可以分为两类：一是风险投资直接影响企业的商业模式创新，即直接向企业注入风险资金，支持其进行商业模式创新；二是风投机构通过为企业背书，帮助企业间接吸引外部投资和融资（Popov & Roosenom，2012；尹航、刘佳欣和曾能民，2022）。

根据资源基础观，企业所具备的战略性资源是其实现创新发展的关键（Rodriguez，Molina – Castillo & Svensson，2019），是企业获取并维系其竞争优势的动力源泉，但是由于发展的不确定性、创新的高风险性及缺少抵押资产，企业往往很难获得传统融资机构的支持（蔡卫星、胡志颖和何枫，2013）。而风险投资的介入，为企业研发新产品新技术、创造新的交易机制、建立新的合作关系等商业模式创新活动提供了有力的资金支持。史密斯（Smith，2019）指出，一个新的商业模式从提出、实施到成熟，需要经历一个较为漫长的过程，在此过程中，资金短缺通常是企业所面临的主要难题。风险投资不同于一般的融资渠道，其并不追求短期的资金回流，往往更关注投资对象的未来市场前景、持续经营能力和商业品牌信誉等，甚至愿意为此承担较大的投资风险（邹璇和张梦雨，2020）。因此，作为具有专业结构和运营准则的投融资组织，风险投资机构能够帮助企业获取充足的资金支持，这有利于企业拥有充足的资金进行新商业模式的宣传、推广和落地实施，从而能够推动企业的新商业模式尽快抢占市场空间，促进商业模式创新成功。

尹航、刘佳欣和曾能民（2022）指出，风险投资机构也能为企业背书，帮助企业开展商业模式创新吸引到其他投资与合作伙伴。例如，风险投资以股权投资的方式介入，与被投企业成为利益共同体，背后的逻辑就是认可企业的潜在成长性。风险投资介入后，一方面，会向外界传递优质被投企业的信号，吸引其他金融机构的跟进，或者通过积极的资本运作推动企业的后续融资，为商业模式创新活动的持续性提供了保障。例如，在 1999 年 10 月，阿里巴巴获得由高盛牵头的 500 万美元投资后，2000 年获得软银、富达等投资机构 2500 万美元投资，2004 年又获得软银等风投机构的 8200 万美元的投资，资本的注入为阿里巴巴的电子商务商业模式创新提供了充足的动力，使阿里巴巴迅速发展成为国内最大的电商企业。另一方面，风险投资的介入可以降低信息不对称程度，从而降低融资成本。风险投资对具有不确定性和信息不对称性的创业企业具有认证功能，风险投资的注入标志着被投企业的巨大潜力。杜塔和弗尔塔（Duta & Folta，2016）指出，信号效应可以帮助企业增加找到潜在合作伙伴的机会，并降低相关成本。有学者发现，风险投资的注入可以帮助被投企业吸引研究伙伴，为企业进行商业模式创新提供人力和智力支持（Hsu，2006）。另外，由于风投机构要经常进行融资，因此他们非常珍视自身的声誉，市场上的金融机构也因此比较信任风险投资以声誉为担保所传递的企业信息，进而使创业企业的融资成本大大降低。理论 6-2 为信号理论。

理论6-2　信号理论

信号理论较早由斯彭（Spence，1973）提出，该理论源自对买卖双方信息不对称情境下市场互动的研究，是信息经济学的重要组成部分，如今也广泛应用于管理学领域。

信号理论发展至今已形成了系统的理论框架，即信号由信号发送者在环境因素影响下发送至信号接收者并接收反馈的过程，包括信号发送者、信号与信号接收者三个要素。在管理学研究中，信号发送者与接收者通常代表了个人、产品或公司，但信号发送者往往掌握着有关于个人、产品或组织结构的重要信息，这些信息一般是外部人不可获得的。与之相反的是，信号接收者是指缺乏关于个人、产品、组织质量相关信息而又希望获得这些信息的外部人，外部人会根据信号发送者发出的信号进行决策。两者之间有着部分利益冲突，成功的欺诈能够使信号发送者受益而使信号接收者受损（Bird & Smith，2005），因为发送的信号往往是关于组织的积极正面的信息，在一般情况下，内部人不会主动向外界传递消极信息。

资料来源：李超平，徐世勇. 管理与组织研究常用的 60 个理论 [M]. 北京：北京大学出版社，2019.

6.4.2　增值服务

风险投资提供的增值服务能够推动企业商业模式创新，而公司治理理论和信号效应则有力解释了风险投资如何通过增值服务促进商业模式创新。

根据公司治理理论，组织结构的变化会影响创新。而风险投资通常会产生一种投资合同，被投资企业在企业运营中必须遵守这一合同，这可能导致公司所有权结构和董事会成员构成的变化（Large & Muegge，2008），从而会促进或加强商业模式创新。一方面，风险投资可以帮助新创企业建立正式的组织结构和改善企业治理，从而激发企业管理团队的动力，促使新商业模式的实现。以暴风影音为例，在其商业模式创新的过程中，风险投资机构为其提供了丰富的管理经验，优化商业模式并提高企业管理水平。暴风影音的成长，正是其商业模式不断成型与管理不断成熟的过程：每一轮风险投资的背后，都有投资者对商业模式演化、创新与修正的直接或间接支持；而每一个投资期，风险投资者都会通过自身的行业经验与管理经验不同程度地参与到投资对象的管理中。另一方面，由于风险投资机构通常具有丰富的管理经验，能对新模式存在的潜在风险进行评估和指导，协助企业做出合理决策，从而能够有效降低商业模式创新的不确定性，特别是那些专注于一个或几个专业领域的风险投资机构，往往比创业者拥有更强的商业敏锐性，而且这类风险投资还会通过知识流动更多地帮助被投资企业了解产业链和外围产业（Gui，Liu & Du，2018），帮助企业对潜在的机会、威胁和技术前沿保持敏感，及时根据条件调整现有商业模式。

6.4.3　非线性影响

虽然风险投资在很大程度上有助于企业进行商业模式创新，但也有研究表明，风险投资与商业模式创新之间的关系可能是非线性的，风险投资优势也可能对企业的商业模式创新造成破坏。

阿基翁、范格林和津加莱斯（Aghion，Van Reenen & Zingales，2013）提出，风险投资和商业模式创新行为之间存在潜在的不对称关系是导致非线性影响的重要原因之一。由于一些机构投资者可能会侵占被投资企业的财富和创新想法，因此，风险投资在某些时候也很有可能会成为潜在威胁（Wadhwa，Phelps & Kotha，2016）。例如，风险投资在控制公司董事会、反对股权稀释以及指导未来融资方式方面往往拥有强大的合同权。多项研究表明，由于信息不对称以及风险投资机构与企业之间的利益和战略目标不一致，风险投资机构可能会通过"财务隧道效应"和"运营隧道效应"侵害被投资企业，以窃取新创意，然后将这些创意应用于他们控制的其他初创企业。这种现象特别容易发生在风险投资水平相对较低的早期阶段（Dushnitsky & Lenox，2006）。

风险投资对商业模式创新的非线性影响还可能发生在商业模式创新过程的其他阶段。索伦森和斯图尔特（Sorenson & Stuart，2001）发现，在商业模式创新初期，风险投资的行业信息网络对于帮助企业新商业模式的落地尤为重要；在发展阶段，风险投资仍然可能是保证新商业模式成功的一个重要原因，但已不像初期那样重要；在成熟阶段，新商业模式基本成功，风险投资的作用可能会进一步降低。因此，风险投资对商业模式创新的影响可能取决于投资时机。

6.5　竞争者与商业模式创新

波特（Porter，1985）五力模型具体包括供应商议价能力、需求方议价能力、潜在进入者、替代品威胁及同行业竞争，这五种力量可以解释任何行业的竞争规律，也影响着企业的商业模式创新。波特五力模型如图6－1所示。

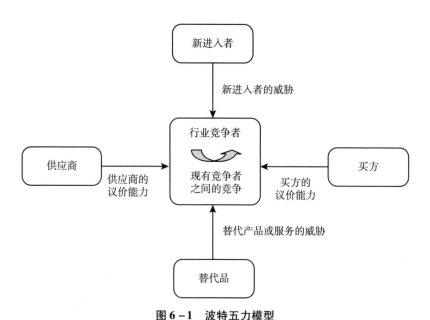

图6-1　波特五力模型

资料来源：Porter M E. Competitive Advantage：Creating and Sustaining Superior Performance：With A New Introduction［M］. Free Press，1985.

6.5.1　压力驱动

市场竞争被视为推动创新和技术进步的引擎（夏清华和黄剑，2019），企业的商业模式创新活动也不可避免地受到竞争者的影响。根据信号理论，企业在接收到竞争者所释放的竞争信号后，为了保持竞争优势地位或提升市场竞争力，会增加商业模式创新方面的关注度和资源投入。

企业面对的竞争压力越大，意味着其所拥有的竞争优势越小，因此，竞争者带来的强大竞争压力使得企业不敢懈怠（Majeed & Zhang，2016），并促使其积极寻求提高自身市场竞争地位的方法。弗里尔（Freel，2005）指出，当企业感知到竞争对手的能力提升，或者竞争者作出了较大的变革活动时，其创新压力将会增加。在竞争者的威胁下，企业面临着市场份额被竞争者抢占的风险（Hoang & Ruckes，2017），因此会提高对商业模式创新的注意力。具体而言，收到竞争对手的信号后，企业会增加在商业模式创新方面的投入，扩大对外部知识和信息的搜索（Pratono，Darmasetiawan & Yudiarso，et al.，2019），加强针对商业模式创新活动的资源储备，完善组织人员配置，这有利于提高企业商业模式创新成功的可能性（Zhang，Bu & Wee，2016），促使企业发展出更具有市场价值和竞争前景的新商业模式。

社会嵌入理论也指出，企业是嵌入在外部环境中的，因此企业的商业模式创新过程会受到嵌入同一市场环境中的竞争者的影响。竞争者发起的竞争攻势使企业原有的商业模式无法继续保持竞争优势，为了在嵌入市场中继续生存和盈利，企业不得不对商业模式进行修正和完善，力图更好地满足消费者需求，获取新的竞争优势（郭韬、李盼盼和乔晗等，2021）。特别是在移动互联时代，社群经济兴起、传播碎片化等新的市场特点日益突出，商业模式创新成为支撑企业在市场竞争环境中获胜的重要保障。市场竞争客观存在，企业必须面对，因此竞争者作为商业模式创新的外部影响因素，通过释放竞争压力驱动了企业的商业模式创新（韩炜和高宇，2022）。

6.5.2　行为模仿

郑丽（2022）指出，企业可以通过模仿来增强组织的合法性和竞争地位，特别是在环境不确定的背景下，企业无法判断其行为的有效性，通过向竞争者的模仿学习可以获得创新的"合法性"，提高创新成功的可能性。就商业模式创新而言，激烈的竞争环境能够驱动企业主动向竞争者学习，进而推动其完善自身商业模式中存在的不足。行业内后发企业或竞争弱势企业在借鉴行业领先企业商业模式的基础上，可以通过商业模式创新实现对领先企业的追赶（Song，2015），而行业内的先发企业或具有竞争优势的企业同样能够在激烈的竞争环境中不断学习新知识和新经验，主动推动其商业模式创新（Faghih，Dastourian & Sajadi，et al.，2018）。曾萍、李明璇和刘洋（2016）也认为，行业内原有的竞争者在长期的竞争过程中能准确把握自身及竞争对手的优势和不足，进而在不断的竞争博弈过程中学习对方的长处，并及时改善自身的不足，并通过持续的创新投入获取先动优势，有效促进企业商业模式的创新发展。

后发企业追赶理论认为，在技术水平和市场份额等方面均劣于竞争对手的企业，可以通过战略变革、结构调整及技术学习等方式，重新定位自身在行业中的位置（Lee & Malerba，2017），通过模仿借鉴先进企业的创新经验，最终实现追赶甚至反超。尹新悦和谢富纪（2020）结合后发企业追赶理论和制度理论，认为当所处行业内部存在能力较强的竞争者时，企业可以从这些竞争对手处学习借鉴新颖的商业模式，进而实现创新追赶。

理论6-3比较了先行者优势和后发优势。

理论6-3　先行者优势 vs 后发优势

"先行者优势"（First-mover Advantage，FMA）较早由利伯曼与蒙格马利（Lieberman & Montgomery，1988）提出，是指企业因在时机上领先于竞争对手的某些具有战略意义的行动而获得的优势。先行者优势可分为三个方面：资源先取优势、成本优势和顾客转换成本优势。

先行者的资源先取优势表现在三个方面的定位优先，分别是地理空间、技术空间和顾客感性空间（Lieberman & Montgomery, 1998）。在成本优势方面，先行者对市场的捷足先登可以使其快速扩大市场份额，提高销售量。高销量不仅可以使公司达到规模经济，还可以积累学习经验。当公司沿着学习曲线移动时将导致成本的持续降低，成本的降低又会促进售价降低并进一步促进销售量的增加，这种良性循环可以形成公司的持续性竞争优势。在顾客转换成本的优势方面，先行动者能够通过提供可感知的高品质产品和服务，建立良好的声誉或品牌形象等差别化战略，把消费者牢牢地捆绑在它们所提供的产品和服务上，提高消费者的转换成本。

"后发优势"（Advantage of Backwardness）较早由格申克龙（Gershenkron, 1962）提出，是指后进入者由于较晚进入行业而获得的较先进入企业所不具有的竞争优势。后进入者可以通过观察先行者的行动及效果，减少了自身面临的不确定性，从而采取相应行动以获得更多的市场份额。

后发优势的来源主要包括四个方面：（1）具有开拓性的先行者需要付出很大的成本和代价而且获得的经验曲线效应并不强，而后进入者可以吸取先行者的失败经验，进而获得差别化与成本优势；（2）技术变革速度加快，使早期投资的设备和技术很快过时，而后进入者可以采用最先进的技术和设备，通过创新获取更多的竞争优势；（3）消费者对先行者的忠诚度不强，当市场情况发生变化时，后进入者较容易打开市场；（4）先行者付出巨大代价获得的技术和经验可能轻易地被模仿甚至超过，后进入者可能通过"搭便车"行为，降低产品成本，获得成本优势。

资料来源：①宋岚．竞争优势的另一种来源——基于市场进入时机的"先行者优势"［J］．经济管理，2003（4）：9－13.②后发优势［EB/OL］．360百科，2020－09－25.

拉米雷斯、帕拉·雷奎纳和路易斯·奥尔特加（Ramirez，Parra－Requena & Ruiz－Ortega，2018）指出，竞争者传递的商业模式信息既可帮助企业降低商业模式创新的风险和难度，又有利于减少企业在资金等创新资源的投入，降低组织创新成本。借鉴竞争者所传递的商业模式信息，企业可以整合组织内外部的知识资源，综合考虑自身所具备的创新资源和创新能力，根据实际市场环境，有效把握商业模式创新机遇，进而形成更符合自身条件且更具市场竞争力的商业模式。

6.5.3　协同创新

竞争并不总是破坏性的，为了减轻激烈市场竞争的负面影响，竞争者之间也会相互协同合作（高洋、陈蓓蓓和马鸿佳，2022；Lazega，2009）。例如，三星和索尼在多个市场存在竞争，多年来，三星的目标就是取代索尼成为世界顶级的电子制造商，但三星和索尼却成立了一家合资企业（S－LCD）来一起研发和生产第七代平板显示器。因此，在商业模式创新过程中遭遇技术复杂性提高、创新不确定性加剧、自身资源短缺、研发能力不足等因素限制时，企业也可以打破边界，与多主体协同创新，实现商业模式创新要素最大限度的整合，真正推动商业模式的创新发展。

虽然当前关于企业与竞争者协同进行商业模式创新的研究较少，但技术、产品创新领域的协同创新研究可以提供有意义的参考。格林斯坦和霍布斯（Greenstein & Hobbs，2002）的研究表明，竞争对手在企业创新中发挥着关键的作用，企业在与竞争者协同过程中会实现知识要素、技术要素与创新信息的流动。在和竞争者互动的过程中，一方面会使企业产生紧张感，促使企业不间断地进行创新活动；另一方面技术知识的外溢也会提升整个行业的技术发展，最终使企业获益。此外，与竞争者形成合作关系，有助于推动整个行业的协同创新，形成互惠共赢的局面（刘志迎、沈磊和冷宗阳，2020）。我国的橡胶产业正是通过橡胶协会、政府与高校等协同创新，才打造出"橡胶谷"这一新商业模式，如实例6－3所示。

实例 6-3　橡胶谷的突破

2010 年，我国橡胶产业迅速发展，但也面临着突出问题：一方面在于一些国家对中国橡胶轮胎进行贸易、技术等方面的打压；另一方面在于我国橡胶产业规模体量大，结构性产能过剩，企业间相互恶性竞争。因此品牌、研发、市场、竞争力与产业布局等各方面的问题都暴露了出来。

为解决这些问题，橡胶行业协会与企业、高校与政府联手，打造出了"橡胶谷"这种新商业模式。"橡胶谷"是以平台经济理念打造的"政产学研资"五位一体、高度融合、O2O 联动的化工橡胶行业生态圈，助推化工橡胶行业可持续健康发展，致力于打造全球化工橡胶行业最具公信力的第三方服务平台。

作为国家级（专业技术型）科技企业孵化器，橡胶谷创业孵化园区除完善的基础设施与优惠的资金政策等硬件支持外，橡胶谷还依托"互联网+校区+园区+产业平台"模式，为橡胶行业的创业者提供了更为便捷、丰富的软性资源支持。例如，对于企业技术难题，橡胶谷会在专门的网站上及时发布相关信息，其他任何成员企业或研发人员都可以提出自己的解决方案，一旦问题得到解决，所获得的收益由相关方共享，三年后其他企业才可以免费获得相关解决方案。经过多年的发展，橡胶谷形成了包含基础支撑群、技术群、市场群、文化群的"橡胶谷平台金字塔体系"，这四大群属以公司的方式为园区各企业提供科研创新平台、企业孵化平台、知识产权平台、教育人资平台与商品交易平台等，服务几乎涵盖了整个产业链，上中下游企业聚集在这里形成了共融共生的行业生态圈。

资料来源：①王悦音. 橡胶谷：相融共生的生态圈 平台经济搭建橡胶"硅谷"［EB/OL］. 大众网，2015-11-23.②本书作者调研。

在商业模式创新方面，越发激烈的行业竞争环境会给企业带来巨大的创新风险，促使企业从依赖内部创新转向开放式创新，逐渐加强与竞争对手之间的交流合作与知识共享，以弥补企业内部资源的不足（Musa & Elma，2018），故同类企业之间所拥有的技术能力、知识基础及市场信息成为彼此协同商业模式创新的重要基础（Liu，Hodgkinson & Chuang，2014），也是企业对现有商业模式中出现的问题及时修正的重要保障。

6.6　行业协会与商业模式创新

行业协会是企业间自发形成的，由政府部门批准成立的民间商会组织（张华和吕鹏，2019），具有非营利性、中介性、保护一种特殊而普遍的利益、成员单一性和竞争性等特征。郑慕强和徐宗玲（2014）认为，作为行业内部的自治组织，行业协会能够通过管理行业内竞争者之间的无序竞争、联合价值链上下游企业进行资源整合、提供市场信息咨询等，维护行业的正常秩序，在多个方面影响企业的商业模式创新。

6.6.1　沟通桥梁

行业协会作为联系企业与企业、企业与政府的纽带，在企业商业模式创新过程中能够起到沟通桥梁的重要作用。行业协会注重加强企业会员之间的沟通，积极组织内部交流与协商，为企业获取知识和信息提供渠道。此外，行业协会通过走访调研等形式，对会员企业不同的利益主张进行深入了解，以达成协会内部意见的一致性。杨进和张攀（2020）指出，由于协会的代表性和综合性水平较高，能够在政策参与过程中能够更好地代表整体会员心声与政府沟通协商、建言献策。

在企业之间的沟通方面，行业协会既起到了信息交流的作用，也起到了知识传递的作用。一方面，行业协会为企业提供了与本行业中其他企业进行沟通和交流的平台，在一定程度上能够降低信息不对称对企业商业模式创新的不利影响。另一方面，由于商业模式创新需要完备的知识资源基础，而从外部获取知识以及在企业内创造新知识成为企业扩展知识存量的两种最重要的手段（王巍、李德鸿和侯天雨，2022）。胡峰和张月月（2013）指出，行业协会内的每个成员企业都有自身优势，都有其自有知识，企业间的沟通与协作有助于企业间的有益知识共享。在这个过程中行业协会可以充当企业联络人的角色，构建起行业内企业间知识转移的桥梁，提高企业进行商业模式创新时的知识资源获取和使用效率。

行业协会也为企业与政府之间的沟通提供了平台，成为政府与企业之间信息交流的有力渠道。姜长云和谢贝妮（2011）认为，借助行业协会的凝聚力和网络优势，行业协会能及时向政府反映行业发展问题、企业利益诉求，特别是在政府制定关于行业的某些政策时，行业协会可以就自己所掌握的信息向政府提供意见和建议，并将政府的意见及时传达给行业内的企业，从而使企业能沿着正确的方向进行商业模式创新，并在商业模式创新过程中获得政策支持。实例6-4为行业协会充分发挥桥梁作用的体现。

实例6-4 牵线搭桥，当好企业创新发展的"助推器"

济南市槐荫区科协认真履行"四服务"职责，充分发挥科协组织的科技人才密集、联系广泛的优势，在企业与政府间，努力做好融通发展的"联络员"。在区科协联合区工信局举办的"科创中国"工作培训会中，聚焦槐荫区42家战略性新兴产业，培育"科创中国"联络员22名，挖掘汇总企业创新需求，推动园区、企业与高校专家之间的交流合作30余次，积极参加市、区科协组织的相关科技服务活动20余场，及时向槐荫区科协提交"科创中国"试点城市建设相关意见建议20余条，发现需求、协调资源、解决问题，开展科技成果和需求双向精准匹配对接工作。

同时，济南市槐荫区科协也积极做好政策解读的"服务员"，在区科协召开"科创兴"工作座谈会中，邀请区委人才办、区科技局、区工信局开展科创政策解读。开展多部门联合协作，邀请市科协进行培训指导，对产业发展和人才扶持政策做好推送工作，建立一企一策服务机制，举办"向企业问需，送政策上门"线上讲座，帮助企业补短板、促发展。

资料来源：济南市槐荫区科协，当好企业创新发展的"助推器"——槐荫科协行万里、联百企唱响"科创兴"的大合奏［EB/OL］. 山东省科学技术协会网站，2023 – 01 – 29.

6.6.2　协调与监督

制度理论认为，人们在集体行动中具有很强的机会主义行为和"搭便车"的动机（Runge，1984），因此必须通过一定的制度设计对人们的行为给予强制约束。商业模式创新因其重要性，也会引发部分企业间的恶性竞争，破坏商业模式创新的生态环境。沃特金斯、帕帕约安努与穆格瓦格瓦等（Watkins，Papaioannou & Mugwagwa，et al.，2014）认为，行业协会可以通过制定约束措施等方式，为企业塑造良好的行业环境，促使企业积极推动商业模式创新。

由于行业协会的治理在经济与社会运行中占据越来越重要的地位，其在商业模式创新中的规范作用也逐渐加强。这主要体现在行业协会在履行行业内部管理、协调和服务等职能时，能够取得相关企业的信任和认可，树立其在相关领域的权威，同时又能促进同行企业竞争有序化，避免恶性竞争阻碍商业模式创新的发展。例如，河北省某家具行业曾存在严重的恶性竞争情况，当地企业在商业模式的创新发展方面停滞不前（罗家德、侯贵松和谢朝霞等，2013）。但随着当地家具协会的建立，行业发展逐步规范，会员企业也得到相应约束。由于不遵守行业规范的成员会引起其他企业的注意和谴责，甚至受到其他企业的联合抵制。因此，在行业协会的监督下，会员企业遵循行业规则，互相表现出善意的行为，并开始采取更为合作的态度，不仅保证了企业的稳定运营，也有利于家具行业商业模式的良性发展和创新（杨进和张攀，2020）。

6.6.3　资源服务

行业协会能够在一定程度上为企业商业模式的创新提供必要的资源服务，其中既包括有形的现金资源，也包括无形的社会资源。稳定的现金流对企业商业模式创新起到重要作用，李汇东、唐跃军和左晶晶（2013）的研究表明，与内源性资金相比，外部资金在企业受到融资约束的条件下对企业创新活动的促进作用尤为显著。目前我国企业大部分属于非上市企业，缺乏可抵押资产和经营信息不透明是企业获取外部融资的主要障碍，行业协会可以通过声誉信任机制和集体担保机制增加企业外部融资（杨进和张攀，2020）。首先，行业协会可以通过声誉机制减少融资过程中的信息不对称性。在经济转型中，行业协会作为一种信号传递载体，能够在一定程度上减少企业和外部投资者之间的信息不对称问题。企业被行业协会接纳为会员表明企业接受和遵守行业规则，得到行业管理机构肯定和认同，可以提高企业知名度和声誉（Liu，Ke & Wei，et al.，2010），进而有助于银行了解企业在市场竞争、资金周转、合同遵守等方面的信息，减少信息不对称。其次，行业协会可以通过集体担保机制降低银行放贷风险。转型经济中由于缺乏发达的第三方实施机制，向企业贷款存在很大风险。而行业协会作为一种集体组织，可以将分散的信用担保资源汇集在一起建立集体信用担保机制，降低信用风险（杨进和张攀，2020）。

此外，行业协会也能够通过设立"行业互助资金"的形式，为协会内企业提供紧急资金支持，弥补企业资源不足，为企业开展商业模式创新奠定资源基础。例如，浙江省龙泉市汽车空调配件行业协会通过成立"互助资金委员会"，在行业内企业遇到资金周转困难时，为企业开通绿色通道，解决企业后顾之忧。与传统担保抵押贷款方式不同的是，"互助资金委员会"在为企业提供资金帮扶时不需提供抵押，只要经过几步简单的借款办理手续就能获得资金，为协会内企业提供了及时且便利的资金支持。

除资金资源外，陈爽英、井润田和龙小宁等（2010）指出，行业协会还能够帮助企业会员获得有利于促进商业模式创新的社会资本。通过行业协会提供的交流平台，有助于在企业会员之间形成信任与互惠基础，进一步促进资源整合，形成优势互补，有利于企业进行商业模式创新。更重要的是，行业协会的内部协调有利于在企业之间形成合力，而合力的产生一方面有赖于企业会员之间的关系维护，另一方面得益于企业会员之间的矛盾化解。处理好这两方面关系有利于促进企业之间形成资源和知识上的整合互动，提升企业的创新能力。相反，破碎的行业环境和割裂的企业关系会妨碍协会内企业整体影响力的提升，破坏企业的外界形象，进而影响企业的商业模式创新。

6.7　消费者与商业模式创新

商业模式创新涉及重新塑造价值主张（我们向谁提供什么？）和价值获取方式（我们如何有利可图地提供产品？）（Lindgardt，Reeves & Strek，et al.，2009），其最终目标是通过提高产品或服务的价值，通过向消费者交付这些产品来增加收入。因此，商业模式创新的成功通常离不开对消费者的深度满足。

6.7.1　消费者偏好驱动

随着数字技术的发展，消费者的需求逐渐呈现出多元化、差异化与个性化的特征，这对企业传统的商业模式来说是一个严峻的挑战，企业必须关注消费者的个性化需求，并在此基础上进行商业模式创新。因而，消费者驱动成为企业商业模式创新的发展趋势。菲利普斯和迈克尔（Philip & Michael，2008）认为，企业商业模式创新的动力来源于消费者需求的变化。现实中，随着纸质传媒的衰弱，企业纷纷开展平台型商业模式创新，以更好地满足消费者对新闻资讯的个性化需求，如今日头条会对用户感兴趣的领域进行分析，然后向用户推荐感兴趣的新闻资讯，实现个性化推荐；抖音也同样通过提供多样化的内容与服务，以及利用技术手段，为用户精准推荐个性化的内容。

缺乏对消费者偏好和技术价值的理解会导致商业模式创新失败。未能理解消费者偏好的一个例子是摩托罗拉的 Iridium 卫星电话系统，该系统对目标用户来说过于昂贵，而且在服务可用性和手机尺寸方面存在设计限制，因而并没有得到消费者的认可。因此，为了避免商业模式创新失败，必须考虑消费者偏好。实践中许多企业也都在寻求利用消费者偏好来推动商业模式创新。例如，客户反馈劳斯莱斯的飞机发动机的维护成本高昂（计划内和计划外的）或购买到性能不佳的产品，劳斯莱斯便开始根据客户偏好转变其商业模式，从飞机发动机的产品销售商转变为"按小时功率"的服务提供商，极大地提高了劳斯莱斯的产品和服务质量，改善了客户的服务体验（Edvardsson，Tronvoll & Gruber，2011）。

　　消费者偏好驱动的商业模式创新帮助企业及其管理者不断开发符合消费者需求的技术和业务。这不是一次性的创新任务，而是每当消费者偏好、支持技术和基础设施发生变化时都会进行的创新迭代过程。通过创建数字化社区（如实例 6 - 5 以小米社区为例），企业可以获得不断变化的消费者偏好和新服务要求的重要实时信息。

实例 6 - 5　小米社区

　　小米社区官方论坛是米粉的大本营，为小米粉丝提供包含小米手机学院、小米同城会、小米游戏软件下载、酷玩帮、小米随手拍等众多分类内容，在这里交流手机使用技巧心得，了解小米最新动态，参与活动互动，为米粉打造了一个良好的互动交流平台。

　　小米单独搭建了这样一个社区，凝聚了热爱小米产品的一群人，他们就是小米产品的目标用户群，服务好这群人，小米产品才能走到今天。搭建社区，可以精确获取到这部分人的诉求和数据，建立更加完善的用户画像系统。

　　小米通过消费者意见社区，实时捕捉消费者的需求，不断改进产品性能。传统企业了解消费者需求，往往具有滞后效应，如产品上市后，去了解消费者是否满意，反馈速度很慢。有很多传统企业都逐渐在尝试建立在线消费者社区，希望能够随时捕获消费者的需求和对于产品的各种评价。小米早已通过社区解决了这个问题：小米社区每天有若干的粉丝集结，并在上面发表各种"吐槽"，这些"吐槽"都成为小米发现痛点的关键，进而有利于小米有针对性地开展商业模式创新。

资料来源：一花一朝．关于小米社区三个思考 [EB/OL]．简书，2018 - 04 - 16.

6.7.2　消费者价值共创

以往的产品主导逻辑以企业所生产的产品为中心，企业根据消费者特征对消费市场进行细分，进而整合内外部资源来进行产品的设计与生产，最终将产品向市场中的目标消费者进行销售。该观点认为，消费者在产品生命周期中只起到价值交换的作用，而企业等主体才是实现价值创造的关键。然而，随着信息技术和知识经济的逐渐兴起，产品的生产与服务边界变得模糊，传统的产品主导逻辑难以满足需求。在这种情况下，新兴的服务主导逻辑逐渐被企业界所接受，该观点认为企业的任务主要是为顾客需求提供合适的解决方案，因此企业应根据消费者需求提出新的价值主张，并通过资源整合等途径完成价值创造。消费者在此过程中不再仅是"价值交换者"，同时也能成为"价值共创者"（葛万达、盛光华和龚思羽，2019）。

根据价值共创理论，企业开展商业模式创新不能单纯以技术为导向而脱离利益相关者的支持（姜尚荣、乔晗和张思，2020）。格拉博斯卡和奥托拉（Grabowska & Otola，2019）认为，为了在充满不确定性的市场环境中取得良好的市场竞争地位，企业需要充分发挥消费者的潜在价值，积极与消费者进行互动。其他学者也认为，在商业模式创新过程中，消费者不仅会通过传递创新需求来推动企业新商业模式的实施，而且能够参与创新活动，为新商业模式的推广和实施提供帮助（Zhou，Li & Huang，et al.，2019）。具体而言，随着互联网的深入发展，消费者在先进的技术条件支持下积极参与企业的创新活动，可以帮助企业及时获知客户需求变化的信息，更好地理解消费者需求背后所蕴含的深层次服务偏好，这有利于创新者更有针对性地调整商业模式。同时，有研究表明，在创新互动过程中，消费者会积极表达符合自身理想状态的观点，为企业的创新活动出谋划策（Chan，Yim & Lam，2010），这有利于企业积累创新知识，及时更正商业模式创新过程中的偏差，减少商业模式创新的成本和费用（Li & Hsu，2018），促进创新资源的优化整合，避免商业模式创新活动的混乱无序。

实例 6-6 中，小米公司的实践活动清晰地表现出活跃粉丝数是决定价值共创效果与效率的关键。

实例 6-6　小米价值共创

活跃粉丝数是决定价值共创效果与效率的关键，小米公司的实践活动清晰地表现出了这一点。小米公司在线上论坛不断发起问答、投票、游戏、点评、抽奖、抢机等互动活动，重点围绕产品研发、产品发布、产品使用及售后服务展开。

小米公司早就认识到用户基于互动参与价值创造的重要性并将这种意识转化为实际行动，实现了用户心中的"所想即所见"预期。以小米公司手机技术核心——MIUI 操作系统的研发为例，小米公司一直采用完全免费而且开放的模式，始终由一群发烧友用户参与甚至主导。MIUI 每周都会发布一个新的版本，并交由用户在线讨论修改，用户可以在线上社区中分享发布使用 MIUI 过程遇到的问题、解决方法等，并通过投票来决定很多功能的取舍。小米公司则根据发帖数量等指标给用户积分，在新品发布前挑选出有资格试用工程机的用户，利用参与感积累用户对手机的依赖度，保持用户对产品的持续黏性。并在第二周将建议反映在发布的新版本中，至今已经坚持了 170 多周。在这一模式下，用户的想法很快就可以变成现实，甚至可以制作自己的 MIUI 界面分享给其他人，从而呈现出"MIUI 系统的一切功能都是由用户决定的，MIUI 系统的所有BUG 也是由用户发现的，MIUI 系统的各种改进也是由用户提出的"

这一重要特征。

　　同时，小米公司始终坚持以真诚的态度与用户展开互动，从而共创价值。任何一位用户，只要在小米公司官网进行购买等操作，该用户就将拥有小米公司生态圈的唯一 ID。小米公司根据粉丝的消费行为进行数据挖掘，并进行精准推送。不管是用户的积极建议还是负面评价，很快就有小米公司的人员在线进行回复和解答，而且用户可以明确地知道自己的建议是哪个工程师在解决，什么时候能解决，形成一种"主人翁"的感觉，能够更加积极地参与价值共创。

　　资料来源：杨学成，陶晓波. 从实体价值链、价值矩阵到柔性价值网——以小米公司的社会化价值共创为例 [J]. 管理评论，2015，27（7）：232－240.

　　综上所述，今天的消费者有更多的机会和渠道对企业提供的商品和服务提出个性化的要求，消费者可以以更多的方式参与到交易中，而且参与程度越来越深。消费者得以以各种方式从分散走向联合，影响力逐渐变大，客户群成为企业最重要的资源之一，成为创造需求和价值的新源泉。以往消费者在消费过程中只能被动接受地位正在发生的改变，消费者与生产者之间的力量对比发生倾斜，商业模式创新正在向消费者和企业共创价值的时代迈进（李文莲，2015）。

6.7.3　消费者创新抗拒

　　鉴于新商业模式的高失败率，企业应该关注阻碍消费者接受创新的原因，但传统的商业模式创新研究往往忽略了导致消费者抗拒新商业模式的因素。

　　商业模式创新的本质要求消费者接受价值主张、价值创造、价值传递或价值获取等商业模式要素的变化，或者迫使人们改变习惯和惯例，或者打破根深蒂固的规范和传统（Berchicci & Bodewes，2005）。也就是说，商业模式创新对消费者来说意味着改变，对改变的抗拒是消费者的正常反应。消费者对商业模式创新的抗拒可以被视为人们普遍抵制变革的一种具体形式。例如，拉姆和谢斯（Ram & Sheth，1989）认为"消费者对创新的抗拒是创新的主要阻力之一，原因在于创新带来了令人不满意的现状变化，或者是因为创新与消费者的心理认知相冲突"。相关研究表明，新商业模式被抗拒往往是因为消费者对商业模式创新存在功能障碍和心理障碍（Kleijnen，Lee & Wetzels，2009）。

拉姆和谢斯（1989）指出，当消费者认为接受新商业模式会与原先习惯变化较大时，就可能会产生与新商业模式相关联的使用、价值和风险障碍。当商业模式创新与现有使用模式冲突时，消费者会遇到使用障碍。消费者往往倾向于现有的解决方案，因为人们通常熟悉如何利用现有方案来解决问题（Gourville，2006）。例如，光伏电站作为绿色电力开发能源项目，在最初推行时却因占据大量耕地引发了居民的强烈不满，这是由于当商业模式创新背离公认的社会规范，或者迫使消费者打破根深蒂固的传统时，可能会出现与传统和规范相关的障碍，并可能会导致消费者的强烈不良反应，如负面口碑或抵制（John & Klein，2003）。为解决光伏电站对放置空间的需求，企业逐步探索出了沙漠与城市屋顶等并网发电系统，既推动了光伏发电产业的快速发展，也因其潜在的经济性提高了居民的接受度，取得了新商业模式的成功。

朱振中、张鑫和焦一涵（2017）发现，消费者抗拒对创新能否成功具有重要影响，它会严重地抑制或延迟消费者对商业模式创新的接受。对于企业来说，必须针对消费者创新抗拒采取相应的克服策略，加强与消费者的沟通和商业模式的改进。尽管当前关于消费者商业模式创新抗拒的研究仍然较少，但我们不能忽视这一重要现象，并且需要加大对商业模式创新抗拒的关注、了解和应对。

6.8　本章小结

本章对商业模式创新的影响因素进行了分析，简单探讨了创新者、企业、政府、风险投资、竞争者、行业协会与消费者等主体如何影响企业的商业模式创新，分析上述因素影响商业模式创新的机理。

讨 论 题

1. 结合本章内容与企业实例，分析企业商业模式创新的影响因素。

2. 除了本章所探讨的影响因素，还有哪些影响企业商业模式创新的重要因素？

案例分析题一

实例6-7　今日头条的商业模式创新

近年来，移动互联网、智能终端的发展为人们提供了更便捷、更多样、更个性化的信息获取方式，这使得传统纸质媒体遭遇了行业"滑铁卢"。与此同时，今日头条抓住互联网时代机遇，开展平台型商业模式创新，吸引了大量的用户加入到平台中。

今日头条取得成功的原因在于：一方面，优质内容和多元化的新闻报道。今日头条的内容覆盖面广，不仅有新闻资讯、娱乐八卦等时下热门的话题，还有一些深度、专业的报道。这种内容的多元化和优质性，让今日头条的用户群体更加广泛，从而提高了平台的影响力和市场竞争力。另一方面，创新的算法技术和个性化推荐。它以用户为中心，通过自主研发的算法技术，根据用户的兴趣和行为，个性化地推荐新闻内容，还可以预测用户的需求，以提供更加精准和高效的信息服务。

资料来源：斜阳云飘.ChatGPT总结出今日头条成功的四个原因，还真有点道理 [EB/OL]. 网易新闻，2023-04-05.

(1) 根据案例分析，今日头条进行商业模式创新的影响因素是什么？

(2) 结合案例分析，商业模式创新的影响因素是如何相互作用的？

案例分析题二

实例 6-8　知乎的商业模式创新

随着社交媒体的兴起和互联网的普及，社交问答平台也逐渐崭露头角。作为中国领先的知识社交平台，知乎早已成为广大用户获取知识、分享经验和交流观点的重要场所。在知乎的商业模式创新过程中，知乎逐步从"内容变现"转变为"好内容变现"，将重心放在了用户体验上。例如，知乎以"获得感"为标准，拉升了内容质量，持续大力打压低质商业内容；帮助更多的创作者参与进来，让他们与商业伙伴对话，构建多元透明的讨论场；建设商业机构在社区的长效沟通机制，让更多专业和实用的内容帮助品牌沉淀口碑，特别是当大量待讨论的新概念、新产品、新技术出现时，可以成为值得信赖的平台。

同时，为保证内容质量，满足用户需求，知乎积极打造优质创造者，努力实现互惠共赢。2019 年前，知乎将创作者们原有的付费作品集升级为"盐选专栏"，把创作者纳入了会员体系；2022 年 7 月，知乎付费会员破 1000 万人；2022 年 5 月，知乎提出"白金计划"，打造 100 位收入超 100 万元的创作者，到 10 月已经提前完成；在此基础上，周源新发布"超新星计划"，计划未来三年打造 500 位超 100 万元收入的创作者；2022 年 5 月 8 日，知乎也推出了"海盐计划"4.0，在创造体系上增加一个维度"创作垂直度"，鼓励创作者在自选的活跃领域进行创作，首期投入 1 亿元的"致知计划"在 2023 年也会持续。知乎积极推动与用户间的价值共创，从而为平台注入持久的发展活力。

资料来源：李信马. 知乎走向商业模式 2.0：坚持生态第一、力推职业教育 [EB/OL]. 金融界，2022-11-26.

（1）根据案例分析，知乎进行商业模式创新的影响因素是什么？

（2）结合材料分析，商业模式创新还受到哪些因素影响？

商业模式创新的演化

引 言

　　研究中多将企业从现有的商业模式向另一种商业模式的转换称为"商业模式创新的演化"。对于任何一家企业来说，它所采用的商业模式都不会是一成不变的，而是会随着时间的推移和环境的变化相应地进行创新，大部分企业会选择对现有商业模式进行渐进性创新，但另有一部分企业会采用全新的商业模式，从而实现了商业模式的转换与升级。本章将探讨商业模式创新演化的相关概念，分析不同视角下商业模式创新的动态演化机制，认识数字化时代商业模式创新的演化特征。

学习目标

学习本章内容后，你将能够：

- 掌握商业模式创新演化的概念。
- 理解商业模式创新演化与企业生命周期的关系。
- 明晰不同视角下商业模式创新演化的阶段及特征。
- 认识数字化时代商业模式创新的演化。

　　战略研究中的结构学派认为战略的形成是一个变革过程，在既定状态下战略一般具有相对稳定性，但偶尔也穿插着向新战略的显著飞跃（Mintzberg，2006）。由于商业模式是战略的具体化（Al‐Debei，El‐Haddadeh & Avison，2008；王炳成，2016），所以结构学派的观点也适用于商业模式创新的演化。如果一个组织选择了一种状态，那么商业模式创新的演化就是组织从一种状态向另一种状态跃迁、发展的过程（Nailer & Buttriss，2020；钱雨、张大鹏和孙新波等，2018）。

7.1　商业模式创新动态演化的相关概念

7.1.1　商业模式创新演化

"演化"是对长期的、渐进的动态变化过程的关注。纳尔逊和温特（Nelson & Winter，1982）的经济演化理论把创新视为经济学中变异的等价物，在达尔文（Darwin，1872）的"自然选择"里，自然的演化是随机的、无方向性的，变异被视为是盲目的、渐进的和（在大部分时间里）对有机体有害的，而在纳尔逊和温特的经济演化理论中，经济的演化是有选择性、有目的性的，创新是被引导的、有意识搜寻的结果。商业模式创新演化借鉴了经济演化理论的思想，可以被解释为在原有商业模式的基础上，有意识地搜寻适应市场变化趋势的新商业模式，或对原商业模式进行创新的过程。无论是通过深思熟虑建构的新商业模式，还是通过自发生成得到的新商业模式，其过程都是连续且不断演化的（Tauscher & Abdelkafi，2017），会随着时间推移而形成序列，进而确定了"阶段""时期""生命周期"。因此，商业模式创新演化就是商业模式创新的发展序列，是具有时间演变性以及阶段性的商业模式持续、多次创新的过程（罗晨阳、丁堃和潘明湉等，2017；Nailer & Buttriss，2020；项国鹏和罗兴武，2015），强调企业随着内外部环境的变化，不断调整自身经营逻辑而得以递进（Bohnsack，Kurtz & Hanelt，2021；Bohnsack，Pinkse & Kolk，2014；钱雨、张大鹏和孙新波等，2018；张新香和胡立君，2018）。

通俗来讲，商业模式创新演化表现为一种商业模式转变为另一种商业模式，通过改变企业的基本商业逻辑，以抓住创造利润的机会，保持和提升企业的成长性。随着商业模式的转变，企业进入新的成长阶段，新商业模式将迎来一个基于自身的持续改进过程。企业通过商业模式创新演化突破成长瓶颈，扩大成长空间，实现成长蜕变（朱明洋、张玉利和张永强，2017）。在企业成长的某一时期内，特定类型的商业模式需持续优化以提高适应性和有效性，在不同时期、不同环境下，利润会沿着价值链或是价值网络在各个环节之间转移，而追求利润最大化的企业会不断进行商业模式创新以追寻价值的流动，从而引发商业模式创新演化，实现新旧商业模式的交替（罗晨阳、丁堃和潘明湃等，2017）。李东（2015）指出，任何企业的商业模式创新都处于不断演化的过程之中，作为不可阻挡的过程，其内在规律已成为迫切需要研究和掌握的课题。

7.1.2 商业模式裂变

与商业模式创新演化紧密相关的一个概念是商业模式裂变。王炳成、张强和黄瑶（2023）认为，商业模式裂变是指企业在利用已有商业模式构成要素的基础上，分裂形成适合新业务的商业模式的过程。其中，要素是指企业在新业务中发挥作用的商业逻辑、技术基础或用户群体等企业商业模式的构成要素。商业模式裂变强调两个属性：一是承继原有商业模式的某些成功要素，而非彻底抛弃原有商业模式；二是通过创新形成服务于新业务的商业模式。例如，字节跳动在借助今日头条的平台型媒体模式和智能推荐算法的基础上，裂变出了抖音这一新的商业模式。需要指出的是，商业模式裂变虽然具有裂变属性，但并不等同于组织裂变，应避免将二者混淆，如表7 – 1所示，二者最显著的区别在于，商业模式裂变的核心是构建新的商业模式，而组织裂变更多表现为创业现象，其最终目的是创建新的公司。

表 7 – 1   商业模式裂变与组织裂变的比较

概念	商业模式裂变	组织裂变
内涵	企业在借鉴或利用已有商业模式某些成功要素的基础上，分裂形成适合新业务的商业模式的过程	从现有组织中裂变形成新企业的过程
母体	已经成功的商业模式	原有组织（母公司或母体企业）
载体	裂变后的新商业模式应用于原组织或新创组织	从现有组织中形成新组织

续表

概念	商业模式裂变	组织裂变
重点	借用原模式的成功要素，并基于新业务而建构新商业模式	通过抽出原组织的人、产品或技术，创建新组织
风险	一般是进入不熟悉的新领域，裂变失败的可能性比较大	从母体转移出资源，成功的可能性大，但可能同母体组织形成竞争
结果	形成适合新业务的商业模式	创建新组织

资料来源：王炳成，张强，黄瑶. VUCA 环境下商业模式裂变路径与机理——基于扎根理论的探索性研究［J］. 科技进步与对策，2023，40（4）：66-76.

商业模式裂变作为以原有商业模式构成要素为基础的裂变行为，在形式上表现为有意识地搜寻、创新出一个或多个新商业模式，在应用上是在企业原有业务边界和行业边界外开展的新业务，具有商业模式创新演化的特征。

7.1.3　商业模式组合及多元化

商业模式组合及商业模式多元化也是与商业模式创新演化相关的概念。商业模式组合是指在一定的战略目标指引下，在位企业为满足不同的市场或同一客户的不同需求进行相应的价值创造活动，最终形成同时运营多种商业模式的一种关系结构（刘丰和邢小强，2023）。与之相似的概念是商业模式多元化，指企业在多个商业模式间共享商业活动与合作伙伴，提供多种产品或服务，同时拥有多个连接要素和市场的活动系统（Snihur & Tarzijan，2018；Sohl，Vroom & McCann，2020）。通过商业模式多元化，在位企业不断创建、衍生或采用新的商业模式来分散经营风险或捕获新的机会，从而发挥多个模式的协同效应，塑造了单个模式不可比拟的系统性优势（Casadesus-Masanell & Tarzijan，2012）。多元化的商业模式组合和单一商业模式相比，在资源利用、市场需求满足、模仿障碍塑造、机会捕获等方面表现有所不同，如表 7-2 所示。

表 7-2　　　　　　　　　商业模式组合与单一商业模式的比较

比较维度	商业模式组合	单一商业模式
资源利用	分散/互补	集中
市场需求	发展多样性市场	深挖现有市场需求
模仿障碍	高	低
机会捕获	识别新机会	利用现有机会

资料来源：刘丰，邢小强. 商业模式组合：理论框架和研究展望 [J]. 经济管理，2023，45 (1)：191-208.

商业模式多元化现象在企业实践中并不少见。例如，苹果公司既有产品模式，又有平台模式（Schmidt，Makadok & Keil，2016）；Netflix 同时通过在线视频观看与传统的 DVD 邮寄租赁两种模式与顾客进行交互（Ahuja & Novelli，2016）；亚马逊从最初的线上书店不断衍生出云服务、会员服务、众包任务平台、实体零售等六种商业模式，服务九类顾客群体（Aversa，Haefliger & Hueller，et al.，2021）；阿里集团基于淘宝衍生出了支付宝、天猫、聚划算等商业模式；美团在团购模式的基础上创建外卖模式，后来又收购了摩拜单车，将共享单车模式纳入商业版图（江积海、唐倩和王烽权，2022）；京东将标准化产品的自营模式和"长尾"产品的营销平台模式相结合，又通过京东物流体系和收购网银在线加以辅助（李鸿磊，2019），形成了既包括线上渠道（PC 端、移动端、App 端等）也包括线下渠道（自营、加盟店、线下体验店等）的全渠道零售布局，实现了成本效率与用户体验的平衡。商业模式的多元化组合使得企业通过协同效应创造了更大的竞争优势。

通过对商业模式创新演化、商业模式裂变、商业模式组合及多元化的概念可以看出，这些概念之间是具有共性的。无论是一种商业模式到另一种商业模式的裂变，还是多种商业模式的多元化、组合式发展，都描述了商业模式随着时间序列的演进，都是企业在既有商业模式的基础上持续发展、优化新商业模式的过程。因此，它们本质上都属于商业模式创新，并且都具有"演化"的特征。

7.2　产品主导型商业模式向服务主导型商业模式的演化

7.2.1　产品主导逻辑与服务主导逻辑

康斯坦丁和卢什（Constantin & Lusch，1994）把资源分为对象性资源（operand resources）和操作性资源（operant resources），前者主要是指有形资源（包括商品）、自然资源等，在生产活动中通常处于被动地位，后者主要包括知识和技能，在生产活动中往往处于主动地位。

产品主导逻辑是工业经济的典型特征，该理论把对象性资源视为最重要的资源，并把这种资源的最终表现形式"商品"看作是创造和积累财富的核心，而没有给予商品生产和销售过程中涉及的知识、技能等操作性资源以应有的重视，并且把操作性资源的最终表现形式"服务"仅看作是次优产出（李雷、简兆权和张鲁艳，2013）。在产品主导逻辑下，价值交换功能是其基础，"生产性"商品处于中心位置，是财富的关键来源，企业是商品的提供者和价值创造的主导者，而顾客通过市场交换获得商品以满足某种需求，对财富增长没有直接贡献，是价值的毁灭者（马延柏和马元驹，2022）。

随着信息革命和知识经济兴起，以商品制造为价值来源的生产经营模式在提高企业获利能力上表现乏力，企业的战略重心和营销思想开始改变，转向为顾客服务。瓦戈和卢什（Vargo & Lusch，2004）提出应当用服务主导逻辑来取代产品主导逻辑。与产品主导逻辑不同，服务主导逻辑根植于资源优势理论（resources advantage theory）与核心能力理论（core competency theory），这两种理论都把核心能力当作组织赖以生存和发展的高阶资源（Prahalad & Hamel，1990；Srivastava，Fahey & Christensen，2001）。因此，在服务主导逻辑下，以知识和技能为代表的操作性资源就成为核心的要素，并且与对象性资源相比，操作性资源通常是无形的、动态的及无限的（李雷、简兆权和张鲁艳，2013）。在服务主导逻辑下，价值的使用功能是其基础，"非生产性"服务是一切经济交换的根基，价值由企业与消费者共同创造（Vargo & Lusch，2004）。

7.2.2 产品主导型商业模式向服务主导型商业模式演化的机制

产品主导型商业模式向服务主导型商业模式的演化多发生于制造企业。根据曾经莲和简兆权（2018）构建的制造企业商业模式创新演化模型（见图 7 – 1）可以看出，商业模式创新是一个动态系统，各价值要素的内容及其连接方式根据行业特征和企业资源能力展现出不同的状态，会随着经济社会发展而不断变化演进。

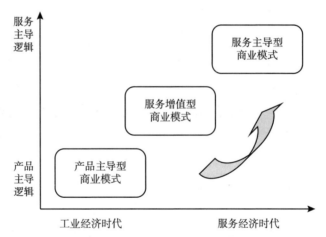

图 7 – 1   曾经莲和简兆权的制造企业商业模式创新演化模型

资料来源：曾经莲，简兆权. 制造企业商业模式演进及其创新启示 [J]. 科学管理研究，2018，36（3）：60 – 63.

在工业经济前期，社会生产力水平相对较低，消费水平整体不高，产品相对稀缺，制造企业的内部生产运营和外部市场运作均以标准化产品为主，并表现出关注对象性资源、消费者被排除在价值创造过程之外等核心特征（Vargo & Lusch，2004）。在此阶段，制造企业的商业模式为"产品主导型商业模式"，顾客的需求是产品的功能性需求而非个性化需求，企业的创新资源也集中于技术研发、产品设计及生产制造等，致力于通过技术创新提高产品性能或减少产品成本（曾经莲和简兆权，2018）。随着社会生产力日益增加和消费水平不断提升，产品逐渐由稀缺转为相对过剩，顾客的价值主张也由功能型向情感型过渡，开始关注产品购买和使用过程中的个性化特征和使用体验。与此同时，信息技术的迅速发展导致了技术转移和扩散速度的增加，产品同质化明显，企业陷入激烈的价格竞争。此时，企业的"产品主导型商业模式"逐渐转向了"服务增值型商业模式"（曾经莲和简兆权，2018）。在这个阶段，制造企业除了提供产品外，还提供与产品相关的服务，使之为产品增值，如个性化设计、送货上门、产品安装、维修保养、产品回收等，使得制造业的价值链得到了延伸。随着经济的演变以及数字技术的变革，社会经济从工业经济转向服务经济，企业的价值创造从商品主导逻辑转向了服务主导逻辑（Vargo，2020），制造企业对应的商业模式也逐渐转为了"服务主导型商业模式"。在此阶段，顾客的价值主张以情感型价值主张为主，更关注产品的个性化特征和参与体验，换句话说，产品的核心价值除了产品本身，更多的是与之相关的服务。据此，企业开始为顾客提供产品服务包甚至是整体性解决方案，并加强数字技术、数字平台的应用，积极与顾客进行互动，进行价值共创（杜勇、曹磊和谭畅，2022），使得企业的商业模式要素由原来的单向价值传递转向了双向价值协同。

　　曾经莲和简兆权（2018）从宏观层面解释了从产品主导型商业模式向服务主导型商业模式创新演化的原因及各阶段的特征，而惠娟、谭清美和王磊（2020）则从商业模式创新要素及生命周期的角度，分析了制造企业服务化转型促进商业模式创新演化的机理，如图 7-2 所示。

　　第一，在制造企业的服务化转型时期，商业模式的价值主张改为以顾客为导向，从产品需求主导逐渐转变为"产品需求 + 服务需求"，并继续转变为服务需求主导。此时，产品售出不再是企业经营过程的终结，而是企业和顾客建立良好关系的开端。为满足顾客不断提升的个性化需求，制造企业不但要重视产品质量，更要重视产品功能和相关服务质量，提高企业和产品的市场认知度，提升顾客满意度。第二，关键资源向服务资源转变。企业的关键资源在产品生产资源基础上附加了服务资源，例如高端设计、智能服务等。第三，盈利模式从产品利润到服务利润的转变。在市场竞争压力下，制造企业生产制造环节所创造的利润逐渐缩减，制造企业亟须寻找新的利润来

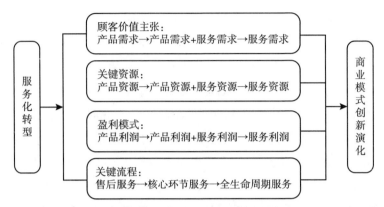

图 7-2　惠娟、谭清美和王磊的制造企业服务化转型促进商业模式创新演化

资料来源：惠娟，谭清美，王磊. 服务化转型背景下制造企业新型商业模式运行机制［J］. 科技管理研究，2020，40（20）：204-211.

源，因此从生产制造环节向研发设计和销售服务环节延伸，从生产制造利润延展到技术和产品设计的创新利润，以及产品销售和售后支持的服务利润。第四，关键流程从产品售出为终结向产品全生命周期服务转变。以顾客为导向，制造企业需要站在顾客的角度，不但要考虑产品的售出，还要考虑产品的使用，为顾客提供与产品相关的运输、维修、回收等产品全生命周期的服务。

上海电气的转型经历能够很好地诠释"产品主导"向"服务主导"的演化，如实例 7-1 所示。

实例 7-1　上海电气的商业模式创新演化：
从传统制造向智能制造转型

上海电气过去是一家传统的大型装备制造企业，以往的业务重心主要是以出售大型能源、工业装备、集成服务为主，面对数字化转型，逐渐从"传统产品"商业模式向"数字化产品＋服务"商业模式转变，从"提供设备"向"提供全面解决方案"转变。

通过商业模式创新，上海电气逐渐实现了从传统制造向智能制造的转型，集团下属的众多企业（如上发厂"智能工厂"、上海人民电器厂智能制造工厂、"智砼云链"、上海海立智能工厂等）利用数字化手段，实现了智能制造，极大提高了运营效率。以电梯智能运维为例，电梯远程监控系统可以实时连接超过 10 万部电梯，通过数据采集和分析，支持电梯维保服务业务，提升维保增值20%以上，维保效率提升近60%。远程监控系统还可以实时采集电梯的运行情况，对电梯的开关次数、钢缆耐受程度等健康指标进行分析，对磨损件和易产生故障的器件进行提前维护，杜绝安全隐患。通过商业模式创新的演化，上海电气完成了由"产品主导型制造企业"向"服务主导型制造企业"的转型，使集团实现了以智能制造、智慧能源、智慧交通和智慧城市为方向的高质量发展。

资料来源：王春英，陈宏民. 制造业企业进行数字化转型的动因和路径研究——基于上海电气集团的案例分析［J］. 当代经济管理，2023，45（5）：43 –49.

7.3　基于生命周期的商业模式创新多阶段演化

企业生命周期理论刻画了企业发展的动态轨迹，一般包括发展、成长、成熟和衰退等阶段，试图为处于不同发展阶段的企业找到与其特点相适应的组织结构形式，使企业可以找到一个相对较优的模式来持续发展。明茨伯格（Mintzberg，2006）指出，战略在某一确定时期内自我维持的过程被认为是一种模式，如果把这些战略按照时间顺序彼此连接，就可以识别出组织的特定时期，包括发展期、稳定期、适应期、奋斗期和革命期。可以看出，战略或商业模式往往伴随着企业的生命周期而不断演化。当前基于生命周期的商业模式多阶段演化研究可分为四类，分别是双元商业模式创新演化视角、价值创造视角、战略导向视角以及技术创新与商业模式创新共同演化视角。

7.3.1　双元商业模式创新的演化

本书在第 3 章商业模式创新的单维分类中已经对探索性商业模式创新和利用性商业模式创新做了详细的介绍。利文索尔和马奇（Levinthal & March，2010）分析得出二者的协同及发展对于企业实现短期收益与长期收益的平衡是有益的，随着商业模式的不断演化，二者所构成的双元商业模式也越来越得到了学术界的认同（陈久美和刘志迎，2018；Visnjic，Jovanovic & Raisch，2021；Winterhalter，Zeschky & Gassmann，2016；许强、陈紫娴和梁灿英等，2022）。

许强、陈紫娴和梁灿英等（2022）以先临三维公司为研究对象，探讨了商业模式创新的演化路径。研究发现，在不同发展阶段，企业所处的外部环境和其所掌握的内部资源在不断变化，使先临三维公司先后呈现出强利用—弱探索、强探索—弱利用和强利用—强探索的演变路径，其商业模式也经历了"利用型商业模式→探索型商业模式→双元型商业模式"的演变。由于大多数初创企业都会面临资源匮乏的难题，故倾向于在有限资源中挖掘未完全开发的价值，通过拼凑式行为利用现有资源实现价值重构，建立竞争优势，形成了利用型商业模式。随着环境不确定性的提高和内部资源的积累，企业在强探索—弱利用的战略创业导向下，改革组织结构，开辟新业务领域，形成了探索型商业模式。当企业运营逐渐成熟稳定后，通过双元型商业模式可以使利用性行为和探索性行为相互促进，以保持企业竞争优势。

从实例 7-2 可以看出，奇瑞、长城、大众和本田在每一代产品的生命周期中都呈现出：在导入期，通过探索性创新，推动产品的市场化，撬动目标市场；随后在成长期和成熟期根据市场的产品竞争态势和已有用户的反馈不断地进行利用性创新，巩固前期成果，推动产品市场化的深入，保持或提高产品的市场竞争力，并尽可能延长产品生命周期；在衰退期，产品面临代际切换，在上一代产品退出市场之前适时地进行第二次探索性创新，推动新产品进入第二个生命周期，此阶段的创新双元性要求企业根据市场竞争环境和在售产品的竞争力的把控，主动进行产品升级和商业模式创新，在尽可能

延长上一代产品寿命、获取最大化利润的同时，确保新一代产品成功推出
（陈久美和刘志迎，2018）。

实例 7-2　汽车行业的双元商业模式创新演化

我国汽车行业的品牌可根据归属国别的不同，分为自主品牌
（行业内又称为中国品牌或本土品牌）和合资品牌（主要包括美系
品牌、德系品牌、日系品牌、韩系品牌、法系品牌、意系品牌等）。
其中，自主品牌的奇瑞和长城，合资品牌的大众和本田，是行业中
具有较强产品创新和商业模式创新能力的代表。

这两个自主品牌和两个合资品牌在进入市场初期，都瞄准了
特定细分目标市场的潜在需求，通过探索性创新进行了市场占位：
QQ 定位为年轻人的第一辆车；哈弗号称 SUV 专家，主打质量稳
定和高性价比；帕萨特试图凭实力诠释德国品质；雅阁深耕精细
化内饰和全球畅销车型。在成长和成熟期，企业则不断地通过利
用性创新去巩固和扩大市场份额，如根据市场竞争环境的显著变
化，不断地进行市场公关、传播策略跟进及多种促销推广，以达
到巩固或提高市场份额的目的。伴随着新一代探索性创新产品的
推出，在整合优化上一代产品商业模式的基础上（如继承上一代
产品的口碑和庞大的用户基础），针对用户的新需求，通过新的
品牌形象定位，形成新的标杆，区隔竞争对手，完成商业模式的
再创新。

资料来源：陈久美，刘志迎. 基于产品生命周期的二元创新与
商业模式动态匹配——多案例比较研究 [J]. 管理案例研究与评
论，2018，11（6）：592-611.

7.3.2　价值创造视角的商业模式创新演化

价值创造视角的研究认为，商业模式创新关注的是价值活动体系的构建

（姜尚荣、乔晗和张思等，2020；Wirtz & Daiser，2018），是企业价值主张、价值创造、价值传递和价值获取的过程（Ghezzi & Cavallo，2018；江积海，2019；Velu & Jacob，2015；王海杰和宋姗姗，2019）。由于商业模式创新演化的动力来自对利润的最大化追求，而利润会在不同的环境下沿着价值链或价值网络在各个环节之间发生转移（罗珉、曾涛和周思伟，2005）。所以，追求利润最大化的企业会不断进行商业模式创新以追寻价值的流动，从而导致在商业模式层面出现动态的演化。

价值主张是商业模式创新的核心要素，也是企业向顾客传达产品价值并影响资源配置方向与使用方式的关键性要素，企业通过及时更新或调整价值主张，引导价值创造、传递和获取方式，作出相应调整以形成适应发展的商业模式架构，从而实现商业模式创新（Casadesus‐Masanell & Zhu，2013；Rodriguez，Molina‐Castillo & Svensson，2020）。张璐、雷婧和张强等（2022）基于价值主张演变构建了"市场需求型商业模式→用户参与型商业模式→技术创新型商业模式"的迭代模型，如图7－3所示。可以看出，商业模式创新源于企业积极应对情境因素的刺激，在最初进入市场时，企业利用组织认知及知识的吸收能力来识别商机及可利用的资源，关注到市场的空缺和发展机会，进而突破对经营方式的传统认知，形成成本领先的认知图式，生成"提供高性价比产品来满足市场需求"的价值主张，构建起"市场需求型商业模式"。当发展目标转为扩大市场时，企业在认知和吸收能力的作用下识别出用户的消费体验需求及用户资源的可用性，从而突破传统单向价值提供模式，形成了价值共创的认知图式，生成了强调用户参与以增强消费体验的情感型价值主张，构建起"用户参与型商业模式"。当市场份额发生波动时，企业识别出了经营渠道的竞争压力，并关注到了技术资源的重要性，为突破固有经营模式的局限，形成了以技术为主导的认知图式，生成了注重技术创新以提供高端化产品满足用户品质需求的价值主张，进而构建起"技术创新型商业模式"。

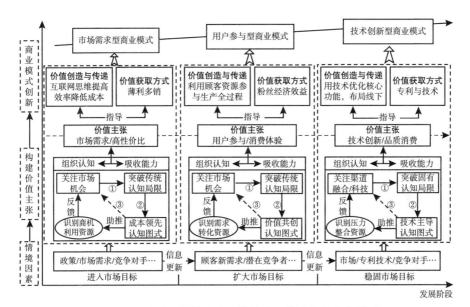

图 7-3　张璐、雷婧和张强等的商业模式创新迭代模型

资料来源：张璐，雷婧，张强等．纲举而目张：基于价值主张演变下商业模式创新路径研究 [J]．南开管理评论，2022，25（4）：110-121．

从宏观角度看，产业内价值转移的主要原因是竞争的基础从追求产品性能转向了追求柔性、速度及商业模式创新（Ludin & Ludqvist，2013；王文倩、金永生和崔航，2019），因此，价值就会从过时的商业模式转移到可以更好地满足客户需求的新商业模式。曾楚宏、朱仁宏和李孔岳（2008）基于价值转移方向的变化构建了"聚焦型商业模式→一体化型商业模式→协调型商业模式→核心型商业模式"的演化模型，如图 7-4 所示。

在一个产业刚刚形成的初期，进入的企业数量不是很多，它们为消费者提供还不为大众所完全熟悉的新产品或服务，这一时期企业倾向于采用"聚焦型商业模式"，将自身业务主要集中于生产和销售以获取较多的利润。随着该产业的快速成长及越来越多企业的进入，市场容量不断增大，由生产和销售环节所创造的利润逐渐被摊薄，此时产业链的价值由中间环节（生产和销售）开始向上、下游环节（研发和售后服务）发生转移。于是，众多企业纷纷进行商业模式创新，开展前向一体化或后向一体化战略，逐渐演变为"一体化型商业模式"。产业进一步发展，由成长期进入到成熟期，这

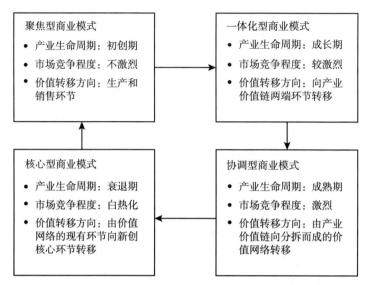

图 7 - 4　曾楚宏、朱仁宏和李孔岳的商业模式创新演化模型

资料来源：曾楚宏，朱仁宏，李孔岳. 基于价值链理论的商业模式分类及其演化规律［J］. 财经科学，2008（6）：102 – 110.

一时期产业价值链的任何一个环节都有大量的企业开展经营活动。企业逐渐发现只有集中优势资源与能力注重专精才是取胜的途径，于是，众多企业开始将那些不擅长和没有优势的业务剥离或外包出去，只保留核心业务，这就造成了衍生产业价值链的出现，利润也向新出现的衍生产业价值链转移，进而在整个价值网中流动。此时企业已不再将其经营重点集中在原有的单一产业，而是为整个价值网络提供产品和服务，商业模式也演变为面向价值网络的"协调型商业模式"。新兴衍生产业的出现和成长，使得步入成熟期的原产业与新兴衍生产业在发展态势上呈现出此消彼长之势，原产业也逐渐进入到了衰退期。绝大多数企业开始在考虑如何撤离，但那些保留了新兴产业价值链与价值网络必不可少的核心业务的企业，又通过整合和创新增加了新的价值创造环节，使自己在新的价值网络中占据更为核心的地位。由于其所在的价值环节对新的价值网络至关重要，所以利润也沿着价值网络从其他的环节向该环节转移，此时，在新的价值网络中占主导的商业模式已演化为"核心型商业模式"。一个产业的衰亡，以及另一个产业的诞生，同样会有新的企业采用最初的聚焦型商业模式进入到这个新生的产业，重复着相同的商业模式演化之路（曾楚宏、朱仁宏和李孔岳，2008）。

在企业发展过程中，商业模式的各要素随着企业现阶段及未来目标用户和价值创造活动的变化而更新重组、不断演变（许强、陈紫娴和梁灿英等，2022）。林德和坎特雷尔（Linder & Cantrell，2000）根据商业模式核心逻辑变革的程度将商业模式创新演化分为：现实模式、更新模式、扩展模式和游移模式四类，如图7-5所示。现实模式是所有演化模式中改变最少的一种，公司应用现实模式来探索当前商业模式的潜力，以获得成长与盈利；更新模式指公司通过持续更新、有意识地强化它们的产品、服务、品牌、成本结构和技术而进行的变革；扩展模式指公司把业务扩展到新的领域，包括延伸到新的市场，扩展其价值链、产品和服务线等，通常包括前向一体化与后向一体化；游移模式则把公司带到一个全新的商业模式中，是公司经过深思熟虑、有目的地移动到一个新的商业模式中，如许多公司的全球化，他们更改价值主张来突出他们的全球影响力与能力，并且不打算退回到之前的本地化经营状态（Linder & Cantrell，2000）。

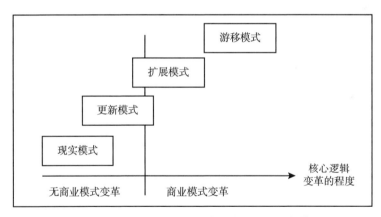

图7-5 林德和坎特雷尔的商业模式创新演化模型

资料来源：Linder J，Cantrell S. Changing Business Models：Surveying the Landscape ［R］. Accenture Institute for Strategic Change，2000.

琼斯和吉尔达诺（Jones & Giordano，2021）探究了一个家族企业从关注消费者及市场的"市场驱动型商业模式"到关注价值创造的"价值创造型商业模式"的演化过程。最初，新商业模式只是创业者头脑中的认知表征。在选择经营环境时，创业者根据对初始商业模式的认知，专注于客户和市场要素（细分市场和收入模式），这反映了创业者对市场需求的评估以及客户导向的"市场驱动型商业模式"（Ambos & Birkenshaw，2010）。随着商业活动的增加，创业者通过探索、开发和利用新的赚钱机会，发展出了更广泛的创业能力，相应地，商业模式也随着向客户和市场提供的价值创造活动的丰富而得到演化（Aversa，Haefliger & Rossi，et al.，2015）。商业模式在持续过渡和演化的过程中平稳变动，顾客价值主张、细分市场、盈利模式、采购模式、服务交付、财务模式等要素在商业模式创新的演化过程中逐渐丰富，使得最初的"市场驱动型商业模式"发展成了"价值创造型商业模式"（Aversa，Haefliger & Rossi，et al.，2015）。

项国鹏和罗兴武（2015）遵循价值主张、价值创造、价值转移及价值获取的商业模式创新价值逻辑，通过分析浙江物产在改革、转型和提升三个不同发展阶段商业模式创新演变的诱因发现，商业模式创新演化是企业外部环境和企业内在要求共同作用的结果。外部环境变化所带来的压力和企业构筑市场竞争优势的内在要求，使企业对其商业模式进行了多次创新。从价值逻辑上来看，企业的价值主张会经历"经济价值→能力价值→关系价值"的变化；价值创造会经历"模块化组织→模块化簇群→无边界企业"的变化；价值转移与获取会经历"产业内的内部系统整合→产业内的外部系统整合→产业外的内部系统整合"三个过程。随着要素的演变与进阶，企业的商业模式也产生了"重构型商业模式→调整型商业模式→完善型商业模式"的演化之路，如图 7 - 6 所示。

7.3.3　战略导向视角的商业模式创新演化

祖特和阿米特（Zott & Amit，2008）基于权变理论，通过实证研究不仅得出了商业模式设计与产品市场战略的匹配会对企业绩效产生显著影响的结论，而且进一步证明了商业模式与战略并不是完全相同的。从某种程度上说，商业模式比企业战略更为普遍，但只有将战略和商业模式结合起来，才能从新的商业模式中获得持续的竞争优势（Teece，2010）。因而，一些学者在探究商业模式创新的演化机制时往往以战略为导向，根据企业的战略与市

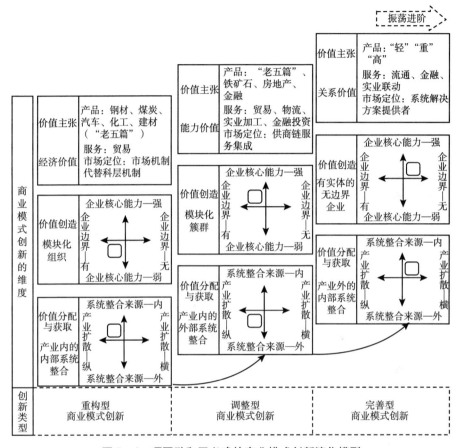

图 7 - 6　项国鹏和罗兴武的商业模式创新演化模型

资料来源：项国鹏，罗兴武. 价值创造视角下浙商龙头企业商业模式演化机制——基于浙江物产的案例研究［J］. 商业经济与管理，2015（1）：44 - 54.

场机会来选择合适的商业模式。

张璐、周琪和苏敬勤等（2018）通过蒙草生态的案例分析得出，企业的战略导向经历了由"市场导向为主"到"技术导向为主"，最终走向"市场和技术导向双驱动"的发展过程。企业动态能力的提高在一定程度上促进了其市场导向和技术导向的升级和转换，二者共同作用形成的新商业模式，不仅使蒙草生态成功转型进入下一运营阶段，而且成为新阶段企业战略导向和动态能力发展的基础，如图 7 - 7 所示。具体表现为：蒙草生态通过感知识别能力捕捉到市场机遇、政府诉求及国家政策，促使企业制定了基于市场导向的战略规划；同时，具备组织学习能力的企业能够积极投入新品种的研发，结合企业技术导向重新整合内外部资源，进而产生并采用了更多新创意、新产品和新过程，极大提高了企业商业模式创新的效率与效能；组织形式的重构也为商业模式有效适应动态环境变化提供了重要保障。战略导向与动态能力的协同促进了企业商业模式要素的更迭转换，实现了"市场需求型商业模式→技术创新型商业模式→共享开放型商业模式"的不断升级转换（张璐、周琪和苏敬勤等，2018）。

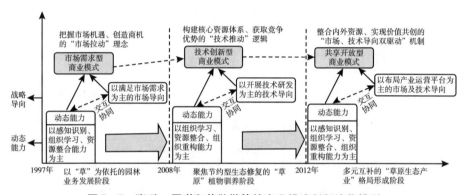

图7-7　张璐、周琪和苏敬勤等的商业模式创新演化模型

资料来源：张璐，周琪，苏敬勤等．基于战略导向与动态能力的商业模式创新演化路径研究——以蒙草生态为例［J］．管理学报，2018，15（11）：1581-1590，1620.

贝斯凯斯、库尔茨和黑内尔特（Bohnsack，Kurtz & Hanelt，2021）以互联网汽车行业为研究对象，构建了一个包含实体导向和数字化导向的商业模式创新演化模型，主要经历了三个创新阶段，如图7-8所示。

第一阶段是2007~2009年，这一阶段存在两种商业模式原型。一种为"基于产品的数字扩展"商业模式（原型Ⅰ），它主要面向实体，在现有实物产品的基础上逐渐增加数字化服务（如高级车辆诊断、远程门锁和无线互联网的连接），通用汽车（GM）的OnStar服务就是一个典型的例子。另一种为"数字独立产品"商业模式（原型Ⅱ），其完全以数字化为导向，例如，FIXD（一种汽车诊断App）为二级市场提供车辆诊断解决方案，Spotify（一种音乐播放器）及谷歌地图（Google Maps）通过智能手机可以被应用于车内场景。第二阶段是2010~2013年，互联网汽车行业开始了产品及商业模式的整合。一方面，一些原始设备制造商进行了商业模式的复制及模仿；另一方面，由于顾客对某些服务有很强的忠诚度，原始设备制造商不得不将这些服务（如 Spotify）集成到汽车中，因此，原始设备制造商开始与提供数字独立产品的公司合作，从而发展出了"连通性供应"商业模式（原型Ⅲ），同时以实体和数字化为导向。第三阶段是 2014～2017 年，互联网汽车行业又出现了"数字镜像"商业模型（原型Ⅳ），主要以数字化为导向，但采用这种商业模式的公司只有苹果（Apple）和谷歌（Google），这两家公司都以数字化的方式将其操作系统加入到了汽车的信息娱乐系统中。

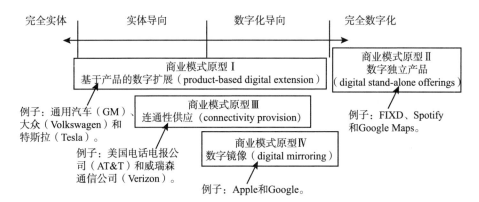

图 7 - 8　贝斯凯斯、库尔茨和黑内尔特的互联网汽车商业模式创新演化原型

资料来源：Bohnsack R，Kurtz H，Hanelt A. Re-examining Path Dependence in the Digital Age：The Evolution of Connected Car Business Models［J］. Research Policy，2021，50（9）：104 - 328.

7.3.4　技术创新与商业模式创新共同演化

蒂斯（Teece，2009）指出，技术创新只有与商业模式建立匹配性，才能更好地实现技术的商业化效果，换句话说，技术创新系统与商业模式创新系统之间存在着互相依赖和协同发展的特征。威尔斯（Wells，2018）也强调技术创新是支撑商业模式成功的基础，商业模式创新也会促进技术创新效率的提升。基于此，一些学者在探究商业模式创新演化过程的同时也关注了技术创新的迭代过程，进而探索出了技术创新与商业模式创新的共同演化机制。

卦立新和焦高乐（2021）分析得出了技术创新与商业模式创新的迭代式共同演化模型，如图 7 - 9 所示。

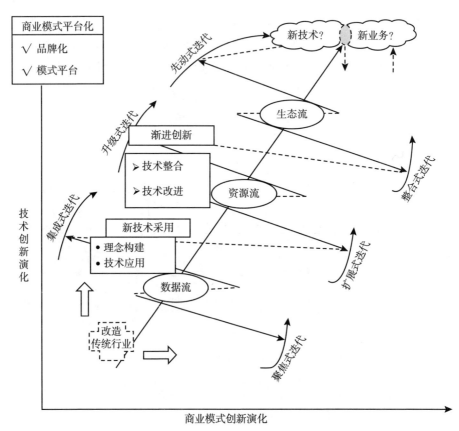

图 7 - 9 　 卦立新和焦高乐的技术创新与商业模式创新的迭代式共同演化模型

资料来源：卦立新，焦高乐．互联网商业环境下创业企业技术创新与商业模式创新的迭代式共演研究［J］．管理学刊，2021，34（3）：89 - 104．

首先是基于数据流的技术创新与商业模式创新的迭代式共同演化。大数据不仅能够改善已有资源的利用方式与配置效率（Kambatla, Kollias & Kumar, et al. , 2018），而且能够实现价值的延伸（陈泽文和许秀梅，2023）。在构建商业模式之初，企业重视数据资源的管理，通过技术工具实现对商业数据的反馈、分析、挖掘和决策，并通过寻找新技术、新方法、新理念来加强产品的场景服务能力，实现对商业模式创新的赋能（卦立新和焦高乐，2021）。其次是基于资源流的技术创新与商业模式创新的迭代式共同演化。资源流主要体现在外部资源（如融资、社会关系）和内部资源（如技术能力、协作能力）的有效配置。在高成长阶段，企业要突破资源限制和业务边界，就必须引入外部资源来提供充足的资金保障，从而推动技术的研发，丰富商业模式创新的业务及场景；同时，需要提升内部团队协作能力、技术开发能力和管理效率等，加强内部资源的开发、利用和整合，进而提高技术创新与商业模式创新共同演化的能力和效率（卑立新和焦高乐，2021）。最后是基于生态流的技术创新与商业模式创新的迭代式共同演化。以满足消费者需求为核心的市场生态位和以突破特定技术为核心的技术生态位的协同能够实现资源的整合，促进技术创新及商业模式创新（Roesler，2019；汪家源、张文松和陈晓春，2023）。一方面，通过生态化机制，企业积极为外部利益相关者提供数据分析与服务，这些技术能力有利于协助合作伙伴满足市场需求，提升经营绩效，对于商业模式的持续改进也具有重要意义；另一方面，企业运用生态化机制能够从商业系统中第一时间获取合作方、客户等多方利益相关者的信息与资源，借此增强技术手段，驱动技术创新，并提升技术创新与商业模式创新的协同效率（卑立新和焦高乐，2021）。

钱雨、张大鹏和孙新波等（2018）探索了由企业领导者与环境互动形成的技术创新与商业模式创新的共同演化机制，如图 7 - 10 所示。

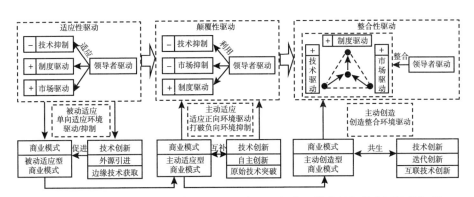

图 7 - 10 钱雨、张大鹏和孙新波等的技术创新与商业模式创新的共同演化机制

资料来源：钱雨，张大鹏，孙新波等 . 基于价值共创理论的智能制造型企业商业模式演化机制案例研究［J］. 科学学与科学技术管理，2018，39（12）：123 - 141.

首先，适应性机制促进了企业"被动适应型商业模式"的形成。企业制度环境与市场环境为企业发展创造了便利条件，企业领导者以迎合政策与市场突然涌现的需求为目的，引导企业规模扩张、广泛吸收资源，形成以并购、产品品类扩展、资源扩张等为主要目的的商业模式。其次，颠覆性机制推动了企业"主动适应性商业模式"的形成。企业由于缺乏自主技术创新能力，而且市场环境的改变使得企业陷入生存危机，领导者必须带领企业变被动为主动，采取自主创新方式实现企业原始底层智能核心技术的突破。同时，通过颠覆性商业模式逐渐优化资源布局，突破技术与市场环境的抑制。此时自主创新与主动适应型商业模式创新形成了良好的互补效应，通过商业模式创新获取稳定的利润收入，弥补了自主创新过程中投入的巨大研发费用。最后，整合性机制推动了企业"主动创造性商业模式"的形成。技术瓶颈的突破与市场环境的颠覆推动了企业向新一阶段改变，企业领导者能够引导企业主动探索市场、制度与技术环境的变化，寻找利润突破口，进而推动商业模式创新。同时，在充分识别外部优势技术与潜在市场环境的基础上采取多元化技术融合创新，推动企业由原始技术向智能互联技术的转化。此阶段，商业模式与技术的关系演化为共生关系，即智能制造业企业的商业模式不能脱离智能核心技术而单独设计，而后者需要通过商业模式创新不断实现商业转化。GoMore 的发展历程充分展现了技术创新与商业模式创新的共同演化过程，如实例 7 - 3 所示。

实例 7 - 3　GoMore 的商业模式创新演化

GoMore 是 2005 年成立于丹麦的一家提供汽车出行服务的公司，其最初是一个非营利性的共享汽车网站，旨在让乘客和司机更方便地找到彼此。当创始人意识到该平台的商业机会，并在获得了私人投资者和风险资本的资金支持后，GoMore 开始对每笔 P2P 交易进行收费，从而建立了"共享汽车商业模式"。在额外的私募股权融资下，GoMore 进一步将技术开发整合到平台中，推出了"顺风车 2.0"社区，并提高了乘客与司机的匹配质量，从而聚集了不同出行需求的乘客，为其提供了更多便利的服务。然而，该平台的主要问题是，寻求搭车的乘客比车的空座位多，也就是说，对共享出行的需求大于可用的供应。为了增加平台上的可用汽车数量，GoMore 又发展了"P2P 汽车租赁商业模式"，通过技术的改进使汽车租赁用户也可以进一步利用该平台，成为共享汽车服务的提供者，从而为有更多出行需求的乘客提供服务，同时车主也能够从中获取盈利。2014 年起，GoMore 又开始与多家租赁公司合作，开展了"B2C 租赁商业模式"，为其另外两项 P2P 服务提供了额外的汽车供应。GoMore 平台通过技术的不断改进以及商业模式创新的演化实现了商业模式的多元化，三种商业模式相辅相成，为用户提供"一站式汽车共享"服务，最大限度地提高了汽车的使用效率，满足了不同客户群的需求，增加了 GoMore 在共享出行领域的市场占有率。

资料来源：Guyader H. , Piscicelli L. Business Model Diversification in the Sharing Economy：The Case of GoMore ［J］. Journal of Cleaner Production，2019，215：1059 - 1069.

7.4　数字化时代的商业模式创新演化

党的二十大报告指出，要加快发展数字经济，促进数字经济和实体经济深度融合。在我国数字经济快速发展的同时，数字化商业模式创新也应运而生。当前学者们多倾向于将数字化商业模式创新理解为数字赋能商业模式创新，也就是企业应用数字化技术及数字化能力等要素来创新和完善商业模式的价值创造与价值获取的过程（Verhoef，Broekhuizen & Bart，et al.，2021；张敬伟、涂玉琦和靳秀娟，2022）。伴随着数字技术的快速发展和广泛应用，企业商业模式从"平台 + 免费"商业模式，到社群商业模式，到"互联网＋产业链 O2O"商业模式，再到"互联网＋跨产业生态网络"商业模式，实现了商业模式的不断演化与发展（董岳、王翔和周冰莲等，2017）。

7.4.1 平台型企业的商业模式创新演化

作为数字时代的新兴企业，平台型企业是指为双边或多边市场塑造公共交易界面并提供产品或服务的经济组织（Hagiu，2014），是主导平台生态圈、构建生态交易规则和秩序，为其他利益相关者提供互补性产品、技术或服务的核心企业（Gawer，2014），且被认为是组织的升级形态，以及企业转型升级与竞争优势之源（刘方龙、蔡文平和邹立凯，2023）。当前学者们对平台型企业商业模式创新的构成要素（Hagiu，2013）、驱动因素（田剑和徐佳斌，2020）、形成路径（熊爱华和侯德恩，2022）以及演化机制（马晓辉、高素英和赵雪，2022；唐红涛和朱梦琦，2022）进行了探究。

亚马逊作为知名电商平台型企业，经过商业模式创新的演化最终形成了六种协同发展的商业模式，包括应用市场（Amazon Marketplace）、物流（Amazon Fulfillment）、云服务（Amazon Web Services）、会员（Amazon Prime）、众包任务平台（Amazon Mechanical Turk）和实体零售（Amazon Physical Stores）。阿韦尔萨、哈弗利格和胡勒等（Aversa，Haefliger & Hueller，et al.，2021）基于这六种商业模式，探究了每种模式的特点及其客户群体的网络效应，如图 7 - 11 所示。其中，有两种商业模式（BM2、BM3）与单个客户组进行交互（即二元商业模式），其余四种商业模式将不同的客户群体连接在一起（即多边商业模式）。这种协同效应增强了客户的消费体验，同时也使得企业通过商业模式间的交叉补贴分散了风险，增强了竞争优势。

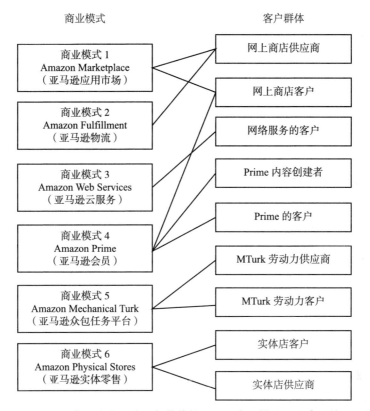

图 7 - 11　阿韦尔萨、哈弗利格和胡勒等的亚马逊商业模式和客户群体匹配模型

资料来源：Aversa P. , Haefliger S. , Hueller F. , et al. Customer Complementarity in the Digital Space: Exploring Amazon's Business Model Diversification [J]. Long Range Planning, 2021, 54 (5): 1 - 22.

唐红涛和朱梦琦（2022）同样聚焦于跨境电商的平台型企业，探讨了以水羊股份为代表的跨境电商平台型企业各阶段商业模式特征及其迭代演化路径，如图 7 - 12 所示。水羊股份诞生于互联网经济蓬勃发展和电商政策红利的时代，成长于国内美妆市场激烈竞争的复杂环境下，其商业模式创新经历了"自我主导型商业模式→市场需求型商业模式→多维协同型商业模式"的演变。在"自我主导型商业模式"阶段，水羊股份以单一的自有品牌为中心，通过自有品牌的创立和电商化运营积累了一定量的消费者，面对外部竞品压力适当延伸了品牌业务，实现了价值创造。随着跨境电商发展态势迅猛以及消费者对高质量国外产品的需求增大，水羊股份抓住市场机会，构建起了"市场需求型商业模式"。在"多维协同型商业模式"阶段，水羊股份通过自建电商平台和引进国外美妆品牌，进行平台生态布局并构建多主体参与的合作网络，在渠道、盈利、成本上创新转型，最终实现了多维协同式价值创造（唐红涛和朱梦琦，2022）。

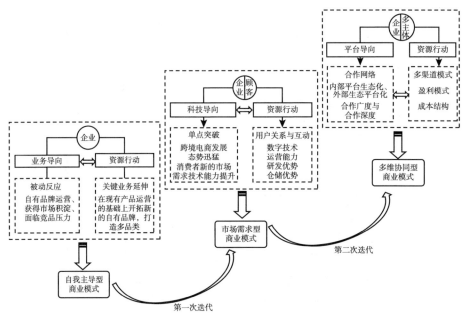

图 7 – 12　唐红涛和朱梦琦的商业模式创新演化模型

资料来源：唐红涛，朱梦琦. 跨境电商平台型企业多维协同式价值创造与商业模式迭代演化路径——基于水羊股份的纵向案例研究 [J]. 管理案例研究与评论，2022，15（6）：606 – 619.

本书作者整理了互联网短视频平台的商业模式创新演化案例，如实例 7 – 4 所示。

实例 7 – 4　互联网短视频平台的商业模式创新演化

除电商购物平台外，像抖音、快手等互联网短视频平台作为满足用户碎片化时间需求的内容形式，也越来越受到了实践及学术界的广泛关注。以抖音为例，其所提供的服务交流平台打破了传统上消费者只能是专业人士或影视企业提供相关内容（PGC）的被动接受者这一局限，为资源的需求者和供给者搭建了一个可以实现信息交流与共享的新平台。推出之初，抖音就为广大用户提供了大量简单易操作的学习模板，方便用户快速上手使用。抖音上很多爆款的视频都是出自普通用户之手，此时，用户已不再是一名被动的内容受众，而是成为内容的创造者和提供者（UGC）。为了增加影响力，抖音在具备了规模后，还推出了百万英雄答题、抖音直达淘宝等功能，进一步对其商业模式进行精益化，以增强消费者黏性并满足消费者需求。抖音的商业模式创新演化对于互联网短视频平台企业来说具有较强的借鉴意义。

资料来源：本书作者整理。

　　王烽权和江积海（2021）将互联网短视频商业模式细分为了"内容为王"型、"社交至上"型和"双轮驱动"型，如表 7 - 3 所示。"内容为王"型商业模式以"创新"和"复制"的逻辑创造价值，进而利用平台的规模或体量优势进行价值获取，其背后隐藏着跨边网络效应；"社交至上"型商业模式通过用户连接、用户黏性、用户中心度和用户角色多元化的提升促进价值创造能力，进而实现平台以用户关系为中心的价值获取，其背后隐藏着同边网络效应；"双轮驱动"型商业模式在"创新"和"复制"能力以及用户连接、用户黏性、用户中心度、用户角色多元化等方面实现了前两种商业模式的优势互补，进而创造和获取更大体量的价值，其背后隐藏着跨边网络效应和同边网络效应的叠加，即"双边网络效应"。此外，王烽权和江积海（2021）还指出，只注重单一商业模式往往无法让互联网短视频平台获取持续的竞争优势，需要动态迭代以应对流量红利的消失和市场竞争的加剧，因而短视频平台商业模式应演化为"双轮驱动"型商业模式才是发展的长久之计。

表 7 - 3　　　　　　　　互联网短视频商业模式价值创造实现机理

互联网短视频商业模式类型	网络效应类型	价值主张	价值创造		价值捕获	典型案例
		内容	流量	运营	变现	
"内容为王"型商业模式	跨边网络效应	媒体导向型内容	公域流量	中心化运营	交易推广型变现	抖音

续表

互联网短视频商业模式类型	网络效应类型	价值主张	价值创造		价值捕获	典型案例
		内容	流量	运营	变现	
"社交至上"型商业模式	同边网络效应	社交导向型内容	私域流量	去中心化运营	情感关系型变现	快手
"双轮驱动"型商业模式	双边网络效应	媒体导向型内容＋社交导向型内容	公域流量＋私域流量	中心化运营＋去中心化运营	交易推广型变现＋情感关系型变现	抖音、快手的发展趋势

资料来源：王烽权，江积海．互联网短视频商业模式如何实现价值创造？——抖音和快手的双案例研究［J］．外国经济与管理，2021，43（2）：3－19．

　　工业互联网是新一代信息通信技术与制造业深度融合的关键基础设施、新型应用模式和全新工业生态，是互联网从消费领域向生产领域、从虚拟经济向实体经济拓展的核心载体。以海尔为例，其在大数据、云计算、柔性制造等物联网技术的加持下，形成了海尔智家（智慧家庭平台）、卡奥斯（工业互联网平台）、海创汇（创业孵化平台）、盈康一生（健康产业平台）和海纳云（智慧社区产业平台）等产业平台。同时，海尔集团的组织结构也演变成了"小前台、大中台、强后台"的平台型组织结构，构建了多个平台来赋能小微企业为用户持续创造价值，形成了"平台＋小微企业"的生态新模式。

　　聚焦于以海尔为代表的工业互联网平台型企业，马晓辉、高素英和赵雪（2022）探讨了平台型企业的商业模式创新演化过程，如图 7 - 13 所示。研究发现，平台型企业商业模式创新呈阶段性演化特征，在探索、发展和生态化拓展三个阶段，分别呈平台化模式、社群模式和生态系统模式，每个阶段的价值创造逻辑有所不同。例如，海尔在探索期以平台模式为主，重视价值主张更新，包括前期的客户需求挖掘与价值主张调整；以探索期的平台模式为基础，在发展期海尔构建了以不同业务为核心的各类平台，集合用户、技术人才等多方利益相关者，推动平台模式逐渐向社群模式演化；以发展期的社群模式为载体，在扩展期海尔以核心平台作为企业孵化器不断孵化出新的企业，同时连接线上线下各类企业，形成了一个完整的价值生态链。

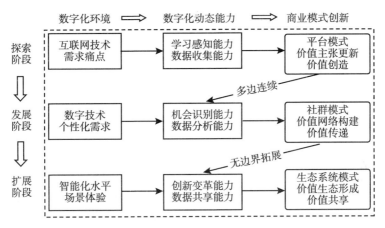

图 7 - 13　马晓辉、高素英和赵雪的平台型企业商业模式创新演化过程

资料来源：马晓辉，高素英，赵雪. 数字化转型企业商业模式创新演化研究——基于海尔的纵向案例研究 [J]. 兰州学刊，2022（6）：28 - 41.

7.4.2　社群驱动下的商业模式创新演化

在线社群是企业连接消费者，增强与消费者互动的重要手段。随着社交媒体平台的不断发展，社群经济影响力不断增强，越来越多的企业尝试通过建立在线品牌社群来聚集消费者，促进商品销售，同时实现价值共创。在线社群一般是基于品牌或产品爱好者而构成，具有专业化及非地理约束性，社群成员都位于一个在线或虚拟环境中，围绕焦点品牌或产品进行信息交换（Hook，Baxter & Kulczynski，2017）。研究发现，所有社群都表现出了三个特征：共同的意识、仪式和惯例，以及道德责任感（Muniz & O'Guinn，2001）。在社群的影响下，消费者不仅能够获得商品和品牌的信息，也能够获得身份认同及符号价值，从而产生了良好的社交体验及消费体验（靳代平、王新新和姚鹏，2016）。此外，社群中具有相似消费体验和消费习惯的消费者在进行社会互动时，会进一步发展形成相似的理解和共同信仰（Goulding，Shankar & Canniford，2013），从而对品牌具有更大的包容度和归属感。因此，在线社群成员往往比普通消费者具有更高的品牌认同度和品牌忠诚度（董学兵、常亚平和肖灵，2018），愿意开展一些有益于品牌及产

品发展的行为，如品牌推广、产品促销和模式创新等（Marzocchi，Morandin &
Bergami，2013；苑春、何欣和薛豆豆，2021）。如今，在线社群也从以前
只局限于顾客创造体验的环节，逐步向价值共创和企业创造体验的环节
推进（王满四、霍宁和周翔，2021）。小米的社群商业模式如实例7-5
所示。

实例7-5　小米的社群商业模式

　　以小米为例，小米把某些对技术极为专注的人群转变为自身产
品的技术"发烧友"，并在产品测试优化阶段，充分汲取这些发烧
友组成的"测试员"所提供的意见和使用反馈。在还没有推出手机
之前，小米先做的是MIUI手机系统，运营团队把用户定位于发烧
友极客的圈子，根据产品特点，锁定一个小圈子，吸引铁杆粉丝，
然后逐步积累并扩大粉丝群体。初期，小米发烧友的主要聚集地是
论坛，在论坛上"米粉"参与调研、产品开发、测试、传播、营
销、公关等，同时这些活动使得"米粉"的荣誉感和成就感得到炫
耀，让他们愿意频频黏在论坛上。但论坛的缺陷是太封闭，人群扩
展起来太难，因此小米又逐步通过微博、微信和QQ等平台，组合
扩散知名度。例如，微博具有强传播性，适合在大范围人群中做快
速传播以及获取新的用户；QQ空间在三、四线城市有着广大的年
轻用户人群，小米在推出符合这一定位的红米手机的时候，就选择
了QQ空间作为合作平台进行产品发布。除了线上社群，小米也在
线下举办了多种互动活动，如粉丝与媒体云集的"米粉节""爆米
花"交流会以及同城会等，除了邀请"米粉"参加各种交流、公益
活动，还设有抽奖、游戏、才艺展示等环节，而且小米联合创始人
也会到现场与米粉们一起互动。小米社群商业模式创新的成功使得
企业从基于技术的价值共创转化为了基于粉丝情感的价值营销，价

值传递模式也逐渐演变为了社群经济，价值维持方式也由提倡"技术+兴趣"的发烧友导向变为了提倡粉丝经济的"米粉"导向。

　　资料来源：①揭秘"小米公司"如何靠"社群模式"起家？[EB/OL]. 搜狐网，2018-07-04；②宋立丰，宋远方，冯绍雯. 平台-社群商业模式构建及其动态演变路径——基于海尔、小米和猪八戒网平台组织的案例研究 [J]. 经济管理，2020，42（3）：117-132.

　　社群作为企业的可开发资源，还可以通过与企业其他资源相结合进行价值创造（Dahlander & Wallin，2006），并为解决问题提供创新性的方法（Wenger & Snyder，2000）。项国鹏、魏妮茜和韩蓉（2023）通过对"小红书"和"得到"的探索性双案例研究，解构了社群驱动下互联网创业企业商业模式创新的演化过程，如图 7-14 所示。"小红书"是兴趣型社群，提供涵盖美妆、美食、育婴、旅游、健身、摄影等全方位的生活内容，其中，内容生产者是平台的用户，强调内容的真实记录性和平台用户之间的平等交互性。"得到"是知识型社群，旨在为用户提供"省时间的高效知识服务"，平台的内容生产者是各知识领域的专家及权威人士，强调内容的优质性和专业性。虽然这两个平台的社群性质和内容创造方式有所不同，但其商业模式都经历了"市场适应型商业模式→技术驱动型商业模式→社群生态型商业模式"的演化过程。

　　在社群构建期，"小红书"和"得到"基于用户参与的优质内容为载体，通过具有针对性的社群内容吸引并聚集用户，同时用户也参与社群的价值创造，促使用户将良好的社群体验转化为了对企业平台及商业模式的认同，进而形成了"市场适应型商业模式"。在社群发展期，"小红书"和"得到"都利用数字技术帮助用户建立归属感以获取流量红利。得益于数字技术的发展，平台的知识内容生产去中心化、业务流程模块化及消费体验闭环化，增强了用户的口碑和信任，进而转化为对企业的情感依赖和认同。由此，企业实现了从价值创造到价值获取的平稳过渡，进而演化为"技术驱

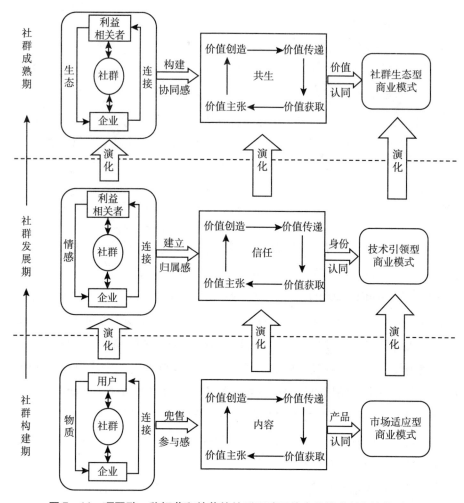

图 7-14 项国鹏、魏妮茜和韩蓉的社群驱动下的商业模式创新演化过程

资料来源：项国鹏，魏妮茜，韩蓉. 互联网创业企业如何实现商业模式演化？——基于社群视角的双案例研究［J］. 外国经济与管理，2023，45（2）：134-152.

动型商业模式"。在社群成熟期，生态系统中利益相关者间的连接互动及协同演化使得价值创造和价值获取达到最佳动态平衡关系（王烽权和江积海，2021）。"小红书"和"得到"都借力社群生态为利益相关者构建协同感以获取存量市场的最大价值。用户需求的升级驱使社群内容和场景多元化，而社群自带流量的属性不断吸引着各方利益相关者的加入，如产品内容广告、直播带货等，在满足用户需求的同时又拓展了社群消费场景。由此，各利益相关者通过聚合形成了价值生态系统，内部的关系更加多元和紧密，各方基于共生诉求获取存量市场红利的同时也形成了对社群的价值认同，实现了价值创造与价值获取间的动态平衡与双向促进，商业模式创新演化为"社群生态型商业模式"（项国鹏、魏妮茜和韩蓉，2023）。

7.5　本章小结

商业模式创新演化是商业模式多次创新的过程，无论是从一种商业模式到另一种商业模式的裂变，还是多种商业模式的多元化、组合式发展，都描述了商业模式随着时间的演进，是企业在既有商业模式基础上的持续发展、优化的过程，都具有"动态演化"的特征。本章首先介绍了不同视角下的商业模式创新演化阶段及特征，其次聚焦于数字化时代，分析了数字化时代下平台型企业及社群驱动下的商业模式创新演化过程。

讨 论 题

1. 讨论不同视角下商业模式创新演化的阶段及特征。
2. 讨论实体企业商业模式与数字化商业模式的特征及区别。
3. 探讨企业在商业模式创新演化的过程中会有哪些要素发生变化？以及会面临哪些困难和问题？

案例分析题

实例 7 - 6　欧莱雅研发熬夜面霜

欧莱雅在研发熬夜面霜这款产品时采用了"新品合伙人模式"。"新品合伙人模式"打破了小规模消费者互动模式，利用了平台的社群资源，引发了大规模的创意脑暴。

欧莱雅在研发熬夜面霜的第一阶段通过招募、海选新品合伙人，用娱乐化的方式和消费者共创了 967 条关于面霜的不同创想，在 4 天里征集了 1400 个方案。

第二阶段，欧莱雅建立了共创社区，通过不同的消费者讨论小组，对她们的生活形态及对商品的期待等做了全方位的了解，即进行消费者的深度洞察。

第三阶段，欧莱雅基于消费者的深度洞察，在很短的时间内，形成了 14 个未来可行的商品方向，最终形成了 6 个初步的商品概念。

第四阶段，欧莱雅与消费者一起进行商品优化，在商品开发的全过程都保持消费者的参与和互动，在消费者的帮助下进一步优化出了 4 个商品概念，最终选出了零点面霜这个概念，为该面霜定义了熬夜的新场景。

资料来源：肖利华，田野，洪东盈等．数智驱动新增长［M］．北京：电子工业出版社，2021.

结合案例讨论社群商业模式对企业产品研发及推广的作用及意义。

商业模式创新生态系统

 引 言

数字经济时代涌现出了许多新型商业模式，逐步形成了一个生态系统，如阿里巴巴聚焦于淘宝网，搭建了一个包含"聚划算""天猫国际""社区团购""直播带货"等多样化商业模式相结合的生态系统；腾讯借助QQ和微信等社交平台获取流量，进而将这些流量向外围导入其他具备成熟商业模式和盈利能力的业务平台，从而搭建了涉及娱乐传媒、金融服务、生活服务和电子商务等领域的商业模式创新生态系统。"生态系统"一词逐渐在企业管理领域引发关注。

 学习目标

学习本章内容后，你将能够：

- 了解生态系统的起源与发展。
- 了解商业生态系统和创新生态系统的研究现状。
- 明晰商业模式创新生态系统的框架。

8.1 生态系统的起源与发展

8.1.1 生态系统的概念

生态学是研究有机体与其周围环境关系的科学，海克尔（Haeckel，

1869）认为生态学的研究重点应关注生态系统，并给出了生态系统的概念，即自然界的生态群落与其所在环境组成的一个整体，各要素产生物质、能量、信息上的流动或循环，从而相互联系与制约，形成了具有自我调节功能的、相对稳定的、动态的、平衡的复合系统。这使得生态学的研究对象从"个体""群落"转向生态系统。奥杜姆（Odum，1986）也认为，生态系统的研究不能仅限于生态学中简单的生物群落和非生物环境的聚集，要进一步考察环境中各要素之间的相互作用和协同进化。这种生态系统的共生、协同发展的思想也影响到了社会学、经济学和管理学等众多领域。

8.1.2　生态系统的相关概念

生态系统常见的概念包括生物群落、种间竞争、生态因子及生态位等。

生物群落（biocoenosis）是指在同一时间聚集在同一区域或环境内各种生物的集合，包括植物、动物和微生物等各种生物有机体（Clements & Shelford，1939）。一个群落中的物种不是杂乱无章地散布，而是协调有序地生活在一起（张红玉，2013）。生物群落的基本特征包括群落中物种的多样性、群落的生长形式和结构、优势种、相对丰盛度、营养结构等（叶万辉、曹洪麟和黄忠良等，2008）。

种间竞争（interspecies competition）是指两个或两个以上物种之间相互阻碍或制约的关系，即一个物种通过消费资源或者实施干扰等方式，对另一物种的存活、生长或者生殖造成的不利影响（Begon，Townsend & Harper，1859）。种间竞争是塑造生物形态、生活史及群落结构的主要动力之一，同时也是决定生态系统结构和功能的重要生态学过程之一（许驭丹、董世魁和李帅等，2019）。

生态因子（ecological factor）是指生态系统中对生物有直接或间接影响的各种环境因子，如光照、温度、水分、食物和其他相关生物等（许鹏辉，2019）。生态因子主要影响生物个体的生存和繁殖、生物种群的分布和数量、生物群落的结构和功能等。一个生态系统存在多种生态因子，这些生态因子不仅本身会对生态系统产生影响，而且生态因子之间会相互作用产生协同效应，对生态系统产生抑制或促进的综合作用（吴远卓和王宫水，2019）。

生态位（ecological niche）指的是在生态系统中某个生物种群在时间和空间上的相对位置，及其与相关种群之间存在的功能关系与相互作用（Elton，1927）。不同的生物种群通过不同的生态位进行区分。生态位主要包括两个层次，首先是基本生态位，是在不存在物种间竞争的情况下，某一物种在生态系统中适宜的生存空间，主要由物种的基因及适应能力所决定，是种群潜在的可占领空间；其次是实际生态位，是指各物种之间的相互竞争使每一个物种只能占据基本生态位的一部分（Hutchinson，1958）。

8.1.3　生态学理论在管理中的应用

鉴于生态系统中的物种依赖、能量循环等与现代企业的竞争环境相似（韩进、王彦敏和涂艳红，2020），学者们尝试将这一概念引入到管理学研究中，由此产生了商业生态系统。

摩尔（Moore，1993）较早地将生态系统引入到管理学研究中，赋予其"经济联合体"的概念，主要强调组织与组织、组织与个体之间的互动，认为每一个组织或个体的活动在影响其他个体的同时也会被其他个体所影响，体现了组织或个体之间相互依赖的特征（韩炜和邓渝，2020）。伊恩斯蒂与莱维恩（Iansiti & Levien，2014）同样强调了生态系统在现代商业中的作用，并指出生态系统中存在着不同的角色，分别为系统中心（Hubs）、系统支配者（dominators）、核心贡献者（keystones）及利基玩家（niche players），这些不同角色之间相互关联，以核心企业或平台为中心组成松散性的网络结构。阿德纳（Adner，2006）提出"生态系统结构观"，即生态系统成员基于共同价值主张组织起来进行创新活动，核心企业的生态系统战略对实现系统价值主张至关重要。里塔拉和阿尔帕诺普鲁（Ritala & Almpanopoulou，2017）指出，当前管理生态系统方面的文献缺乏对政府政策的考量，缺乏合适的绩效衡量指标，管理生态系统的定义应同时考虑生态演化和整体系统两个方面，并且在分析层次上也应综合考虑管理生态系统的时间和空间等因素。

8.2 商业生态系统的相关研究

众多学者将商业生态系统看作企业通过复杂的交互关系，形成具有稳定性和适应性的组织结构，虽然各自追求不同但却能相互促进收益，最终形成了共同的繁荣和发展（Peltoniemi & Vuori，2004；Pierce，2009）。相关研究主要集中于商业生态系统的构成、特征及形成机制等几个方面。

8.2.1 商业生态系统的构成

当前学者们对于商业生态系统的构成进行了较为丰富的研究，主要从参与主体和核心要素两个方面来展开探讨。

在参与主体方面，学者们大多基于供应链或价值链等进行分析，如摩尔（Moore，1996）构建的商业生态系统模型，指出商业生态系统是由核心企业、市场中介、供应商和消费者这些主要"物种"构成；潘剑英和王重鸣（2012）认为商业生态系统还要包括一些主要"物种"的所有者、风险承担者以及与权力有关的"物种"，如政府部门、消费者和供应商协会、竞争对手以及监管机构等；崔淼和李万玲（2017）则从参与企业的角度进行了探究，他们参考了伊恩斯蒂和莱维恩（Iansiti & Levien，2004）的观点，指出商业生态系统应包含三种角色——核心企业、主导企业和利基企业；李剑玲和王卓（2016）则基于这些参与主体的性质对它们进行了分类，从而将商业生态系统划分为四个子系统，包括竞争子系统、支持环境子系统、供应链子系统和宏观环境子系统，其中竞争子系统主要由现有竞争对手与潜在竞争对手构成，支持环境子系统主要包括投资者、资产所有者、行业商会或协会，供应链子系统主要包括供应商、核心企业、中间商和顾客，宏观环境子系统主要由环境、政府和社会构成。

在核心要素方面，韩进、王彦敏和涂艳红（2020）认为，一个成功的商业生态系统需具备4个要素：松散联系的系统成员、共享的资源信息平台、共同的系统愿景、半开放的成员"进入—退出"机制。首先，松散联系的成员关系能够使整个系统保持创新性和敏捷的外部反应能力；其次，共享的资源信息平台能够帮助降低信息不对称并增强成员间协同能力；再次，共同的系统愿景能够使成员保持系统成员的身份角色认知，以持续参与创新进程；最后，半开放的成员进出机制既保证了成员的动态异质性，又能维持系统整体的相对稳定性。韩炜和邓渝（2020）同样提炼出了四个商业生态系统的核心要素，分别是为实现价值主张而采取的具体行动、从事活动的行动者、生态系统参与者在活动过程中的位置以及生态系统参与者间的联结。

8.2.2　商业生态系统的特征

崔淼和李万玲（2017）指出，商业生态系统具有鲜明的特征，表现为专业互补、资源共享、价值共创和共同演化。一是专业互补。核心企业往往难以拥有发展所需的全部知识和资源（Moore，1993），需要吸收具有不同专业性和互补性的企业进入商业生态系统，并提高系统内部产品间的黏性（Van Alstyne，Parker & Choudary，2016），以促进创新。二是资源共享。核心企业在资源共享中扮演着引领者的角色，需要通过投入适当的边界资源构建资源平台（Eaton，Elaluf - Calderwood & Sorensen，et al.，2015），信息与通信技术的发展有效促进了企业之间的互联互通。同时，非核心企业通过贡献自己的互补性资源而获得平台中的其他资源，实现了商业生态系统内部的资源共享。三是价值共创。区别于传统网络化组织的价值共创，商业生态系统形成了一个价值导向的企业网络（Peltolat，Aarikka - Stenroos & Viana，et al.，2016），并由核心企业主导，生态系统中各利益相关者通过竞合互动和资源整合而共同创造价值，实现了集体价值创造大于单个企业价值创造的总和。四是共同演化。商业生态系统需要围绕创新行为实现循环往复、螺旋式上升的共同演化，以维持自身长期协同发展的稳定性。商业生态系统的价值共创、资源共享、相互赋能等，既是在系统演化中实现的，本身又推动着系统的演化。

韩炜、杨俊和胡新华等（2021）基于阿德纳和卡普尔（Adner & Kapoor，2016）的观点，从结构视角审视了商业生态系统，并指出了商业生态系统的三个关键特征，分别为价值主张、匹配结构与多边参与。首先，价值主张作为行动指引，是构成商业生态系统最为重要的特征之一。商业生态系统将价值主张视为核心，此价值主张并非传统意义上企业向顾客传递的价值诉求，而是生态系统向参与者做出的承诺收益，这使得商业生态系统的价值主张需要囊括参与者的需求，而不能单纯聚焦于核心企业。其次，结构匹配被认为是商业生态系统的另一关键特征，即生态系统中参与者达成共识的程度，而达成共识的内容主要是指生态系统的核心价值主张、参与者在生态系统中的位置及其所从事的价值活动。在达成共识之后，参与者会将自身资源与系统共享，同系统中其他利益主体或整个系统形成稳定的相互匹配的结构。最后，多边参与不仅是指合作伙伴的多样性，还意味着一系列不可简单分解为双边互动的多边关系集合。从这个意义上说，联盟组合研究中跨联盟间的交互关联性与之相类似，且为商业生态系统的多边关系研究提供了研究基础（Lavie & Singh，2012）。商业生态系统中的每一个参与者都处于动态改变中，并以自我改变叠加其他参与者的改变一起推动着系统的变化，也会因受到其他参与者和系统发生改变的影响而进一步改变自己，由此形成所有参与者相互促进下的商业生态协同演化。

8.2.3　商业生态系统的形成机制

现有研究中关于商业生态系统形成机制的研究相对较少（Hannah & Eisenharedt，2018），仅有少数学者关注了"商业生态系统从何而来"这一重要问题，试图挖掘出商业生态系统形成的驱动因素及形成机制。

从商业生态系统的影响因素来看，现有研究多集中于构建者和参与者两个角度。商业生态系统的构建者往往是驱动商业生态系统形成的主力军，需要进行设计理念的提出、构建互补性资源（Jacobides & Cennamo，2018）、培育和联系合作伙伴（Rong，Wu & Shi，et al.，2015）以及完善治理结构（Kapoor & Angarwal，2017）等，以此应对商业生态系统构建过程中的高不确定性，将其所处的现实情境进行具象，以赢得新商业生态系统中利益相关者的支持。对于参与者来说，他们是促进商业生态系统中价值创造的具体落实者。此外，参与者的互补类型对商业生态系统的构建也具有重要作用，虽然生态系统架构的设计参数是由生态系统的核心企业（构建者）所设计的，但是只有其他互补者在共识基础上自主设计与运营各自的模块，才能形成整体的商业生态架构（Jacobides，Cennamo & Gawer，2018）。

从商业生态系统的形成机制来看，有学者从商业模式的调整和重新设计视角进行探讨，认为企业应努力设计并调整商业模式以更好地适应生态系统的需要（Doganova & Eyquem – Renault，2009；韩炜、杨俊和胡新华等，2021）。商业模式创新往往伴随着来自顾客和合作伙伴的不确定性（Autio & Thomas，2018；Ozcan & Eisenhardt，2009）、在位企业反映的不确定性以及新商业模式需求的不确定性（Dattee，Alexy & Autio，2018；Suarez & Lanzolla，2005），这都增大了新商业生态系统形成的难度，而针对新商业模式的框架设计与试错调整有助于降低利益相关者的不确定性感知，从而有利于商业生态系统的形成。也有学者基于商业生态系统的复杂结构，探索商业生态系统的形成与演化（Russell & Smorodinskaya，2018）。吴建材和谢永平（2017）发现，商业生态系统的形成动力来自系统内部各子系统间的竞争和协同（Hannah & Eisenhardt，2018），具体机制是商业生态系统内部各成员通过竞争实现协同并产生序参量，序参量反过来支配和推动系统的演化发展，实现协同进化。宁连举、孙中原和袁雅琴等（2020）认为，降低产业链的内部交易成本和外部交易成本有利于商业生态系统的形成和演化，并且发现制定具有保护弱势群体企业收益的分配机制是保障商业生态系统持续健康运营的重要条件。

8.3　创新生态系统的相关研究

8.3.1　创新生态系统的构成

与自然生态系统类似，创新生态系统中也栖息着各种不同种类的参与主体（Brusoni & Prencipe，2013），并且创新生态系统是围绕创新活动产生的、动态且稳定发展的、相互依存并具有异质性的参与主体的集合（焦豪、张睿和马高雅，2022；Kolloch & Dellermann，2017）。阿德纳和卡普尔（Adner &

Kapoor，2010）在提出创新生态系统的概念后，以科技企业为例构建了相互依赖的上下游生态系统，如图8－1所示。随后，学者们对创新生态系统的主体构成进行了探讨，不同学者将不同的主体纳入到创新生态系统中。首先，创新生态系统通常包含核心企业这一创新发起者，以及与核心企业进行协作创新的其他相关主体，如上游供应商、下游买方或客户、消费者等（Ferdinand & Meyer，2017）。其次，由于竞争不可避免，核心企业在开展创新活动、服务客户的过程中，会与其他企业存在竞争关系，因此，竞争对手是创新生态系统中的重要主体（Kolloch & Dellermann，2017）。最后，创新生态系统的运行与发展需要政府机构提供政策与法规的支持，需要大学与研究机构提供科研支持，因此，政府、大学、研究机构等在系统中发挥着重要作用，通常会被纳入创新生态系统范围内（Bittencourt，Gazaro & Mignoni，2021）。

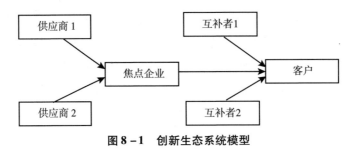

图 8 - 1　创新生态系统模型

资料来源：Adner R，Kapoor R. Value Creation in Innovation Ecosystems：How the Structure of Technological Interdependence Affects Firm Performance in New Technology Generations ［J］. Strategic Management Journal，2010，31（3）：306－333.

8.3.2　创新生态系统的特征

对于创新生态系统的特征，学者们的意见并不统一。李万、常静和王敏杰等（2014）指出，创新生态系统具有多样性共生、自组织演化与开放式协同的特征。冉奥博和刘云（2014）认为创新生态系统具备功能性和动态性特征。张利飞（2015）指出，创新生态系统的核心在于构建技术创新体系，需要企业和企业之间的协同、异化、共生和进化。李晓娣和张小燕

（2019）认为创新生态系统具有共生性，各共生要素间相互协调、匹配与互动，推动创新生态共生体的健康、持续运行及共生效应的实现。郑帅和王海军（2021）通过海尔的案例发现，企业创新生态系统具有创新架构模块化、交互界面开放化和网络治理嵌入化等三个特征。王寅、袁月英和孙毅等（2021）认为区域创新生态系统具备一般系统的整体性、耗散性、动态性和复杂性等特征。王发明和朱美娟（2021）认为互联网平台企业主导的创新生态系统具备互补性和独立性两个特征。杜传忠和疏爽（2023）指出创新生态系统的基本特征主要包含多样共生性、层次交互性、动态稳定性与协同开放性。

虽然学者们对于生态系统所归纳的特征在表述上不尽相同，但总的来说，其内在实质具有很多共性（杜传忠和疏爽，2023）。一是多样共生性。系统内创新主体和创新要素的多样化是构建创新生态系统最基本的要求，各主体和要素之间的互动、自我适应和彼此适应（即共生）可以维持创新生态系统内部的稳定。二是协同性。创新生态系统内各创新主体和要素的发展演进都与系统外部保持高度协同，系统通过"优胜劣汰"机制及时从外界环境中吸纳新要素和更换旧要素，在保持开放的同时不断与外部发生物质、信息和能量的交换，由此影响创新生态系统的整体涨落。三是动态性。生态系统作为一个有机整体，是不断动态变化的，当系统受到外界干扰和破坏时，其自身的反馈、调整和恢复机制会主动进行动态调节，维持系统的相对稳定。四是层次交互性。在一个创新生态系统中，包含诸多由创新主体和创新要素之间构成的子系统，子系统之间组成创新集群，创新集群又组建成创新分系统，各个分系统最终构成层次分明、结构有序的创新生态系统。各个层次交互创新，共同推动创新生态系统的整体性发展。

8.3.3　创新生态系统的演化过程

自将生态系统的概念引入管理学中，摩尔（Moore，1993）就探讨了商业生态系统的演化阶段，分为诞生、扩张、领导和自我更新四个阶段。创新生态系统的动态演化同样也表现出阶段性的特征（Beltagui，Rosli & Candi，

2020）。贝勒塔吉与坎迪（Beltagui & Candi，2020）基于颠覆性创新、扩展适应及模块化，将创新生态系统分为形成、发展、内部动荡、外部动荡四个阶段：形成阶段强调对系统已有业务的扩展适应性利用；发展阶段强调将专业化企业引入到生态系统中，以满足发展需要；内部动荡阶段指的是随着市场的不断扩大，生态系统中会逐渐出现大规模的企业，从而会在生态系统内部产生控制权的竞争；外部动荡阶段指的是创新生态系统已经成熟，从而专注于同外部的其他创新生态系统进行竞争。

戴德哈伊尔、马基宁和奥特（Dedehayir，Makinen & Ortt，2018）构建了创新生态系统演化的三阶段模型，分别为准备阶段、形成阶段和运作阶段。在准备阶段，用户需求被定义，创意也随之产生，创新生态系统的工作重心是为创新想法的落实提供必要的基础条件，如搭建平台、提供技术与资源等；在形成阶段，强调同其他参与者的互动与合作，核心企业搭建的平台也会向其他参与者开放，基于此，多样化的创新想法被激发并得以实施，创新生态系统构建完成；在运作阶段，随之创新生态系统的实际运行，参与者数量不断增加，创新生态系统的稳定性也随之增强，各个参与主体都能通过创新生态实现自身的价值创造。

除了创新生态系统的演化阶段分析，学者们还探讨了创新生态系统演化的驱动因素（焦豪、张睿和马高雅，2022）。从系统内部视角看，首先，参与者之间的互动规则和共同演化关系能够推动生态系统的演化（Kolloch & Dellermann，2021）；其次，系统主体的动态能力能够推进资源的获取、更新和重新配置，进而推动创新生态系统的发展（Feng，Fu & Wei，et al.，2019）；最后，参与主体在创新生态系统中角色和作用的变化推动了系统的发展演化（Pique，Berbegal - Mirabent & Etzkowitz，2018）。从系统外部环境视角看，技术变革（Gao，Liu & Ma，2019）和制度变革对创新生态系统演化（Sahasranamam，Rental & Rose，2019）也发挥着关键的作用。

8.3.4　商业生态系统与创新生态系统的关系

结合戈梅斯、费森和萨勒诺等（Gomes，Facin & Salerno，et al.，2018）的观点，商业生态系统和创新生态系统的相同之处在于：商业生态系统和创新生态系统都是由相互关联的参与者组成，包括：核心企业、互补者和客户等，都包含一个领导者，都是建立在平台上，内部都存在着竞争与合作关系，都遵循共同进化的原则。对于商业生态系统和创新生态系统的区别，戈梅斯、费森和萨勒诺等（Gomes，Facin & Salerno，et al.，2018）认为，创新生态系统中的"创新"强调的是价值创造，是为客户和其他利益相关者创造价值的协作过程；商业生态系统中的"商业"强调的是价值获取，是单个企业层面实现的利润获取，即企业如何追求自己的竞争优势并获得相关利润。可以看出，二者之间存在较大的相似之处的同时，也存在根本性差异。

韩进、王彦敏和涂艳红（2020）指出，从静态角度来看，商业生态系统和创新生态系统在概念上相互补充，两者都强调系统成员异质性，强调健康的系统结构，强调核心企业的生态系统战略。但是，二者在生态系统的构建过程中起到不同的作用，基于戈梅斯、费森和萨勒诺等（Gomes，Facin & Salerno，et al.，2018）的观点，韩进、王彦敏和涂艳红（2020）识别出了生态系统的三个发展阶段，分别为初创阶段、扩张阶段及成熟阶段，并认为初创阶段主要应以商业生态系统为核心，强调如何实现系统层面的价值共取，而扩张阶段则应以创新生态系统为核心，强调如何实现价值共创。

8.4　商业模式创新生态系统

在生态学视角下进行商业模式创新研究具有重要的理论价值和现实意义，本章节将参考商业生态系统与创新生态系统的相关研究，结合实践中的企业，对商业模式创新生态系统进行刻画和解读。

8.4.1　商业模式创新生态系统的概念

无论是商业生态系统还是创新生态系统，都是从参与主体的角度出发，探讨其各自的概念，而我们认为生态系统形成的底层逻辑仍然是创造、传递和获取价值，现有研究也普遍认同生态系统的塑造以企业商业模式为起点（Khanagha，Dejkordi & Zali，et al.，2018；曹麒麟和方译翎，2022）。基于此，与商业生态系统和创新生态系统概念不同的是，我们将商业模式创新生态系统的重点放在了商业模式和商业模式创新上，而不是构成生态系统的企业主体。

我们认为商业模式创新生态系统，是围绕商业模式创新活动展开的，动态且稳定发展、协同共生、交互开放的商业模式集合，指的是不同商业模式之间的关系，包括协同、竞争、演化等，通过不同商业模式之间的交互，实现其中某一部分及整个系统的商业模式螺旋式创新。主要可分为两个视角，一种是企业内的商业模式创新生态系统，强调的是企业内部多个业务板块所采取的不同商业模式之间的关系；另一种是企业间的商业模式创新生态系统，强调的是不同企业的商业模式相互协调、匹配与竞争，从而促进商业模式创新。

8.4.2　企业内的商业模式创新生态系统

企业内的商业模式创新生态系统强调的是发生在核心企业内部的不同商业模式之间的相互协同、竞争、演化与创新。具体而言，核心企业为了扩展多样化的业务板块，会设计多种类型的商业模式，并不断进行创新，从而在整个系统中形成了多样、新颖的商业模式，不同的商业模式之间既存在竞争也相互联系，共同参与价值的创造、获取与传递等。参考林德格伦和班霍尔姆（Lindgren & Bandsholm，2016）的思路，本书构建了企业内商业模式创新生态系统的简单框架，如图 8-2 所示。在该框架中，核心企业共有三个业务板块，分别为业务板块 a、b、c，为了推进各业务板块的快速发展和做大做强，每一业务板块下都有两个子企业分别应用着不同的商业模式，并不断进行商业模式创新以及时适应市场变化，进而获取竞争优势。实例 8-1 为淘宝多模式竞争以探明发展方向的案例。

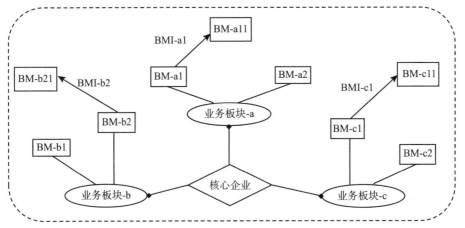

图 8 - 2 企业内部商业模式创新生态系统

资料来源：本书作者绘制。

实例 8 - 1 淘宝多模式竞争以探明发展方向

早在 2011 年，阿里巴巴（Alibaba）曾把淘宝拆成三家独立的子公司——淘宝、天猫和一淘，并找了三个最厉害的领导者去带领这三个团队，允许相互之间的竞争，甚至把对手干掉也无所谓。原因其实很简单，2009～2011 年，公司争论了三年，对于未来产业终局无法形成一个统一的判断：未来到底是 B2C，还是淘宝这样的 C2C，抑或是一个搜索引擎指向无数小的 B2C。其中小的独立的 B2C 其实是美国的格局，即电商的流量都是在谷歌上，谷歌把流量导给无数的小型 B2C 网站。例如，亚马逊的流量其实并不太高，它只是一个买东西的地方，大家不会在上面进行购物搜索。2011 年，由于当时无法确定电商会不会往美国的方向发展，内部资源分配就很困难，导致大家天天吵架。

马云最后下决心让大家到市场上去试。一年后，结果很快就清楚了，所谓购物搜索这条路并不存在，因为那个时候淘宝、天猫的基础设施已经非常强大，大部分人发现独立的 B2C 成本太高。在淘宝、天猫这个"面"上做生意，其实是把绝大部分的成本都分摊了，所以它们才能够快速、低成本地运营。由于没有独立 B2C 的存在，搜索的流量入口也就失去了价值。因此，一淘就变成了一个部门，重新回到阿里巴巴。

资料来源：曾鸣 . 智能商业［M］. 北京：中信出版集团，2018.

通过实例 8 - 1 可以看出，淘宝在面对未来的迷茫时，选择的是构建一个多种商业模式并存的生态，并使各个商业模式之间相互竞争，哪种模式更具优势，就采用哪种模式，从而明晰了未来的发展方向。实质上，阿里巴巴之所以能取得行业领先地位，也得益于其商业模式创新生态系统的构建。凭借阿里巴巴搭建的云计算、数据库、芯片研发、金融服务、物流等平台，淘宝不断进行商业模式创新，逐渐衍生出了包括天猫、聚划算、天猫国际、淘鲜达、直播带货在内的多种商业模式，形成了 B2B + C2C + B2C + O2O 叠加并存的商业模式创新生态系统（张艳，王秦和张苏雁，2020）。图 8 - 3 展示了淘宝的商业模式创新生态简图，图中只是展示有关电商的部分业务构成，并不包含阿里巴巴旗下所有业务。

实践中，阿里巴巴为了壮大其电商平台，不断发展新技术、设计新模式、拓展新领域。现如今的阿里巴巴立足于电商平台，构建了数字金融服务、大数据云计算、数字营销服务等多样化的辅助支撑体系，业务范围不断扩大，涵盖本地生活服务、新零售、物流、企业服务、数字媒体及娱乐、医疗等多个行业，逐渐形成了良性互补、有机协同的企业内部生态系统。阿里巴巴之所以有如此成就，原因之一就是阿里采用动态战略，允许不同商业模式交互、共生与竞争，形成了一个商业模式创新生态系统。

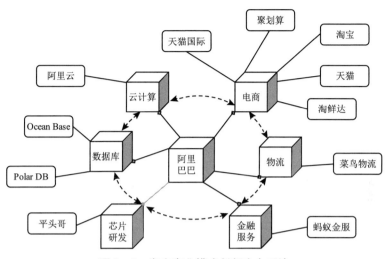

图 8 - 3　淘宝商业模式创新生态系统

资料来源：本书作者绘制。

提到腾讯，人们首先想到的就是 QQ 与微信等社交平台，二者不仅深刻地改变了数以亿计网民的沟通方式和生活习惯，也为互联网行业开辟了更加广阔的开发前景。腾讯的商业模式创新生态系统也是基于此来搭建的，详细情况如实例 8 - 2 所示。

实例 8 - 2　腾讯内部商业模式创新生态系统

微信（WeChat）是腾讯公司于 2011 年推出的一个为智能终端提供即时通信服务的免费应用程序，它的出现使当时小米的"米聊"、阿里的"来往"、网易的"易信"、360 的"口信"等无一例外地成为陪跑对象。微信的成功为腾讯生态系统的搭建奠定了基础，让腾讯具备了三种能力：

首先是用户触达的能力。腾讯凭借微信和 QQ 拥有了强大的用户流量，而且 QQ 空间、QQ 浏览器、应用宝、QQ 音乐、QQ 邮箱、腾讯视频等也都是用户量排名靠前的应用，这样一个完整领先的产品序列，使得腾讯拥有强大的用户触达能力。

其次是资源整合能力。腾讯能够整合包括开发者、用户和合作伙伴等在内的多种力量，如游戏产业，腾讯通过强大的资源整合能力，开发出包括端游、页游、手游和微信小游戏等在内的多种游戏方式，并且连接游戏开发商、AR/VR 游戏平台和直播平台等，不断拓展、完善游戏业务形态。

最后是基础技术能力。在包括云计算、大数据、LBS、移动支付等领域里，腾讯都有着深厚的技术积累及产品落地的能力，从而能够快速分析微信的活跃数据、支付数据及合作电商数据等，这些基础能力奠定了腾讯未来向产业互联网道路上前进的基础。

以上三方面的能力，让腾讯拥有了一个包括社交媒体、游戏、在线支付、电子商务、金融、音乐、视频等在内的构成广泛的生态系统，这个生态系统的构建，让用户可以在一个平台上享受多种服务，提高了用户黏性和使用频率。

资料来源：腾讯有没有 ToB 基因？［EB/OL］.人人都是产品经理，2018－10－11.

可见，腾讯基于 QQ 和微信为客户提供免费即时通信服务的平台，吸引了大量高黏度的用户群体，并将这些流量分别导入腾讯视频、腾讯游戏、腾讯音乐等具备成熟盈利模式和盈利能力的外围平台，通过外围平台的各类付费服务汲取利润，支撑整个生态系统的发展壮大（蔡文婧、姜彦辰和苏嘉莉等，2022）。此外，以上活动的顺利开展也离不开技术能力的支持，腾讯开发了腾讯云、大数据处理平台等技术产品和财付通、理财通等互联网金融产品，以保障腾讯内部商业模式创新生态的稳定运行。

8.4.3 企业间的商业模式创新生态系统

8.4.3.1 基于合作的企业间商业模式创新生态系统

企业间的商业模式创新生态系统强调的是不同企业为了赢得竞争优势、

稳固行业地位，相互协调、匹配与互动，不断进行商业模式创新。具体而言，企业间的商业模式创新生态系统应该是核心企业利用生态系统战略空间，匹配相应的互补企业，并为其提供资源和能力等"养分"支持，通过跨边界的要素、联系和活动，将价值创造由企业内部转移到企业边界，从而重塑核心企业与互补企业的价值主张、价值创造逻辑等，创新现有商业模式，以适应整个生态系统的发展，最终整合系统中所有参与者的资源实现价值共创，以及生态位的向外拓展。

在企业间商业模式创新生态系统构建的过程中，核心企业在确定了生态愿景后，会依托自身资源建立适应新业务发展的企业主体，也会引入市场中既有的企业并建立联系，从而依托系统中的能量和资源，共同搭建生态架构，形成多边合作的匹配结构和战略空间。类似于生物生态系统中的能量流动、物质循环，商业模式创新生态系统中同样存在资源的流动以及价值的循环。图 8 - 4 表示了企业间商业模式创新生态系统的框架，技术、人力资源、组织文化等资源和能量通过商业模式创新生态系统在各个企业之间传递，既能发生在核心企业与互补企业之间，也能发生在互补企业之间，从而实现商业模式创新生态系统的螺旋式发展以及系统内部各自的商业模式创新。

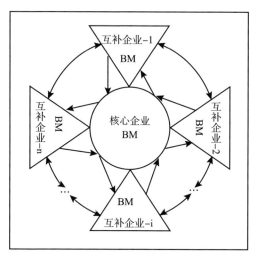

图 8 - 4　企业间商业模式创新生态系统框架

资料来源：本书作者绘制。

　　虽然前文在探讨企业内部商业模式创新生态系统时提到阿里巴巴，但阿里巴巴从未忽视对企业间商业模式创新生态系统的构建。借鉴蔡文婧、姜彦辰和苏嘉莉等（2022）所刻画的阿里巴巴生态系统图，如图8-5所示，我们可以发现阿里巴巴依托于其足量的经济支持和平台流量，将其业务范围拓展至众多领域，如本地生活服务、新零售、物流、企业服务、数字媒体及娱乐、金融、医疗等。阿里巴巴除了开展自己独立的业务外，还与众多企业进行合作，如在企业服务领域，与今日头条、网易、搜狐和新浪等新经济企业建立联系；在金融领域，同网商银行、天弘基金等展开合作；在医疗领域，同白云山药业、锐珂医疗和国药健康等形成伙伴关系；在物流领域，通过入股、收购等方式，与申通、中通和圆通等共建菜鸟物流。

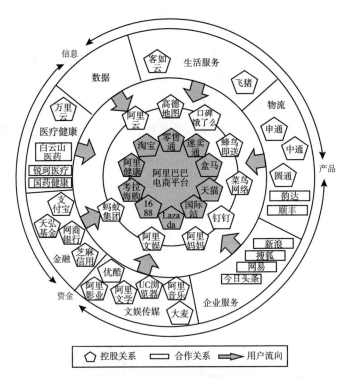

图8-5　阿里巴巴企业外部商业模式创新生态系统

资料来源：蔡文婧，姜彦辰，苏嘉莉等. 基于生态价值网框架的企业风险投资时机选择研究——以阿里巴巴和腾讯投资哔哩哔哩的案例为例［J］. 会计研究，2022，415（5）：105-117.

　　百度同样构建了涉及多行业的商业模式创新生态系统，如图8-6所示，其业务范围涵盖了电商、生活服务、智能、教育、金融、医疗以及娱乐等多个领域，以开放合作的理念与合作伙伴共同实现资源共享和互利共赢。

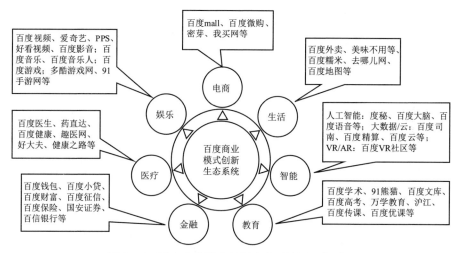

百度视频、爱奇艺、PPS、好看视频、百度影音；百度音乐、百度音乐人；百度游戏；多酷游戏网、91手游网等

百度mall、百度微购、密芽、我买网等

百度外卖、美味不用等、百度糯米、去哪儿网、百度地图等

百度医生、药直达、百度健康、趣医网、好大夫、健康之路等

人工智能：度秘、百度大脑、百度语音等；大数据/云：百度司南、百度精算、百度云等；VR/AR：百度VR社区等

百度钱包、百度小贷、百度财富、百度征信、百度保险、国安证券、百信银行等

百度学术、91熊猫、百度文库、百度高考、万学教育、沪江、百度传课、百度优课等

电商　娱乐　生活　智能　医疗　百度商业模式创新生态系统　金融　教育

图8-6　百度商业模式创新生态系统图（部分）

资料来源：本书作者绘制。

在制造行业，丰田生产模式的重要支撑——供应商集群也能对理解企业间的商业模式创新生态系统给予帮助（见实例8-3）。

实例8-3　丰田的供应商集群模式

在日本，丰田汽车公司约80%的零部件是由分包协作企业生产供应的，但是这些分包协作企业大多坐落在丰田汽车公司的所在地——爱知县的丰田市。丰田市的市区东西宽22公里，南北长24公里，是爱知县境内面积仅次于名古屋的新兴工业城市。丰田市没有所谓的闹市，除了银行和几家商店以外，其余的一切都与丰田有关。丰田市拥有分属于144家公司的160个工厂，其中86家公司的104个工厂是生产汽车及汽车零件的。这些工厂以丰田汽车公司总厂为中心一环一环地分布，形成了一个直径10公里，面积80平方公里的丰田工业区。区内公路纵横交错，很便利地将丰田公司的汽车总装配厂与生产汽车零部件的工厂连接起来，零部件在很短的时间内即可运抵需要它的装配线，因此可以实现"在需要的时刻，按照需要的数量，生产需要的合格产品"，这是供应商集群作用的典型表现。

为了在中国实现丰田生产模式，丰田汽车公司采用了与日本丰田如出一辙的供应商集群的方式，按照各种零件所需的物流模式的不同，对相应供应商的厂址提出了要求。目前，包括日本电装公司在内的共 30 多家零配件生产厂直接在广州丰田周围建厂，为丰田汽车提供优质配件。零部件从供应商工厂出来，到丰田的工厂，再到装备车间，都始终集中在可移动的架上。

广州丰田汽车厂将此先进的管理方法教给零配件厂家（知识溢出），使周围的供应商也采取这样的运输方式，工作人员开车从供应商到车间，不需要人工搬运，节省了很多时间，这种方式甚至改变了以往的流水线生产观念。

如今，以广州丰田为核心，一座庞大的汽车产业集群——"广州丰田汽车城"已初具雏形。众多配套厂家实施"门对门"式配套供应模式，围绕广州丰田建设配套工厂，物流快速便捷，为广州丰田降低成本奠定了坚实基础，保证了零库存的实现。

资料来源：王炳成，李洪伟．丰田生产模式的实现基础研究——供应商集群的视角 [J]．技术经济与管理研究，2009 (6)：120－124.

由实例 8 - 3 可见，对于供应商和制造企业来说，供应商集群是一种双赢的模式，而企业间的商业模式创新生态也是如此，核心企业之所以将其他互补主体汇聚到一个系统中，就是为了获取互补性资源，同时互补企业也可以掌握新的技术与经验等，从而共同实现价值创造。

作为新能源产业链龙头企业的宁德时代正在打造基于电池的新能源生态系统（见实例 8 - 4）。目前宁德时代已成为特斯拉、奔驰以及宇通客车等多家国内外知名车企的动力电池供应商之一，其成就也离不开商业模式创新生态系统的构建。

实例 8-4　宁德时代的商业模式创新生态系统

为迎接能源和交通的变革，宁德时代将重点推进三大应用市场的突破：一是依托动力电池和新能源汽车，摆脱对移动式化石能源——石油的依赖；二是依托锂电池储能电站＋可再生能源发电，摆脱对固定式化石能源的依赖；三是依托电动化＋智能化，覆盖工程机械、矿山船舶等各个应用领域和场景。

起初，宁德时代作为互补者参与了华晨宝马设立的"之诺 1E"动力电池和电池系统的研发创新生态系统，从中得到了华晨宝马提供的技术支持，培养了专家团队，帮助其建立了工艺流程。在嵌入华晨宝马的产品创新生态系统的过程中，宁德时代还与上、下游厂商建立了合作关系，并创新其商业模式，相继获得了越秀产业基金、君联资本等多家风险投资机构的战略投资，这促使其商业模式创新生态系统得以构建。后来，宁德时代进一步拓展生态系统的网络密度，相继与上汽、广汽等国有车企成立合资企业，成为大众及北汽等多家车企的三元锂电池的主要供应商，也逐渐重视与高校、科研院所等建立深度合作关系，并同上下游厂商建立研发中心……此外，宁德时代还与国内新能源汽车新势力合作，其与蔚来汽车正在规划成立一个电池资产管理公司，推动车电分离，并在此基础上推出 BaaS 产品。

一系列的举措最终促使了宁德时代商业模式创新生态系统的形成。

资料来源：张晶，于渤. 新创企业如何从嵌入到构建企业型创新生态系统？——基于宁德时代的纵向案例分析 [J]. 研究与发展管理，2022，34（1）：54-70.

图 8-7 为本书作者根据已有资料整理的宁德时代所搭建的生态系统，展示了各业务板块及所包含的内容。

宁德时代基于商业模式创新生态架构，在价值流动的过程中，凭借自身定制化的产品、服务及商业模式创新，同互补企业实现了价值共创。同时，通过"合纵连横"，在上下游整合优质资源，强化产业链综合地位以控制成本，掌握了资源和技术，获得了核心竞争力。

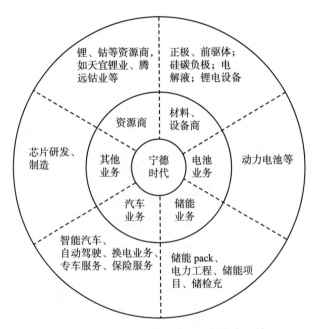

图 8-7　宁德时代商业模式创新生态系统

资料来源：本书作者绘制。

8.4.3.2　基于竞争的企业间商业模式创新生态系统

除了合作，竞争关系也是企业之间较为常见的一个特征。基于生物进化领域"物竞天择，适者生存"的观点，也应该从企业间竞争的角度对企业间的商业模式创新生态系统进行研究，因为实践表明，同行之间的竞争更为常见，但当前学术界对此关注较少。

"物竞天择，适者生存"是达尔文进化论的核心，"物竞"指的是物种之间的竞争，"天择"则是指自然选择。具体内涵为，在自然界中，物种之间、生物内部及生物与环境之间存在着相互竞争，在生物的进化过程中，会出现基因的变异，若这种变异是有利于这种生物更好地生活的，那么这种有利变异就会通过环境的筛选，以"适者生存"的方式遗传下来（刘建妮，2021）。长颈鹿进化的例子就能更为形象地表述这一观点，即：最初，长颈鹿以树叶为食，每只长颈鹿都能吃到树叶，可是后来，较矮的树叶被吃完了，这时，那些脖子短的长颈鹿就无法获得食物，而那些脖子比较长的长颈鹿就因能吃到树叶活了下来。

　　不仅限于生物进化领域，这一观点同样可以应用于企业间的商业模式创新生态系统的研究。在同一行业中，相互竞争的企业同样构成了一个商业模式创新生态系统。具体而言，企业为了获取稳定的生态位，扩大自身市场份额，会不断进行商业模式创新，以期获得强大的竞争优势。随着不同企业之间商业模式的相互竞争，那些不具备竞争优势的商业模式会逐渐被淘汰，而更能适应市场发展需要的商业模式则能够继续在系统中占据一定的生态位，系统中的企业通过不断进行商业模式创新和竞争逐渐达到一种稳定的状态，由此形成了商业模式创新生态系统。在我国电商领域，当年逐渐形成了淘宝和京东两大主流电商的发展格局。在这种的背景下，拼多多与抖音等通过创新商业模式，改变了电商行业的发展格局，很好地从竞争角度诠释了企业间的商业模式创新生态系统（见实例 8 – 5）。

实例 8 – 5　电商行业的商业模式创新生态系统

　　2015 年，拼多多正式上线，开创了"社交 + 电商"的新商业模式，一举改变了我国电商行业的发展格局。在国内的线上购物市场基本被淘宝与京东等大平台垄断的背景下，拼多多另辟蹊径，放弃与淘宝、京东等行业巨头在同一市场"正面冲突"，而是进行"错位竞争"，将目标市场定位在被淘宝、京东忽视的四五线城市和农村等市场。

拼多多不仅通过整合供应链，缩短供应环节，降低成本，还利用"拼团"为产品订单增加了规模保障，以此提高与供应商的议价能力，为顾客提供低价优质的产品，从而吸引了大量消费者。此外，拼多多还通过多元化的社交平台，为挖掘更多潜在的客户流量，开发了"砍价模式"——以分享链接的形式，通过拼多多的平台转移至其他社交平台，巧妙地利用了熟人间的信赖，不仅解决了传统电商的"流量困境"，也降低了消费者的搜索成本。

随着抖音、快手等短视频平台的兴起，短视频内容电商也顺势而起，凭借其巨大的用户基础、日活流量和时长红利，也在电商领域占有了一席之地。以抖音电商为例，其根据用户喜好精准推送个性化的视频内容，并在部分相关视频中无缝嵌入相关商品的广告，在视频下方出现购买链接。这种模式让人们在潜移默化中接收到了商品信息，产生消费动机。此外，抖音还发展了直播带货模式，这种模式具有互动性强、流量高、门槛低等特点，能够通过消费者与主播的互动，增强消费者临场感，提升消费者信任感和认同感，进而激发消费者购买动机。

有学者发现，短视频电商通过"小视频＋行业＋场景故事→广告无缝嵌入和店铺页面链接→公域流量变现""社交＋圈子＋社群构建→社交电商和IP电商→私域流量变现"和"直播＋兴趣＋场景还原→直播带货或知识付费→混合流量变现"等三种方式占领了部分电商市场。

资料来源：①唐方成，顾世玲，马晓楠等. 后发平台企业的颠覆式创新路径——以拼多多为例［J/OL］. 南开管理评论，2022：1-24；②王福. 场景如何赋能短视频商业模式价值创造？——快手和抖音双案例研究［J］. 西安交通大学学报（社会科学版），2022，42（6）：170-182.

在实践中，存在众多这样的商业模式创新生态系统，如京东方、索尼、三星及 LG 等形成了屏幕制造行业的商业模式创新生态系统；格力、美的、海尔、奥克斯、海信与澳柯玛等，凭借各自的商业模式特点，共同构成了空调行业的商业模式创新生态系统。正是由于各个行业都有不同的企业不断地创新出新的商业模式，相互之间不断地竞争，商业模式创新生态系统才能获得持续演进的动力。

8.5　本章小结

首先，本章以生物学领域生态系统为切入点，介绍了与生态系统相关的一些生物学概念；其次，分别介绍了商业生态系统与创新生态系统的研究现状；最后，本书提出了商业模式创新生态系统的概念，并基于边界的不同，将其分为企业内和企业间两个视角的商业模式创新生态系统，结合阿里巴巴、腾讯、丰田、宁德时代、拼多多及抖音等企业实际案例，揭示了商业模式创新生态系统在企业实践中的应用，帮助读者深入理解两种商业模式创新生态系统的差异。

讨论题

1. 试分析企业内商业模式创新生态系统与企业间商业模式创新生态系统的特征，以及二者之间的异同。

2. 基于你对商业模式创新生态系统的认识，以今日头条为例，尝试分析其商业模式创新生态系统的构成和形成机理。

案例分析题

实例 8-6　智能家居生态的未来发展方向

随着人们生活逐渐向高端化与个性化升级的同时，智能家居也成为当下人们生活的必备。好的智能家居产品不仅能够提供舒适的居家环境，更能节省用户的大量时间，同时安防、健康监测等更多功能的出现，可以为用户的日常生活更好地保驾护航。关于智能家居的发展方向，当前存在两种思路，分别是"基于自动化的智能化"和"基于物联网的智能化"。

"基于自动化的智能化"观点认为，智能家居并不需要一个全能的中央大脑并通过一套完整的逻辑代码去处理整个家里的所有家电，而应是将每个家电作为独立个体，既能够自行调适内部的一切，又能根据人们需要做出相应的调整。例如，方太抽油烟机的自清洗功能，人们只需按下自清洗按键，油烟机则会自动启动清洗水泵，将清洗液注入消油塔，即可等待清洗完成。

而"基于物联网的智能化"的观点则认为，智能家居应该是全屋智能生态的构建，通过物联网技术将所有家电设备连接到一起，通过智能操控系统对其进行控制与管理，并且将大数据应用于其中，以便为用户提供个性化的使用方案。例如，九阳公司基于物联网技术将豆浆机、手环、体脂秤等家电设备连接至手机端 App 上，从而根据对用户的每日健康状况，为用户提供豆浆机使用方案，以满足用户的身体需要。

资料来源：①何春梅.智能家居战国策［EB/OL］.财新网，2015－06－01.②品玩.厨电智能化，方太带来了一种"新国产替代"思路［EB/OL］.品玩，2022－10－29.

根据你对智能家居的理解，你认为哪种思路更能解决用户的痛点？请结合这两种发展思路的优缺点及相关企业案例，谈谈你的认识。

参 考 文 献

[1] 卓立新，焦高乐．互联网商业环境下创业企业技术创新与商业模式创新的迭代式共演研究 [J]．管理学刊，2021，34（3）：89－104．

[2] 曹麒麟，方译翎．生态系统可利用性视角下的商业模式启动机制——基于京东的扎根探索研究 [J]．研究与发展管理，2022，34（2）：103－116．

[3] 曹裕，陈劲．创新思维与创新管理 [M]．北京：清华大学出版社，2022．

[4] 长青，郭松明，马萍，等．主导逻辑对商业模式创新的作用机理：基于动态资源管理视角 [J]．科研管理，2021，42（12）：45－55．

[5] 陈久美，刘志迎．基于产品生命周期的二元创新与商业模式动态匹配——多案例比较研究 [J]．管理案例研究与评论，2018，11（6）：592－611．

[6] 陈一华，张振刚．商业模式创新前因研究：决策逻辑、组织学习的视角 [J]．管理评论，2022，34（5）：81－92．

[7] 陈泽文，许秀梅．疫情危机的环境动态性背景下大数据能力如何提升中小企业绩效——商业模式创新的中介作用 [J]．管理评论，2023，35（1）：134－145．

[8] 崔连广，张敬伟．商业模式的概念分析与研究视角 [J]．管理学报，2015，12（8）：1240－1247．

[9] 崔淼，李万玲．商业生态系统治理：文献综述及研究展望 [J]．技术经济，2017，36（12）：53－62，120．

[10] 刁玉柱，白景坤．商业模式创新的机理分析：一个系统思考框架

［J］. 管理学报，2012，9（1）：71 - 81.

　　［11］丁浩，王炳成，曾丽君. 商业模式创新的构成与创新方法的匹配研究［J］. 经济管理，2013，35（7）：183 - 191.

　　［12］丁小洲，郭韬，曾经纬. 创业者人格特质对创业企业商业模式创新的影响研究［J］. 管理学报，2023，20（2）：240 - 248.

　　［13］董静，赵国振，陈文锋. 风险投资的介入会影响创业企业的商业模式吗？［J］. 外国经济与管理，2021，43（4）：64 - 84.

　　［14］杜勇，曹磊，谭畅. 平台化如何助力制造企业跨越转型升级的数字鸿沟？——基于宗申集团的探索性案例研究［J］. 管理世界，2022，38（6）：117 - 139.

　　［15］范冬萍. 复杂系统突现论——复杂性科学与哲学的视野［M］. 北京：人民出版社，2011.

　　［16］顾自安. 制度演化的逻辑——基于认知进化与主体间性的考察［M］. 北京：科学出版社，2011.

　　［17］郭蕊，吴贵生. 突破性商业模式创新要素研究［J］. 技术经济，2015，34（7）：24 - 32，115.

　　［18］郭润萍，韩梦圆，邵婷婷，等. 生态视角下数字化转型企业的机会开发机理——基于海尔和苏宁的双案例研究［J］. 外国经济与管理，2021，43（9）：43 - 67.

　　［19］郭韬，李盼盼，乔晗，等. 网络嵌入对科技型企业成长的影响研究——组织合法性和商业模式创新的链式中介作用［J］. 外国经济与管理，2021，43（7）：97 - 110.

　　［20］韩进，王彦敏，涂艳红. 战略管理情境下的生态系统：一个动态过程整合模型［J］. 科技进步与对策，2020，37（1）：1 - 9.

　　［21］韩炜，邓渝. 商业生态系统研究述评与展望［J］. 南开管理评论，2020，23（3）：14 - 27.

　　［22］韩炜，杨俊，胡新华，等. 商业模式创新如何塑造商业生态系统属性差异？——基于两家新创企业的跨案例纵向研究与理论模型构建［J］. 管理世界，2021，37（1）：7，88 - 107.

　　［23］胡保亮，赵田亚，闫帅. 高管团队行为整合、跨界搜索与商业模

式创新 [J]. 科研管理, 2018, 39 (12): 37 - 44.

[24] 江积海, 唐倩, 王烽权. 商业模式多元化及其创造价值的机理: 资源协同还是场景互联? ——美团 2010—2020 年纵向案例研究 [J]. 管理评论, 2022, 34 (1): 306 - 321.

[25] 姜尚荣, 乔晗, 张思, 等. 价值共创研究前沿: 生态系统和商业模式创新 [J]. 管理评论, 2020, 32 (2): 3 - 17.

[26] 焦豪, 张睿, 马高雅. 国外创新生态系统研究评述与展望 [J]. 北京交通大学学报 (社会科学版), 2022, 21 (4): 100 - 112.

[27] 靳光辉, 王雷, 马宁. 政府补贴对企业研发投资的影响机制研究: 高管创新努力视角 [J]. 科研管理, 2023, 44 (4): 47 - 55.

[28] 李剑玲, 王卓. 商业生态系统商业模式创新 [J]. 学术交流, 2016, 267 (6): 124 - 129.

[29] 李盼盼, 乔晗, 郭韬. 数字化水平对制造企业商业模式创新的跨层次作用研究 [J]. 科研管理, 2022, 43 (11): 11 - 20.

[30] 李荣惠. 哈德门史料, 一档值千金 [EB/OL]. 山东档案信息网, 2012 - 03 - 30.

[31] 李万, 常静, 王敏杰, 等. 创新 3.0 与创新生态系统 [J]. 科学学研究, 2014, 32 (12): 1761 - 1770.

[32] 李晓娣, 张小燕. 区域创新生态系统共生对地区科技创新影响研究 [J]. 科学学研究, 2019, 37 (5): 909 - 918, 939.

[33] 刘丰, 邢小强. 商业模式衍生式创新: 动因、方式与类型识别 [J]. 科学学研究, 2023, 41 (3): 547 - 555.

[34] 刘丰, 邢小强. 商业模式组合: 理论框架和研究展望 [J]. 经济管理, 2023, 45 (1): 191 - 208.

[35] 刘键, 邹锋, 杨早立, 等. 基于价值共创的群智能服务设计模型及实证分析 [J]. 管理世界, 2021, 37 (6): 13, 202 - 213.

[36] 刘志迎, 沈磊, 冷宗阳. 企业协同创新实证研究——竞争者协同创新的影响 [J]. 科研管理, 2020, 41 (5): 89 - 98.

[37] 罗晨阳, 丁堃, 潘明湃, 等. "官助民办" 技术平台商业模式演化机制研究 [J]. 科学学研究, 2017, 35 (3): 354 - 363.

[38] 罗兴武, 项国鹏, 宁鹏, 等. 商业模式创新如何影响新创企业绩效? ——合法性及政策导向的作用 [J]. 科学学研究, 2017, 35 (7): 1073 – 1084.

[39] 宁连举, 孙中原, 袁雅琴, 等. 基于交易成本理论的商业生态系统形成与演化机制研究 [J]. 经济问题, 2020, 490 (6): 8 – 18.

[40] 潘剑英, 王重鸣. 商业生态系统理论模型回顾与研究展望 [J]. 外国经济与管理, 2012, 34 (9): 51 – 58.

[41] 朴庆秀, 孙新波, 钱雨, 等. 服务化转型视角下技术创新与商业模式创新的互动机制研究——以沈阳机床集团为案例 [J]. 科学学与科学技术管理, 2020, 41 (2): 94 – 115.

[42] 钱雨, 张大鹏, 孙新波, 等. 基于价值共创理论的智能制造型企业商业模式演化机制案例研究 [J]. 科学学与科学技术管理, 2018, 39 (12): 123 – 141.

[43] 乔晗, 贾舒喆, 张思, 等. 商业模式二次创新和制度环境共演的过程与机制: 基于支付宝发展历程的纵向案例研究 [J]. 管理评论, 2020, 32 (8): 63 – 75.

[44] 宋立丰, 宋远方, 冯绍雯. 平台 – 社群商业模式构建及其动态演变路径——基于海尔、小米和猪八戒网平台组织的案例研究 [J]. 经济管理, 2020, 42 (3): 117 – 132.

[45] 汤新慧, 邢小强, 周平录. 商业模式创新: 研究现状与展望 [J/OL]. 研究与发展管理, 2023 – 06 – 12.

[46] 王炳成, 范柳, 高杰, 丁浩. 新商业模式的形成机制研究 [J]. 经济问题探索, 2014, 381 (4): 174 – 179.

[47] 王炳成, 郝兴霖. 平台型领导如何推动商业模式创新? ——一个有调节的链式中介模型 [J]. 管理工程学报, 2023, 37 (5): 23 – 35.

[48] 王炳成, 麻汕, 曾丽君. 商业模式创新空间要素联动研究 [J]. 管理学刊, 2020, 33 (1): 70 – 81.

[49] 王炳成, 闫晓飞, 张士强, 等. 商业模式创新过程构建与机理: 基于扎根理论的研究 [J]. 管理评论, 2020, 32 (6): 127 – 137.

[50] 王炳成, 张士强. 商业模式创新、员工吸收能力和创新合法

性——跨层次的实证分析 [J]. 科研管理, 2016, 37 (11): 1 - 10.

[51] 王炳成, 赵静怡, 王滋承. 消极互惠: 心理契约违背对商业模式创新的影响机理研究——一个有调节的中介模型 [J]. 管理工程学报, 2022, 36 (1): 73 - 82.

[52] 王烽权, 江积海. 互联网短视频商业模式如何实现价值创造?——抖音和快手的双案例研究 [J]. 外国经济与管理, 2021, 43 (2): 3 - 19.

[53] 王凤彬, 陈建勋, 杨阳. 探索式与利用式技术创新及其平衡的效应分析 [J]. 管理世界, 2012, 222 (3): 96 - 112, 188.

[54] 王凤彬, 王骁鹏, 张驰. 超模块平台组织结构与客制化创业支持——基于海尔向平台组织转型的嵌入式案例研究 [J]. 管理世界, 2019, 35 (2): 121 - 150, 199 - 200.

[55] 王满四, 霍宁, 周翔. 数字品牌社群的价值共创机理研究——基于体验主导逻辑的视角 [J]. 南开管理评论, 2021, 24 (3): 92 - 103.

[56] 王寅, 袁月英, 孙毅, 等. 基于探索、开发的区域创新生态系统评价与动态演化研究 [J]. 中国科技论坛, 2021, 299 (3): 143 - 153.

[57] 王迎军, 韩炜. 新创企业成长过程中商业模式的构建研究 [J]. 科学学与科学技术管理, 2011, 32 (9): 51 - 58.

[58] 魏江, 刘锦. 组织技术能力激活过程机理研究 [A] // 魏江, 陈劲. 中国创新管理前沿 (第二辑) [C]. 北京: 知识产权出版社, 2006.

[59] 魏炜, 朱武祥, 林桂平. 基于利益相关者交易结构的商业模式理论 [J]. 管理世界, 2012, 231 (12): 125 - 131.

[60] 翁智刚, 郭珮琪, 李强. 数字经济劳动社会化研究 [J]. 经济学家, 2022, 282 (6): 16 - 27.

[61] 吴建材, 谢永平. 商业生态系统演化发展及其动力学分析——基于自组织理论的视角 [J]. 企业经济, 2017, 36 (11): 96 - 101.

[62] 吴隽, 张建琦, 刘衡, 等. 新颖型商业模式创新与企业绩效: 效果推理与因果推理的调节作用 [J]. 科学学与科学技术管理, 2016, 37 (4): 59 - 69.

[63] 吴晓波, 赵子溢. 商业模式创新的前因问题: 研究综述与展望

[J]．外国经济与管理，2017，39（1）：114 - 127.

[64] 武建龙，郝蒙晓，黄静．"互联网+"环境下企业创新生态系统的构建研究——以蔚来新能源汽车为例 [J]．软科学，2021，35（5）：70 - 77.

[65] 项国鹏，罗兴武．价值创造视角下浙商龙头企业商业模式演化机制——基于浙江物产的案例研究 [J]．商业经济与管理，2015（1）：44 - 54.

[66] 项国鹏，魏妮茜，韩蓉．互联网创业企业如何实现商业模式演化？——基于社群视角的双案例研究 [J]．外国经济与管理，2023，45（2）：134 - 152.

[67] 肖静华，胡杨颂，吴瑶．成长品：数据驱动的企业与用户互动创新案例研究 [J]．管理世界，2020，36（3）：183 - 205.

[68] 熊爱华，侯德恩．组态视角下平台企业商业模式创新路径研究 [J]．科研管理，2022，43（12）：89 - 97.

[69] 许强，陈紫娴，梁灿英等．战略创业视角下商业模式的演变机理研究——基于先临三维的案例研究 [J]．浙江大学学报（人文社会科学版），2022，52（6）：86 - 101.

[70] 杨柏欢，丁阳，李亚子．市场营销理论与应用 [M]．南京：南京大学出版社，2020.

[71] 杨进，张攀．加入行业协会能促进企业技术创新吗？——中国民营企业的微观证据 [J]．经济管理，2020，42（1）：59 - 75.

[72] 易顺，刘梦华，韩江波．文化信仰、商业模式与商帮兴衰：基于晋商与潮商的比较研究 [J]．广东财经大学学报，2017，32（5）：82 - 92.

[73] 尹航，刘佳欣，曾能民．创业投资引导基金作用下中小企业商业模式创新的策略演化研究 [J]．系统工程理论与实践，2022，42（8）：2139 - 2159.

[74] 曾萍，李明璇，刘洋．政府支持、企业动态能力与商业模式创新：传导机制与情境调节 [J]．研究与发展管理，2016，28（4）：31 - 38，137.

[75] 张敬伟，王迎军．新企业商业模式构建过程解析——基于多案例深度访谈的探索性研究 [J]．管理评论，2014，26（7）：92 - 103.

[76] 张璐，雷婧，张强等．纲举而目张：基于价值主张演变下商业模

式创新路径研究［J］. 南开管理评论, 2022, 25 (4): 110 - 121.

［77］张璐, 周琪, 苏敬勤, 等. 基于战略导向与动态能力的商业模式创新演化路径研究——以蒙草生态为例［J］. 管理学报, 2018, 15 (11): 1581 - 1590, 1620.

［78］张新香, 胡立君. 商业模式动态演化机制: 基于互联网业的多案例内容分析［J］. 科研管理, 2018 (3): 110 - 121.

［79］张艳, 王秦, 张苏雁. 互联网背景下零售商业模式创新发展路径的实践与经验——基于阿里巴巴的案例分析［J］. 当代经济管理, 2020, 42 (12): 16 - 22.

［80］郑兵云, 李邃. 竞争战略、创新选择与企业绩效［J］. 科研管理, 2011, 32 (4): 59 - 68.

［81］郑帅, 王海军. 模块化下企业创新生态系统结构与演化机制——海尔集团 2005—2019 年的纵向案例研究［J］. 科研管理, 2021, 42 (1): 33 - 46.

［82］周琪, 苏敬勤, 长青, 等. 战略导向对企业绩效的作用机制研究: 商业模式创新视角［J］. 科学学与科学技术管理, 2020, 41 (10): 74 - 92.

［83］朱明洋, 吴晓波. 平台网络的行动空间对商业模式创新影响研究［J/OL］. 科学学研究, 2023 - 06 - 12.

［84］朱明洋, 张玉利, 张永强. 民营科技企业成长过程中商业模式双元演化研究［J］. 科学学与科学技术管理, 2017, 38 (10): 26 - 40.

［85］朱振中, 张鑫, 焦一涵. 消费者创新抗拒研究现状与展望［J］. 外国经济与管理, 2017, 39 (5): 19 - 32.

［86］Abraham S. Will Business Model Innovation Replace Strategic Analysis? ［J］. Strategy & Leadership, 2013, 41 (2): 31 - 38.

［87］Adner R, Kapoor R. Innovation Ecosystems and the Pace of Substitution: Re-examining Technology Scurves ［J］. Strategic Management Journal, 2016, 37 (4): 625 - 648.

［88］Al - Debei M M, El - Haddadeh R, Avison D. Defining the Business Model in the New World of Digital Business ［C］. Proceedings of the 14th Conference on Information Systems, 2008: 1 – 11.

［89］Amit R, Zott C. Business Model Innovation Strategy: Transformational Concepts and Tools for Entrepreneurial Leaders ［M］. Hoboken, New Jersey: Wiley, 2020.

［90］Amit R, Zott C. Creating Value through Business Model Innovation ［J］. MIT Sloan Management Review, 2012, 53 (3): 41 – 49.

［91］Amit R, Zott C. Value Creation in E-business ［J］. Strategic Management Journal, 2001, 22 (6/7): 493 – 520.

［92］Amshoff B, Dulme C, Echterfeld J, et al. Business Model Patterns for Disruptive Technologies ［J］. International Journal of Innovation Management, 2015, 19 (3): 1 – 22.

［93］Astrom J, Reim W, Parida V. Value Creation and Value Capture for AI Business Model Innovation: A Three-phase Process Framework ［J］. Review of Managerial Science, 2022, 16 (7): 2111 – 2133.

［94］Aversa P, Haefliger S, Hueller F, et al. Customer Complementarity in The Digital Space: Exploring Amazon's Business Model Diversification ［J］. Long Range Planning, 2021, 54 (5): 1 – 22.

［95］Bashir M, Verma R. Internal Factors & Consequences of Business Model Innovation ［J］. Management Decision, 2019, 57 (1): 262 – 290.

［96］Bittencourt B A, Gazaro Dos Santos D A, Mignoni J. Resource Orchestration in Innovation Ecosystems: A Comparative Study Between Innovation Ecosystems at Different Stages of Development ［J］. International Journal of Innovation, 2021, 9 (1): 108 – 130.

［97］Bohnsack R, Kurtz H, Hanelt A. Re-examining Path Dependence in The Digital Age: The Evolution of Connected Car Business Models ［J］. Research Policy, 2021, 50 (9): 104 – 328.

［98］Bounckenr B, Krauss S, Roig – Tiernon N. Knowledge and Innovation-based Business Models for Future Growth Digitalized Business Models and Portfolio Considerations ［J］. Review of Managerial Science, 2021, 15 (1): 1 – 14.

［99］Bucherer E, Eisert U, Gassmann O. Towards Systematic Business

Model Innovation: Lessons from Product Innovation Management [J]. Creativity and Innovation Management, 2012, 21 (2): 183 – 198.

[100] Carayannis E G, Sindakis S, Walter C. Business Model Innovation as Lever of Organizational Sustainability [J]. The Journal of Technology Transfer, 2015, 40: 85 – 104.

[101] Casadesus – Masanell R, Ricart J E. From Strategy to Business Models and Onto Tactics [J]. Long Range Planning, 2010, 43 (2 – 3): 195 – 215.

[102] Chesbrough H, Rosenbloom R S. The Role of the Business Model in Capturing Value from Innovation: Evidence from Xerox corporation's Technology Spin-off Companies [J]. Industrial and Corporate Change, 2002, 11 (3): 529 – 555.

[103] Chesbrough H. Business Model Innovation: Opportunities and Barriers [J]. Long Range Planning, 2010, 43 (2): 354 – 363.

[104] Christensen C M, Cook S, Hall T. Marketing Malpractice: The Cause and the Cure [J]. Harvard Business Review, 2005, (12): 74 – 83.

[105] Christensen C M, Bartman T, Van Bever D. The Hard Truth About Business Model Innovation [J]. MIT Sloan Management Review, 2016, 58 (1): 31 – 40.

[106] Christensen C M. The Innovator's Dilemma [M]. Boston: Harvard Business School Press, 1997.

[107] Crossan M M, Apaydin M. A Multi-dimensional Framework of Organizational Innovation: A Systematic Review of The Literature [J]. Journal of Management Studies, 2010, 47 (6): 1154 – 1191.

[108] Dai W Q, Liu Y. Local vs Non-local Institutional Embeddedness, Corporate Entrepreneurship, and Firm Performance in A Transitional Economy [J]. Asian Journal of Technology Innovation, 2015, 23 (2): 255 – 270.

[109] Dattee B, Alexy O, Autio E. Maneuvering in Poor Visibility: How Firms Play The Ecosystem Game When Uncertainty is High [J]. Academy of Management Journal, 2018, 61 (2): 466 – 498.

[110] Dedehayir O, Makinen S J, Ortt R J. Roles During Innovation Eco-

system Genesis: A Literature Review [J]. Technological Forecasting and Social Change, 2018, 136: 18 – 29.

[111] De Jong J, Den Hartog D. Measuring Innovative Work Behaviour [J]. Creativity and Innovation Management, 2010, 19 (1): 23 – 36.

[112] Demil B, Lecocq X. Business Model Evolution: In Search of Dynamic Consistency [J]. Long Range Planning, 2010, 43 (2/3): 227 – 246.

[113] De Soto J H. Socialism, Economic Calculation, and Entrepreneurship [M]. UK: Edward Elgar, 2010.

[114] Eaton B, Elaluf – Calderwood S, Sorensen C, et al. Distributed Tuning of Boundary Resources the Case of Apple's Ios Service System [J]. MIS Quarterly, 2015, 39 (1): 217 – 243.

[115] Eva B, Uli E, Oliver G. Towards Systematic Business Model Innovation: Lessons from Product Innovation Management [J]. Creativity and Innovation Management, 2012, 21 (2): 183 – 198.

[116] Frank A G, Mendes G H S, Ayala N F, et al. Servitization and Industry 4.0 Convergence in the Digital Transformation of Product Firms: A Business Model Innovation Perspective [J]. Technological Forecasting & Social Change, 2019, 141: 341 – 351.

[117] Geissdoerfer M, Bocken N M P, Hultink E J. Design Thinking to Enhance the Sustainable Business Modelling Process – A Workshop Based on A Value Mapping Process [J]. Journal of Cleaner Production, 2016, 135: 1218 – 1232.

[118] Ghezzi A, Cavallo A. Agile Business Model Innovation in Digital Entrepreneurship: Lean Startup Approaches [J]. Journal of Business Research, 2018, 110: 519 – 537.

[119] Giesen E, Berman S J, Bell R, et al. Three Ways to Successfully Innovate Your Business Model [J]. Strategy & Leadership, 2007, 35 (6): 27 – 33.

[120] Gomes L A D, Facin A L F, Salerno M S, et al. Unpacking the Innovation Ecosystem Construct: Evolution, Gaps and Trends [J]. Technological Forecasting and Social Change, 2018, 136: 30 – 48.

［121］　Habtay S R. A Firm Level Analysis on The Relative Difference Between Technology-driven and Market-driven Disruptive Business Model Innovations ［J］. Creativity & Innovation Management, 2012, 21 （3）: 290 – 303.

［122］　Hall B H, Harhoff D. Recent Research on the Economics of Patents ［J］. Annual Review of Economics, 2012 （1）: 541 – 565.

［123］　Hanafizadeh P, Kim S. Digital Business: A New Forum for Discussion and Debate on Digital Business Model and Digital Transformation ［J］. Digital Business, 2020, 1 （1）.

［124］　Hannah D P, Eisenhardt K M. How Firms Navigate Cooperation and Competition in Nascent Ecosystems ［J］. Strategic Management Journal, 2018, 39 （12）: 3163 – 3192.

［125］　Hayek F. A. Individualism and Economic Order ［M］. London: Routledge & Kegan, 1949.

［126］　Hayek F A. The Use of Knowledge in Society ［J］. The American Economic Review, 1945, 35 （4）: 519 – 530.

［127］　Hoang D, Ruckes M. Corporate Risk Management, Product Market Competition, and Disclosure ［J］. Journal of Financial Intermediation, 2017 （30）: 107 – 121.

［128］　Hodgson G M. The Evolution of Institutional Economics: Agency, Structure, and Darwinism in American Institutionalism ［M］. London: Routledge, 2004.

［129］　Iansiti M, Levien R. Creating Value in Your Business Ecosystem ［J］. Harvard Business Review, 2004 （3）: 68 – 78.

［130］　Jacobides M G, Cennamo C, Gawer A. Towards a Theory of Ecosytems ［J］. Strategic Management Journal, 2018, 39 （8）: 2255 – 2276.

［131］　Kachra A, Schnietz K. The Capstone Strategy Course: What Might Real Integration Look Like? ［J］. Journal of Management Education, 2008, 32 （4）: 476 – 508.

［132］　Kheng Y K, Mahmood R, Beris S J H. A Conceptual Review of Innovative Work Behavior in Knowledge Intensive Business Services among Knowledge Workers in Malaysia [J]. International Journal of Business, Humanities and Technology, 2013, 3 (2): 91 – 99.

[133] Kim S K, Min S. Business Model Innovation Performance: When Does Adding A New Business Model Benefit An Incumbent? [J]. Strategic Entrepreneurship Journal, 2015, 9 (1): 34 – 57.

[134] Koen P A, Bertels H, Elsum I R, et al. Breakthrough Innovation Dilemmas [J]. Research, Technology Management, 2010 (11/12): 48 – 51.

[135] Kortmann S, Piller F. Open Business Models and Closed – Loop Value Chains: Redefining the FirmConsumer Relationship [J]. California Management Review, 2016, 58 (3): 88 – 108.

[136] Lavie D, Singh H. The Evolution of Alliance Portfolios: The Case of Unisys [J]. Industrial and Corporate Change, 2012, 21 (3): 763 – 809.

[137] Lester R K, Piore M. Innovation: The Missing Dimension [M]. London: Harvard University Press, 2004.

[138] Lindgren P, Bandsholm J. Business Model Innovation from An Business Model Ecosystem Perspective [J]. Journal of Multi Business Model Innovation and Technology, 2016, 4 (2): 51 – 70.

[139] Martins L L, Rindova V P, Greenbaum B E. Unlocking the Hidden Value of Concepts: A Cognitive Approach to Business Model Innovation [J]. Strategic Entrepreneurship Journal, 2015, 9 (1): 99 – 117.

[140] Massa L, Tucci C L, Afuah A. A Critical Assessment of Business Model Research [J]. Academy of Management Annals, 2017, 11 (1): 73 – 104.

[141] Mintzberg H, Ahlstrand B, Lampel J. Management? Is't not What You Think! [M]. Pearson Education, Inc. , 2010.

[142] Mintzberg H, Ahlstrand B, Lampel J. Strategy Safari: A Guided Tour Through the Wilds of Strategic Management [M]. New York: The Free Press, 1998.

[143] Mintzberg H. Crafting Strategy [J]. Harvard Business Review, 1987, 65 (4): 66 – 75.

［144］ Moore J F. Predators and Prey： A New Ecology of Competition ［J］. Harvard Business Review, 1993, 71 (3)： 75 − 83.

［145］ Mostaghel R, Oghazi P, Parida V, et al. Digitalization Driven Retail Business Model Innovation： Evaluation of Past and Avenues for Future Research Trends ［J］. Journal of Business Research, 2022, 146： 134 − 145.

［146］ Nailer C, Buttriss G. Processes of Business Model Evolution Through the Mechanism of Anticipation and Realisation of Value ［J］. Industrial Marketing Management, 2020, 91： 671 − 685.

［147］ Niosi J, Mckelvey M. Relating Business Model Innovations and Innovation Cascades： The Case of Biotechnology ［J］. Journal of Evolutionary Economics, 2018, 28 (5)： 1081 − 1109.

［148］ Ni Y, Wang J, Li C. The Power of Sustainability in the "Black Swan" Event： Entrepreneurial Cognition of Top Management Team and Dual Business Model Innovation ［J］. Sustainability, 2022, 14 (6)： 3530.

［149］ Nonaka I, Konno N. The Concept of 'Ba'： Building A Foundation for Knowledge Creation ［J］. California Management Review, 1998, 40 (3)： 40 − 50.

［150］ Nonaka I, Takeuchi H. The Knowledge − Creating Company： How Japanese Companies Create the Dynamics of Innovation ［M］. New York： Oxford University Press, 1995.

［151］ Osterwalder A, Pigneur Y, Tucci L. Clarifying Business Models： Origins, Present, and Future of the Concept ［J］. Communications of the Association for Information Systems, 2005, 16 (1)： 1 − 25.

［152］ Osterwalder A, Pigneur Y. Business Model Generation： A Handbook for Visionaries, Game Changers and Challengers ［M］. New Jersey： John Wiley & Sons, 2010.

［153］ Oukes T. Innovative Work Behavior − A Case Study at A Tire Manufacturer ［D］. Bachelor Thesis, Business Administration, University of Twente, 2010.

［154］ Peltola T, Aarikka − Stenroos L, Viana E, et al. Value Capture in

Business Ecosystems for Municipal Solid Waste Management: Comparison Between Two Local Environments [J]. Journal of Cleaner Production, 2016, 137: 1270 – 1279.

[155] Peteraf M A. The Cornerstones of Competitive Advantage: A Resource-based View [J]. Strategic Management Journal, 1993, 14 (3): 179 – 191.

[156] Peters C, Blohm I, Leimeister J M. Anatomy of Successful Business Models for Complex Services: Insights from the Telemedicine Field [J]. Journal of Management Information Systems, 2015, 32 (3): 75 – 104.

[157] Porter M, Kramer M R. The Big Idea: Creating Shared Value [J]. Harvard Business Review, 2011, 89 (1): 2 – 20.

[158] Pratono A H, Darmasetiawan N K, Yudiarso A, et al. Achieving Sustainable Competitive Advantage through Green Entrepreneurial Orientation and Market Orientation: The Role of Inter – Organizational Learning [J]. Bottom Line, 2019, 32 (1): 2 – 15.

[159] Purusottama A, Simatupang T M, Sunitiyoso Y. The Spectrum of Blockchain Adoption for Developing Business Model Innovation [J]. Business Process Management Journal, 2022, 28 (3): 834 – 855.

[160] Ramirez F J, Parra – Requena G, Ruiz – Ortega M J, et al. From External Information to Marketing Innovation: The Mediating Role of Product and Organizational Innovation [J]. Journal of Business & Industrial Marketing, 2018, 33 (5): 693 – 705.

[161] Rezazadeh A, Carvalho A. A Guide to the Concept and Implementation of Business Model Innovation: The 5V BM Framework [J]. Organizational Dynamics, 2020, 50 (2): 1 – 10.

[162] Ritala P, Almpanopoulou A. In Defense of "Eco" in Innovation Ecosystem [J]. Technovation, 2017, 60 – 61: 39 – 42.

[163] Sakellaridis K, Stiakakis E. Business Model Change Due to ICT Integration: An Application to the Entertainment Industry [J]. International Journal of Computer Information Systems and Industrial Management Applications, 2011,

1 (3): 1 –13.

［164］ Santos F, Eisenhardt K. Constructing Markets and Shaping Bounda-ries: Entrepreneurial Power in Nascent Fields ［J］. The Academy of Management Journal, 2009, 52 (4): 643 –671.

［165］ Schaltegger S, Ludeke – Freund F, Hansen E G. Business Cases for Sustainability and the Role of Business Model Innovation: Developing a Conceptu-al Framework ［D］. Centre for Sustainability Management (CSM), Leuphana Universitat Luneburg, 2011.

［166］ Schneider S, Spieth P. Business Model Innovation: Towards An Inte-grated Future Research Agenda ［J］. International Journal of Innovation Manage-ment, 2013, 17 (1): 1 –34.

［167］ Schumpeter J A. The Economic Theory of Development ［M］. Oxford: Oxford University Press, 1912.

［168］ Schumpeter J A. The Theory of Economic Development ［M］. Harvard University Press, 1934.

［169］ Schutte C S L, Krause W. Developing Design Propositions for an Open Innovation Approach for SMEs ［J］. South African Journal of Industrial Engi-neering, 2016, 27 (3): 37 –49.

［170］ Seddon P B, Lewis G P. Strategy and Business Models: What's the Difference? ［J］. Pacific Asia Conference on Information Systems, 2003: 236 –248.

［171］ Shane S. The Handbook of Technology and Innovation Management ［M］. New York: John Wiley & Sons, 2009.

［172］ Shirky C. Here Comes Everybody: The Power of Organizing Without Organizations ［M］. New York: Penguin, 2008.

［173］ Snihur Y, Tarzijan J. Managing Complexity in A Multi-business-mod-el Organization ［J］. Long Range Planning, 2018, 51 (1): 50 –63.

［174］ Sohl T, Vroom G, McCann B T. Business Model Diversification and Firm Performance: A DemandSide Perspective ［J］. Strategic Entrepreneurship Journal, 2020, 14 (2): 198 –223.

［175］Sosna M, Trevinyo - Rodriguez R N, Velamuri S R. Business Model Innovation through Trial-and-error Learning: The Naturhouse Case ［J］. Long Range Planning, 2010, 43 (2 - 3): 383 - 407.

［176］Spieth P, Schneckenberg D, Ricart J E. Business Model Innovation-state of the Art and Future Challenges for the Field ［J］. R&D Management, 2014, 44 (3): 237 - 247.

［177］Subramaniam M, Youndt M A. The Influence of Intellectual Capital on the Types of Innovative Capabilities ［J］. Academy of Management Journal, 2005, 48 (3): 450 - 463.

［178］Taran Y, Boer H, Lindgren P. A Business Model Innovation Typology ［J］. Decision Sciences, 2015, 46 (2): 301 - 331.

［179］Tauscher K, Abdelkafi N. Visual Tools for Business Model Innovation: Recommendations from A Cognitive Perspective ［J］. Creativity and Innovation Management, 2017, 26 (2): 160 - 174.

［180］Teece D J, Pisano G, Shuen A. Dynamic Capabilities and Strategic Management ［J］. Strategic Management Journal, 1997, 18 (7): 509 - 533.

［181］Teece D J. Business Models, Business Strategy and Innovation ［J］. Long Range Planning, 2010, 43 (2 - 3): 172 - 194.

［182］To C K M, Chau K P, Kan C W. The Logic of Innovative Value Proposition: A Schema for Characterizing and Predicting Business Model Evolution ［J］. Journal of Business Research, 2020, 112: 502 - 520.

［183］Trimi S, Berbegal - Mirabent J. Business Model Innovation in Entrepreneurship ［J］. International Entrepreneurship and Management Journal, 2012, 8 (4): 449 - 465.

［184］Van Alstyne M W, Parker G G, Choudary S P. Pipelines, Platforms, and the New Rules of Strategy ［J］. Harvard Business Review, 2016, 94 (4): 54 - 62.

［185］Velu C, Jacob A. Business Model Innovation and Owner-managers: The Moderating Role of Competition ［J］. R&D Management, 2016, 46 (3): 451 - 463.

［186］Velu C, Stiles P. Managing Decision-making and Cannibalization for Parallel Business Models ［J］. Long Range Planning, 2013, 46 (6): 443 –458.

［187］Verhoef P C, Broekhuizen T, Bart Y, et al. Digital Transformation: A Multidisciplinary Reflection and Research Agenda ［J］. Journal of Business Research, 2021, 122: 889 –901.

［188］Wadhwa A, Phelps C, Kotha S. Corporate Venture Capital Portfolios and Firm Innovation ［J］. Journal of Business Venturing, 2016, 31 (1): 95 –112.

［189］Wernerfelt B. A Resource-based View of the Firm ［J］. Strategic Management Journal, 1984, 5 (2): 171 –180.

［190］Whittington R. What Is Strategy – And Does It Matter? (2nd) ［M］. Londra: Thomson Learning, 2003.

［191］Winterhalter S, Zeschky M B, Gassmann O. Managing Dual Business Models in Emerging Markets: An Ambidexterity Perspective ［J］. R&D Management, 2016, 46 (3): 464 –479.

［192］Wirtz B W, Daiser P. Business Model Innovation Processes: A Systematic Literature Review ［J］. Journal of Business Models, 2018, 6 (1): 40 –58.

［193］Wright R P, Paroutis S E, Blettner D P. How Useful Are the Strategic Tools We Teach in Business Schools? ［J］. Journal of Management Studies, 2013, 50 (1): 92 –125.

［194］Wrigley C, Straker K. Designing Innovative Business Models with A Framework That Promotes Experimentation ［J］. Strategy & Leadership, 2016, 44 (1): 11 –19.

［195］Zott C, Amit R. Business Model Design: An Activity System Perspective ［J］. Long Range Planning, 2010, 43 (2 –3): 216 –226.

［196］Zott C, Amit R. Business Model Design and the Performance of Entrepreneurial Firms ［J］. Organization Science, 2007, 18 (2): 181 –199.